融合新闻报道伦理与法规

理论及案例分析

贾丽云◎著

燕山大学出版社
·秦皇岛·

图书在版编目（CIP）数据

融合新闻报道伦理与法规：理论及案例分析 / 贾丽云著. 一 秦皇岛 ：燕山大学出版社，2020.7（2026.1重印）
ISBN 978-7-81142-984-8

Ⅰ. ①融… Ⅱ. ①贾… Ⅲ. ①新闻报道－伦理学－研究－中国②新闻报道－法规－研究－中国 Ⅳ. ①G219.2-05②D922.164

中国版本图书馆CIP数据核字(2020)第010597号

融合新闻报道伦理与法规：理论及案例分析

贾丽云 著

出 版 人：陈 玉
责任编辑：柯亚莉
封面设计：刘韦希
出版发行：燕山大学出版社 YANSHAN UNIVERSITY PRESS
地 址：河北省秦皇岛市河北大街西段 438 号
邮政编码：066004
电 话：0335-8387555
印 刷：廊坊市印艺阁数字科技有限公司
经 销：全国新华书店

开 本：710mm×1000mm 1/16 印 张：16 字 数：238 千字
版 次：2020 年 7 月第 1 版 印 次：2026 年 1 月第 3 次印刷
书 号：ISBN 978-7-81142-984-8
定 价：58.00 元

本书系山西传媒学院校级青年基金项目课题“后真相时代新闻报道伦理与法规研究”（项目编号：2018029）的研究成果

前　言

在过去的几年间，新闻传播的媒介环境发生了翻天覆地的变化。先是网络技术的发展引发新闻接收范围的扩展，随后是移动终端和社交媒体的发展和普及引发新闻接收渠道的大迁移、传播方式的巨变以及传播主体的大扩展，然后是计算机技术引发新闻生产和传播领域的变化。当下的新闻生产、传输、接收方式都与大众传媒时代有了很大不同。传统的报纸、电视、广播的边界已经逐渐消失，各个媒介正在形成大融合。除此之外，新崛起的新媒体公司因为其掌握着最新的技术，经常能够影响整个新闻媒介环境，对媒介融合的走向有着很大的影响。

在这样的媒介环境下，就新闻报道而言，改变的不仅是生产方式和传播渠道，新闻职业道德规范和伦理规约也面临新的情况，新的伦理冲突和法律纠纷大量出现。如何对当下主体多元、形态多元、技术多元的新闻报道领域出现的新现象进行科学的认识和规范成为新闻伦理与法规领域亟待解决的新问题。

本书目标是：

一、以专题的形式，针对当下出现的热点问题，梳理其规制应依据的职业道德和伦理规范以及相关法律规定，力求从理论层面揭示问题的本质。

二、选取国内外的经典案例，结合相关规定进行分析，了解相关案例在媒介生态形成链条上的作用及反映出的业务实操方面存在的问题。

三、摘录全球范围内一些国家、地区和媒体相关的职业规范，以全球视野分析当下我国新闻报道中的现象和存在的问题。

目　录

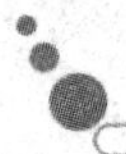

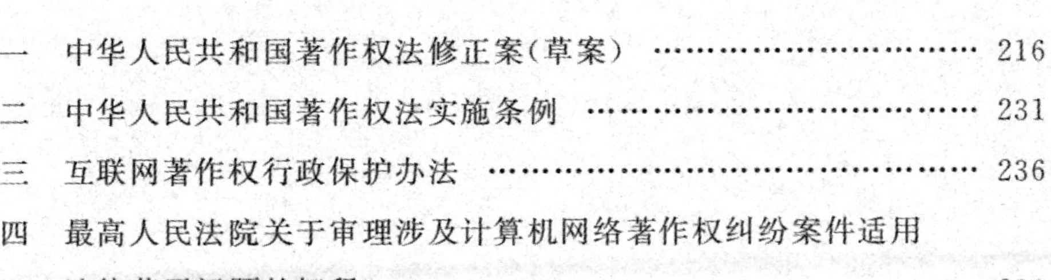

写在专题之前：伦理与道德

【理论概述】

第一节　伦理与道德的关系

一、伦理及伦理困境

1. 伦理

伦理(ethics)，源于古希腊语，最初的含义只是表示一群人所居住的地方，后来延伸为一群人的性格、气质及其所共有的风俗习惯。在我国，“伦”指的是人伦、伦常，“理”指的是纹理、道理，“伦理”意为人际关系规范的原则。

2. 伦理困境

在同一伦理价值体系下，有多个价值要素，而这些价值要素可能相互冲突、矛盾，从而造成了伦理困境。

伦理困境，在狭义角度也被称为“道德悖论”或“道德冲突”，是指陷于几个道德命令之间的明显冲突，如果遵守其中一项，就将违犯另一项的情形。

如：

A 是道德上必须做的。

B 是道德上必须做的。

不过，我不能同时做 A 和 B。

二、道德

1. 概念和起源

道德(morality)，源于拉丁文，指的是一种方式、习惯。“道”和“德”指应该如何的行为规范。“道”指外在的规范，是未经转化为个体内在心理的社会规范；“德”是内在的规范，是已经转化为个体内在心理的社会规范。在英语中，道

德是用来区分意图的正当与不正当，并决定行动的行为因子。道德可以是自特定哲学、宗教或文化的行为准则中衍生出来的一系列标准或原则，也可以源于一个人所相信的普遍价值。

道德是一种“非正式公共机制”，非正式即指无法律或权威能判定其正确与否，而公共机制指所有场合都能套用的准则。

一些研究认为，对道德情操的注重，存在于所有的人类社会当中，道德情操是普世文化通则的一部分；而一些研究更认为，像诚实、助人、宽容、忠诚、责任、社会公正、平等、家庭与国家安全、社会秩序的稳定、报恩等等和道德相关的行为，是普世价值的一部分，也就是说，这些行为可能是所有社会普遍认可的德行，提倡此种原则的伦理学立场称为道德普遍主义。不过道德相对主义的哲学则与道德普遍原则对立，道德相对主义认为不存在普遍的道德原则。

2. 功能

(1) 认识功能

道德是引导人们追求至善的良师。它教导人们认识自己对家庭、对他人、对社会、对国家应负的责任和应尽的义务，教导人们正确地认识社会道德生活的规律和原则，从而正确地选择自己的生活道路和规范自己的行为。

(2) 调节功能

道德是社会矛盾的调节器。人生活在社会中总要和自己的同类发生这样那样的关系，因此，不可避免地要发生各种矛盾，这就需要通过社会舆论、风俗习惯、内心信念等特有形式，以自己的善恶标准去调节社会上人们的行为，指导和纠正人们的行为，使人与人之间、个人与社会之间的关系臻于完善与和谐。

(3) 教育功能

道德是催人奋进的引路人。它培养人们良好的道德意识、道德品质和道德行为，树立正确的义务、荣誉、正义和幸福等观念，使受教育者成为道德纯洁、理想高尚的人。

(4) 评价功能

道德是公正的法官。道德评价是一种巨大的社会力量和人们内在的意志力量。道德是人以“善”“恶”来评价社会现象、把握现实世界的一种方式。

（5）平衡功能

道德不仅调节人与人之间的关系，而且平衡人与自然之间的关系。它要求人们端正对自然的态度，调节自身的行为。环境道德是当代社会公德之一，它能教育人们以造福于后代而不贻祸于子孙的高度责任感，从社会的全局利益和长远利益出发，开发自然资源，发展社会生产，维持生态平衡，积极治理和防止对自然环境的人为性的破坏，平衡人与自然之间的正常关系。

（6）调节功能

人类拟定道德原则的目的是调节利益关系，实现本阶级（社会或团体）利益最大化。

3. 主要特征

（1）共同性

道德有一定的共同性，它指同一社会的不同阶级，甚至不同社会的不同阶级的道德之间，由于类似或相同的经济条件、文化背景和民族心理而存在着某类相似或相同的特性。

（2）民族性

民族性是一个民族区别于其他民族的个性特征，包括民族的精神、气质、心理、感情、性格、语言、风俗、习惯、趣味、理想、传统，以及生活方式和理解事物的方式等诸多方面。不同民族间道德的原则标准亦有所不同。

（3）阶级性

阶级社会的各种道德都是为特定的阶级利益服务的，因而都具有特定的阶级属性和特征。

（4）历史继承性

道德与其他观念一样，既有发展的一面，又有继承的一面。

（5）自律性

道德主体借助于对客观世界的认识，借助于对现实生活条件的认识，自愿地认同社会道德规范，并结合个人的实际情况践行道德规范，从而把被动的服从变为主动的律己，把外部的道德要求变为自己内在良好的自主行动。

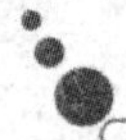

三、新闻传播活动中的伦理与道德

1. 一致性

（1）目的具有一致性

新闻传播活动中的伦理与道德都起源于人类社会的新闻传播活动，存在于职业发展的需要，是维持新闻传播活动的正常秩序、保障其存在发展的基本手段。

（2）内容具有相互包含性

道德与伦理从词源意义看，基本相通，在一定意义上是可以相互替代的。

2. 差异性

在伦理思想发展史上，道德侧重于指人与人之间实际的道德行为和道德关系，伦理则较多地指关于这种行为和关系的道理。就新闻传播活动而言，道德有是非之分，而伦理有时却因依据不同伦理体系出现两难的情况。

第二节　伦理学理论

一、五种伦理学理论

1. 亚里士多德：中庸之道

美德是选择介于两个极端之间的中间部分，两个极端（过量或者不足）都是恶德。在东西方的伦理理论中，都提到了“中庸之道”的伦理原则。亚里士多德认为“道德上的美德是由实用智慧决定的中间状态”，孔子提出“中庸之为德也，其至矣乎”。美德存在于两个极端之间。“过度与不足都破坏完美，唯有适度才保存完美。”①

根据这一观点，媒体在进行新闻报道时也应该避免两极：一个极端是一切以新闻报道为出发点而不顾道义，不择手段；另一极端是过多地顾及伦理道德的问题，受制于各种条件，放弃新闻报道的职能。记者应该以整体利益为出发点，追求中庸。

---

① ［古希腊］亚里士多德：《尼各马可伦理学》，廖申白译，商务印书馆，2003 年版，第 45～57 页。

但也并不是所有的道德问题都适用中庸之道来解决。亚里士多德提出节制、公正的同时还提出勇敢和智慧。在新闻报道中遇到恶意、凶杀、盗窃等，就不容许有中间状态的存在。在恰当的时候就恰当的事物而言，对恰当的人，基于恰当的动机，以恰当的方式感受到情感，才可以称为适度和最佳。

2. 康德：绝对律令

绝对律令又叫绝对命令，是由伊曼纽尔·康德提出的。对于绝对命令有两种常见的解释方式。第一种称，一个个体在采取行动时，应当假设一个人为自己做出的选择能够成为普遍规律。第二种称，你采取的行动应当将每个个体视为目的，而永远不要仅仅将其视为手段。康德将这两个准则称为“绝对命令”，意味着对它们的要求具有普遍性，不能屈从于条件因素。

据此，新闻工作者不能要求特权，即使是为了获得新闻的真相，也不能通过欺骗的方式获得，因为欺骗的方式不具有普遍性，我们不能在社会上“普遍地去应用它”。

3. 密尔：功利主义

功利主义又称效益主义，是由英国人杰里米·边沁提出，由约翰·斯图尔特·密尔进一步发展完善的。功利主义的核心思想是“为最大多数人谋求最大的善”。道德上正确的行为是能为整个社会产生最大利润和最高平衡的行为。所以最终决定哪种选择正确、哪种选择不正确的标准，就在于趋利避害的程度。

效益主义以最大化的利益作为道德标准，认为人们的行为本身并无对错之分，只有个体行为所导致的价值才使行为具有道德性，如果不借助于行为外在效果，我们就无法判定某种行为是否应该去做。

新闻记者在面对不同的选择时，首先要尽可能谨慎地估量每一种行为带来的结果或价值，并从道义上选择获利最大的办法。

4. 韦伯：意图伦理与责任伦理

意图伦理是德国社会学家马克斯·韦伯1919年提出的一个重要学术概念。所谓意图伦理，简单而言就是只考虑行为意图的高尚、公道和周正，而不问此种行为本身是否正当以及在事实上将会导致何种后果。只要行为意图是善的，行为本身也可认定就是善的。意图伦理确立的是基于善因与善果之间存在

简单对应关系。但事实上，善因与善果并非简单对应，由此也决定了意图伦理的不可靠性和危险性。

责任伦理是一种对行为及其后果的评价与担当意识，它追问行为本身的善恶以及行为后果的良窳，它对人们主观意图之善恶抱有理性怀疑，并否定一切以善的意图虚饰的恶的行为。它要求人们必须为自己涉及他人和社会的行为作出交代和说明，必须承受与行为相关的所有人对此种行为之正当性的审判和评价。

5. 罗尔斯："无知之幕"

"无知之幕"就是为了要求各方从生活中的真实情况退回到一个消除了所有角色和社会差异的隔离物后面的"原始位置"。参与者被从具体的个人特点如种族、阶级、性别、团体利益以及其他现实条件中抽离出来，被当成整个社会的平等成员。"无知之幕"的提出出于正义，"只有当你不知道自己可能是谁时，才能想清楚什么是正义"。[①]

罗尔斯要求人们在"无知之幕"下选择两个正义原则："一、每个人都有权拥有与他人自由并存的同样的自由。二、对社会和经济的不平等应作如下安排，即人们合理地指望这种不平等对每个人有利，而且地位与官职对每个人开放。"[②]

当新闻媒体在面对不同的伦理冲突时，就需要权衡相关各方的道德权利和义务，从而找出那个能平衡各方的伦理原则。而罗尔斯的"无知之幕"假设可以提供这样的程序。"无知之幕"可以促成有效的伦理对话，在尽可能考虑各方立场的情况下达成伦理共识。

二、伦理抉择框架

1. 博克模式

博克模式以美国学者西塞拉·博克命名。博克模式基于两个前提：一、对不得不做出伦理抉择的人心怀同情；二、维持社会的信任是基本目标。

---

① 刘瑜：《"无知之幕"后的正义》，《南风窗》，2003 年第 16 期，第 72 页。

② [美]约翰·罗尔斯：《正义论》，何怀宏等译，中国社会科学出版社，1988 年版，第 56 页。

在此基础上,博克提出,任何伦理问题都可以分三步进行分析:

第一步,问问自己的良心,什么是正确的行为?你对这一行为有什么感觉?

第二步,寻求专家的意见,了解变通的方法,即寻找其他的方法可以达到同样的目标又可以避免伦理问题。变通的方法需要付出代价,这就要求新闻工作者履行第三步。

第三步,如有可能,与面临同一问题的伙伴进行公开讨论。这些人包括直接卷入争议的人,如记者和提供消息来源的人,也包括非直接卷入的人,如读者。如果无法将他们集中起来,那就假想这样一场谈话,这场谈话的目的是发现自己的行为将怎样影响他人。

2. 波特方格

波特方格由哈佛大学神学院教授拉尔夫·波特提出。它描述了在相互冲突的伦理原则中做出抉择的过程。

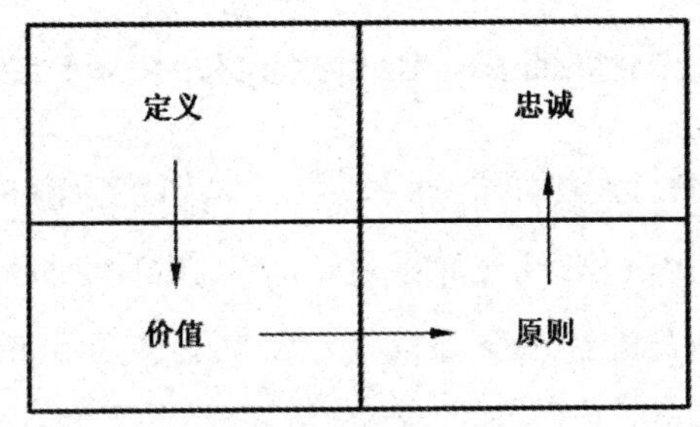

图1　波特方格

如图1,这个过程以左上角定义(事实)为起点,逆时针方向运行。分为四步:

第一步,理解事实,定义事实的性质;

第二步,概述事实的内在价值观。作为新闻工作者,很多时候如果你认为某种观点有价值,就意味着你需要放弃其他东西。比如如果看重真相,有时就必须放弃隐私;

第三步,运用相关的哲学原则进行分析。一旦确定了自己看重的是什么,就需要运用伦理原则进行分析;

第四步,做出选择,清楚地表明一种忠诚。

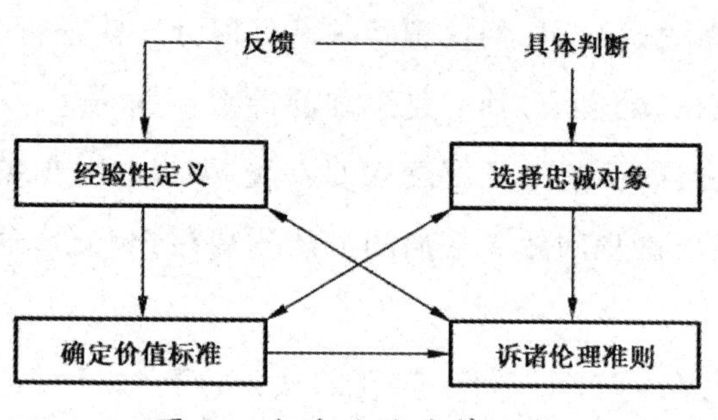

图 2　改进后的波特方格

图 2 为学者克里斯琴斯改进了的波特方格。改进后的波特方格加入了反馈机制，把波特方格由线性变为了循环模型。这种改进更符合现实中在做出伦理抉择时的情况。

【案例与评析】

案例 1　凯文·卡特拍摄《饥饿的苏丹》时面临的伦理困境

1993 年，苏丹战乱频繁的同时发生了大饥荒，南非的自由摄影记者凯文·卡特(Kevin Carter)来到充斥战乱、贫穷、饥饿的非洲国家苏丹采访。一天，他看到这样一幅令人震惊的场景：一个瘦得皮包骨头的苏丹小女孩在前往食物救济中心的路上再也走不动了，趴倒在地上。而就在不远处，蹲着一只硕大的秃鹰，正贪婪地盯着地上那个奄奄一息的瘦小生命，等待着即将到口的“美餐”。卡特说，他等待了 20 分钟左右，期待秃鹰振翅飞离，但它没有飞走。凯文·卡特抢拍下这一镜头(图 3)。

图 3　饥饿的苏丹（凯文·卡特　摄）

1993 年 3 月 26 日，美国著名大报《纽约时报》首家刊登了凯文·卡特的这幅照片。接着，其他媒体很快将其传遍世界，在各国人民中激起强烈反响。这就是后来获得普利策新闻大奖的那幅照片。

就在普利策颁奖仪式结束 2 个

月后，即1994年7月27日夜里，警察在南非东北部城市约翰内斯堡发现凯文·卡特用一氧化碳自杀身亡。他在汽车的排气管上套了一截绿色软管，把废气导入车内。人们在他的座位上找到一张纸条。纸条上写着："真的，真的对不起大家，生活的痛苦远远超过了欢乐的程度。"

有一种说法很广泛地流传开来：凯文·卡特之死是记者追求"好的"新闻、"精彩的"镜头，与社会公德之间尖锐冲突的结果。"好的"新闻、"精彩的"镜头，往往意味着媒体和记者在名誉与金钱上的双丰收，但有时处理不当，也会引起大众的不满。对于凯文·卡特来说，那张照片传遍世界后，人们纷纷质问，身在现场的凯文·卡特为什么不去救那个小女孩一把？据说甚至就连凯文·卡特的朋友也指责说，他当时应当放下摄影机去帮助小女孩。

评析：

卡特拍下了一张传世之作，可是他被认为一味拍摄而没有施救因而受到猛烈批评，有人称他为"在场的另一只秃鹰"。这是他作为摄影记者追求精彩镜头与社会公德之间尖锐冲突的结果。这样的困境属于伦理上的两难处境。

图4　上学（杨小兵　摄）

如何看待这种冲突？美国全国摄影师协会前会长威廉·桑德斯说："你首先是人类的一分子，其次才是新闻工作者。"相反，大牌电视记者迈克·华莱士强调记者的职业使命只有挖掘并报道真相，而且只有真相才会最大限度地有益于世界。其实，这样的冲突很多，获得第七届中国新闻奖的摄影作品——杨小兵的《上学》（图4，选入本书时未成年人面部打上马赛克）就是其中一个典型的案例。

再如，2005年5月9日，福建《东南快报》记者柳涛在雨中的厦门街头苦苦等候了一两个小时，拍摄了一组雨中骑车人路遇马路陷阱摔倒的图片（图5为其中两幅图片），照片极具现场感和冲击力。此组照片经报纸和新华社的刊发

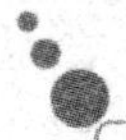

进而在网络上广泛流传，在全国引发了一场“记者传达新闻的责任和社会公德之间应如何平衡”的大讨论。这组照片也让名不见经传的柳涛瞬间卷入翻天覆地的是非评论之中，一时间，各方争鸣，毁誉参半。其实柳涛无论是举起相机还是去把那个坑填平，只要果断出击，他都没有做错。

图 5　骑车人雨中摔倒（柳涛　摄）

案例 2　最美女记者——曹爱文

2006 年 7 月 10 日，曹爱文在河南郑州黄河花园口采访儿童溺水事件，在 120 还没有赶到的情况下，她抛开采访工作，电话请教救人方法，奋不顾身抢救孩子，被网友称为“中国最美女记者”。

曹爱文在接受记者采访时的一些对话，展示了记者在此种伦理困境下，可能面临的选择困境和舆论环境。

生命比一条报道重要

记：在你们办公室门口的考核表上看到，你的排名很靠前，同事们也都夸你勤奋敬业。但这次你却把工作抛在一边，当时犹豫了吗？

曹：生命比一条报道重要。如果再有一次机会，我只希望自己能多掌握一些急救方法。

根本没有时间去策划作秀。我问心无愧

记：网友把你说成是“中国最美丽的女记者”，你怎么看？

曹：遇事站出来的人少了，救人才会成为新闻，大家这么关注我其实是一件很悲哀的事情。至于网友怎么评论，我不会太在意。我建议不要报道我，还是

带着大家一起去反思吧。

记：但是，也会有人说，你采访时带着摄像机，这样做也许是在作秀。

曹：如果他们在现场，就会知道当时根本没有时间去策划这样的作秀。我问心无愧，人家爱咋说就咋说吧，我认为选择救人只是一种本能。

再碰到类似的事，我肯定能做得更好

曹：不过我听说还有人批评我"救人姿势不对"，这种说法我很介意。

记：为什么？

曹：也许是因为人家说得有道理。虽然我真的已经尽力了，但还是很遗憾。这次事故之后，频道又组织了4期"急救医疗知识普及班"，每期一天，我重复参加了4次。再碰到类似的事，我肯定能做得更好。

人们过多关注这件事是一种悲哀

曹爱文一直觉得"很平常"。"我只是做了一个有良知的人所应该做的。"她说，救人很正常，见死不救才应该成为新闻。刚开始有家媒体报道中有几句提到她，当时"心里暗暗高兴，满足了一点女孩子的虚荣心"。可是几天后，她成了社会关注的焦点，采访者纷纷找上门来，"我感觉很有压力，我只是一个普通记者，做了一点应该做的小事，不应该这么受关注"。她说，人们过多关注这件事是一种悲哀，说明我们的社会有良知的人少了，关键时刻愿意挺身站出来的人少了。（详细报道见 2020-02-10 http://news. sohu. com/20060724/n244408275. shtml）

评析：

2006年，河南电视台女记者曹爱文放弃采访抢救当事人的事迹，引来了各界好评，并被众多网友誉为"中国最美女记者"。7月22日，河南省委宣传部和河南省记协联合召开了"河南省新闻战线学习曹爱文同志先进事迹座谈会"。河南省委宣传部副部长张锐评价说，"在一场突如其来的考试面前，我们的记者用实际行动交出了一份合格的答卷"。

事实上，从普利策新闻奖获奖作品《饥饿的苏丹》到摄影记者"守坑冒雨抓拍市民陷入水坑摔倒全过程"，从某电视台有奖竞猜俄罗斯人质死亡数字到摄影爱好者拍下"目击打工仔游长江溺水全过程"，社会的关注已经超出事件本身

的意义，也折射出了记者的良知以及新闻价值取向。

然而，当曹爱文选择了救人时，却也有人质疑她作秀。面对伦理困境，对于记者而言，掌握伦理抉择的模式显得尤为重要，可以尽最大可能做出最优的选择，即便不能，也能给自己的选择找到依据，从而避免让自己陷入无法解脱的内疚中。

案例3 菲律宾劫持香港游客事件

2010年8月23日，一辆装载25名乘客(包括22名香港乘客)的旅游车在菲律宾马尼拉市中心基里诺大看台附近被菲律宾前警察劫持，经过谈判，6名香港游客于中午前获释。23日晚7时40分左右，菲警方实施突击解救行动，香港游客中8人死亡，6人受伤。

在此事件中，菲律宾媒体的直播报道被认为是导致人质解救失败的直接原因。菲律宾媒体对该事件进行了现场直播，还发布了诸如警方解救方案、政府不向暴力屈服、劫匪弟弟被捕等信息，干扰了解救行动。甚至有的媒体长时间占用劫匪的电话线路，并通过电话怂恿劫匪不要放弃，要争取更多的利益。菲律宾媒体的诸多行为直接导致了劫匪情绪失控、枪杀人质行为的发生。菲律宾媒体在人质事件中的表现，受到了包括中国、新加坡、英国、德国在内的各国媒体的批评。英国《卫报》称“菲律宾媒体让全球人都通过现场直播观看了一场大屠杀”。菲律宾总统贝尼尼奥·阿基诺三世于9月20日公布了政府有关“8·23”人质事件的调查报告，称在整个事件中菲律宾媒体无疑扮演了一个“帮凶”的角色。该事件被激烈讨论，再一次掀起了社会各界对媒体职责与道德的拷问。(详细报道见2020-02-10 https://news.qq.com/zt2010/flvjc/jilu.htm)

评析：

在该事件的报道过程中，因报道对于事件的介入影响了事件的发展，媒体的报道显然已经成为该事件的一部分，而不是旁观者。

此类新闻事件记者在进行报道时同样面临解释真相与人道主义之间的困境、公众知情权与隐私权之间的两难选择。此时记者可以用伦理抉择的框架理论进行分析，以便于做出更具有道德上的正当性的选择。

博克的伦理抉择框架的两个前提：一是对不得不做出伦理抉择的人心怀同情；二是维持社会信任是基本目标。因此，对于菲律宾媒体的记者我们应首先心怀同情，同时信任他们在此时做出的选择已是当时最好的选择。

然后，按照三步走分析当时的伦理问题。

第一步是询问自己的良心。当时记者面临的状况是国内外受众都想要知道事件的进展，但同时菲律宾媒体全程直播会对人质安全和隐私造成威胁，一边是职业要求，一边是对于生命的敬畏和尊重。此时，记者应该追问自己职业要求能不能成为漠视生命的有力理由。如果能，就直播。如果不能，就该选择暂时保持沉默。面临这样的时刻，真相和道义显然无法兼顾，记者能做的是尽量平衡。

第二步是变通的方法。此时，如果记者无法自己做出决策，应征求专家和外界的意见，寻找其他变通的办法，寻找既可以达到报道真相又可以避免伦理问题的方法。对于该事件的报道，时间上的滞后性可以带来更好的效果，虽会在时效性上有所牺牲，但保护人质安全和隐私方面更可控。

第三步是公开讨论。在寻找变通办法的过程中，记者要尝试与所有当事人进行公开的伦理对话。在该事件中，当事人分别为编辑、家属、警方、专家、读者（观众、网民）等。通过与他们讨论，来寻求伦理选择的依据。但事实上很多时候，这样的讨论在这样的特殊事件中并不能真实展开，因此记者需要换位思考，在心里完成这样的讨论。

【思考】

1. 伦理与道德的区别是什么？举例说明在新闻报道中哪些情况属于道德问题，哪些情况属于伦理问题。

2. 新闻伦理抉择的基础理论有哪些？请复述其核心观点。

3. 结合新近案例，运用两种伦理决策框架分析记者的做法是否恰当。

4. 新闻记者为什么会面临伦理困境？

专题一 《中国新闻工作者职业道德准则》修订概述

【理论概述】

第一节 《中国新闻工作者职业道德准则》的颁布及修订

1991 年 1 月，中华全国新闻工作者协会第四届理事会第一次全体会议通过了《中国新闻工作者职业道德准则》（以下简称《准则》），后历经 1994 年 4 月、1997 年 1 月、2009 年 11 月三次修订。《准则》颁布以来，在加强新闻队伍建设、提升新闻工作者职业素养方面发挥了积极作用。

《准则》从 2009 修订至 2019 年已有 10 年时间。10 年间，我国新闻事业面临的形势、新闻队伍结构发生了巨大变化。立足新时代的新形势新任务新要求，中华全国新闻工作者协会对《准则》进行了第四次修订，并于 2019 年 11 月 7 日经中华全国新闻工作者协会第九届全国理事会第五次常务理事会审议通过。

第二节 2019 年版《中国新闻工作者职业道德准则》的变动和特色

1. 以习近平新时代中国特色社会主义理论为指导

《准则》提出，新闻工作者要坚持用习近平新时代中国特色社会主义思想武装头脑，增强“四个意识”，坚定“四个自信”，做到“两个维护”，牢记党的新闻舆论工作职责使命，不断增强脚力、眼力、脑力、笔力，自觉遵守国家法律法规，恪守新闻职业道德，自觉承担社会责任，做政治坚定、引领时代、业务精湛、作风优良、党和人民信赖的新闻工作者。

2. 进一步强调以人民为中心的工作导向

《准则》指出坚持以人民为中心的工作导向，保持人民情怀，及时回应人民

群众的关切和期待，畅通人民群众表达意见的渠道。加强和改进舆论监督，激浊扬清、针砭时弊，坚持科学监督、准确监督、依法监督、建设性监督。

在第一条第二款中将“牢固树立群众观点”改为了“坚持以人民为中心的工作导向”，并增加了“丰富人民精神世界，增强人民精神力量，满足人民精神需求”的表述；在第三款加入了“保持人民情怀”的表述；在第四条第二款中强调坚持走基层、转作风、改文风，练就过硬脚力、眼力、脑力、笔力时提出“拜人民为师，向人民学习”。

3. 与当前建设社会主义强国的工作重心相一致

新版《准则》在表述中将“改革发展稳定大局”改为了“党和国家工作大局”，提出“为促进经济社会持续健康发展注入强大正能量”。

《准则》提出，要努力培养世界眼光和国际视野，“生动诠释中国道路、中国理论、中国制度、中国文化，着重讲好中国的故事、中国共产党的故事、中国特色社会主义的故事、中国人民的故事，让世界更好地读懂中国”，“展示真实、立体、全面的中国”，同时强调加强与各国媒体和国际新闻组织的交流合作，将原《准则》中的“为推动建设持久和平、共同繁荣的和谐世界多做工作”的表述改为“为推动人类命运共同体建设多做工作”。

4. 适应当下媒介生态变动，将互联网思维和网络传播相关情况纳入

《准则》强调，坚持新闻真实性原则，努力到一线、到现场采访核实，报道做到真实、准确、全面、客观。坚持网上网下“一个标准、一把尺子、一条底线”。

坚持改进创新，遵循“新闻传播规律和新兴媒体发展规律”，强化互联网思维，顺应全媒体发展要求，创新理念、内容、体裁、形式、方法、手段、业态等，适应分众化、差异化传播趋势，善于运用网络新技术，不断提高网上正面宣传和网络舆论引导水平，“提升传播力、引导力、影响力、公信力”。

5. 强调新闻传播秩序，对新闻采访、制作环节的程序进行规范

增强法治观念，遵守宪法和法律法规，切实维护国家政治安全、文化安全和社会稳定。遵守党的新闻工作纪律，遵守新闻采访规范，尊重和保护新闻媒体作品版权。

《准则》指出，“严格遵守新闻采访规范，除确有必要的特殊拍摄采访外，新

闻采访要出示合法有效的新闻记者证”。

新闻工作要严格遵守和正确宣传国家“各项政治制度和政策”，“不渲染凶杀、暴力、色情等”，“尊重和保护新闻媒体作品版权，反对抄袭、剽窃，抵制严重歪曲文章原意、断章取义等不当摘转行为”。

6. 将职业伦理写入道德规范

在第二条第二款中提出“严守道德伦理底线”；在第三条第三款中提出“把好事实导向关，不刊播违背科学精神、伦理道德、生活常识的内容”。

7. 扩充了《准则》规范的主体范围

对于《准则》所规范的主体，加入了“包括新媒体新闻信息传播从业人员”的表述。

【附录】

中国新闻工作者职业道德准则

（中华全国新闻工作者协会第九届全国理事会
第五次常务理事会 2019 年 11 月 7 日修订）

中国新闻事业是中国共产党领导的中国特色社会主义事业的重要组成部分。新闻工作者坚持以马克思列宁主义、毛泽东思想、邓小平理论、“三个代表”重要思想、科学发展观、习近平新时代中国特色社会主义思想为指导，增强“四个意识”，坚定“四个自信”，做到“两个维护”，牢记党的新闻舆论工作职责使命，继承和发扬党的新闻舆论工作优良传统，坚持正确政治方向、舆论导向、新闻志向、工作取向，不断增强脚力、眼力、脑力、笔力，积极传播社会主义核心价值观，自觉遵守国家法律法规，恪守新闻职业道德，自觉承担社会责任，做政治坚定、引领时代、业务精湛、作风优良、党和人民信赖的新闻工作者。

第一条 全心全意为人民服务。忠于党、忠于祖国、忠于人民，把体现党的主张与反映人民心声统一起来，把坚持正确舆论导向与通达社情民意统一起来，把坚持正面宣传为主与正确开展舆论监督统一起来，发挥党和政府联系人民群众的桥梁纽带作用。

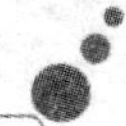

1. 坚持用习近平新时代中国特色社会主义思想武装头脑，深入学习宣传贯彻党的路线方针政策，积极宣传中央重大决策部署，及时传播国内外各领域的信息，满足人民群众日益增长的新闻信息需求，保证人民群众的知情权、参与权、表达权、监督权；

2. 坚持以人民为中心的工作导向，把人民群众作为报道主体、服务对象，多宣传基层群众的先进典型，多挖掘群众身边的具体事例，多反映平凡人物的工作生活，多运用群众的生动语言，丰富人民精神世界，增强人民精神力量，满足人民精神需求，使新闻报道为人民群众喜闻乐见；

3. 保持人民情怀，积极反映人民群众的正确意见和呼声，及时回应人民群众的关切和期待，批评侵害人民利益的现象和行为，畅通人民群众表达意见的渠道，依法维护人民群众的正当权益。

第二条 坚持正确舆论导向。坚持团结稳定鼓劲、正面宣传为主，弘扬主旋律、传播正能量，不断巩固和壮大积极健康向上的主流思想舆论。

1. 以经济建设为中心，服从服务于党和国家工作大局，贯彻新发展理念，为促进经济社会持续健康发展注入强大正能量；

2. 宣传科学理论、传播先进文化、滋养美好心灵、弘扬社会正气，增强社会责任感，严守道德伦理底线，坚决抵制低俗、庸俗、媚俗的内容；

3. 加强和改进舆论监督，着眼解决问题、推动工作，激浊扬清、针砭时弊，发表批评性报道要事实准确、分析客观，坚持科学监督、准确监督、依法监督、建设性监督；

4. 采访报道突发事件坚持导向正确、及时准确、公开透明，全面客观报道事件动态及处置进程，推动事件的妥善处理，维护社会稳定和人心安定。

第三条 坚持新闻真实性原则。把真实作为新闻的生命，努力到一线、到现场采访核实，坚持深入调查研究，报道做到真实、准确、全面、客观。

1. 通过合法途径和方式获取新闻素材，认真核实新闻信息来源，确保新闻要素及情节准确；

2. 根据事实来描述事实，不夸大、不缩小、不歪曲事实，不摆布采访报道对象，禁止虚构或制造新闻，刊播新闻报道要署记者的真名；

3. 摘转其他媒体的报道要把好事实关导向关，不刊播违背科学精神、伦理道德、生活常识的内容；

4. 刊播了失实报道要勇于承担责任，及时更正致歉，消除不良影响；

5. 坚持网上网下“一个标准、一把尺子、一条底线”，统一导向要求、管理要求。

第四条 发扬优良作风。树立正确的世界观、人生观、价值观，加强品德修养，提高综合素质，抵制不良风气，保持一身正气，接受社会监督。

1. 强化学习意识，养成学习习惯，不断增强政治素质，提高业务水平，掌握融合技能，努力成为全媒型、专家型新闻工作者；

2. 坚持走基层、转作风、改文风，练就过硬脚力、眼力、脑力、笔力，拜人民为师，向人民学习，深入了解社情民意，增进与群众的感情；

3. 坚决反对和抵制各种有偿新闻和有偿不闻行为，不利用职业之便谋取不正当利益，不利用新闻报道发泄私愤，不以任何名义索取、接受采访报道对象或利害关系人的财物或其他利益，不向采访报道对象提出工作以外的要求；

4. 严格执行新闻报道与经营活动“两分开”的规定，不以新闻报道形式做任何广告性质的宣传，编辑记者不得从事创收等经营性活动。

第五条 坚持改进创新。遵循新闻传播规律和新兴媒体发展规律，创新理念、内容、体裁、形式、方法、手段、业态等，做到体现时代性、把握规律性、富于创造性。

1. 适应分众化、差异化传播趋势，深入研究不同传播对象的接受习惯和信息需求，主动设置议题，善于因势利导，不断提高传播力、引导力、影响力、公信力；

2. 强化互联网思维，顺应全媒体发展要求，积极探索网络信息生产和传播的特点规律，深刻把握传统媒体和新兴媒体融合发展的趋势，善于运用网络新技术新应用，不断提高网上正面宣传和网络舆论引导水平；

3. 保持思维的敏锐性和开放度，认识新事物、把握新规律，敢于打破思维定势和路径依赖，认真研究传播艺术，采用受众听得懂、易接受的方式，增强新闻报道的亲和力、吸引力、感染力，采写更多有思想、有温度、有品质的精品佳作。

第六条 遵守法律纪律。增强法治观念，遵守宪法和法律法规，遵守党的新闻工作纪律，维护国家利益和安全，保守国家秘密。

1. 严格遵守和正确宣传国家各项政治制度和政策，切实维护国家政治安全、文化安全和社会稳定；

2. 维护采访报道对象的合法权益，尊重采访报道对象的正当要求，不揭个人隐私，不诽谤他人；

3. 保障妇女、儿童、老年人和残疾人的合法权益，注意保护其身心健康；

4. 维护司法尊严，依法做好案件报道，不干预依法进行的司法审判活动，在法庭判决前不做定性、定罪的报道和评论，不渲染凶杀、暴力、色情等；

5. 涉外报道要遵守我国涉外法律、对外政策和我国加入的国际条约；

6. 尊重和保护新闻媒体作品版权，反对抄袭、剽窃，抵制严重歪曲文章原意、断章取义等不当摘转行为；

7. 严格遵守新闻采访规范，除确有必要的特殊拍摄采访外，新闻采访要出示合法有效的新闻记者证。

第七条 对外展示良好形象。努力培养世界眼光和国际视野，讲好中国故事，传播好中国声音，积极搭建中国与世界交流沟通的桥梁，展现真实、立体、全面的中国。

1. 在国际交往中维护祖国尊严和国家利益，维护中国新闻工作者的形象；

2. 生动诠释中国道路、中国理论、中国制度、中国文化，着重讲好中国的故事、中国共产党的故事、中国特色社会主义的故事、中国人民的故事，让世界更好地读懂中国；

3. 积极传播中华民族的优秀文化，增进世界各国人民对中华文化的了解；

4. 尊重各国主权、民族传统、宗教信仰和文化多样性，报道各国经济社会发展变化和优秀民族文化；

5. 加强与各国媒体和国际（区域）新闻组织的交流合作，增进了解、加深友谊，为推动人类命运共同体建设多做工作。

对本《准则》，中国记协会员要结合实际制定相应实施细则，认真组织落实；全国新闻工作者包括新媒体新闻信息传播从业人员要自觉执行；各级地方记协、各类专业记协要积极宣传和推动；欢迎社会各界监督。

（来源：新华网 摘自：新华社 北京 12 月 15 日电）

专题二　新闻记者的采编权

【理论概述】

第一节　新闻记者职业权利

新闻记者，广义指在新闻单位从事新闻采访、报道、评论、摄影、编辑等新闻传播业务的工作者，或称新闻采编人员、新闻从业人员；狭义仅仅是指从事采访报道的工作者。国际新闻界通常把新闻自由理解为采访自由、通讯自由、出版自由和批评自由。与此同时，这些权利也被认为是新闻记者的主要权利。在我国，一般把新闻记者的权利分为表达和获知两大项。

一、新闻记者的权利

1．记者的权利

新闻的采访写作是一个过程，在这个过程中，记者有相对的独立性，应采取对新闻媒介独立负责的原则。首先，记者可以在不违反宪法和法律的情况下，不限方式地获取新闻线索；然后可以自主地根据情况拟定采访方案和计划，并运用他认为较有效的方法进行采访，再根据已收集到的材料，运用新闻价值规律进行判断、取舍，并以适当的新闻体裁写成新闻作品；最后可以用其认为适当的方式传递给新闻媒介。这个过程实际上也是记者对新闻事实证明的过程或对现实生活中所发生的事情进行新闻价值判断的取舍过程。

（1）采访权

采访，就是采集（信息）和访问。采访权是指记者获得新闻素材、获得事实证明的权利。这是记者了解事实真相、确保报道成功的基本条件。记者的这项权利又被称为“搜集新闻资料权”。

与记者的采访权相对应，一切享有政治权利的法人和自然人都享有接受新闻媒介及其从业人员采访的权利，国家的党政机关、社会团体和涉及公共事务

的法人组织又负有接受新闻媒介采访的义务。如果这些对象拒绝接受采访，新闻从业人员可向新闻媒介请求，新闻媒介有权要求其在法律范围内提出拒绝的理由。据此，新闻媒介还有权视情况向有关执法部门提请仲裁，直至向人民法院起诉，要求保障采访权。

一般公众在未涉及公共事务的范围内，享有接受新闻记者采访的权利，但并不承担此项义务，可以接受采访，也可以不接受。但当采访涉及与公共利益相关的事务或事件时，他就成为采访权实现的关键，负有接受采访的义务。

（2）写作权

写作权是指记者有根据已经收集到的材料用文字等符号形成新闻作品的权利。写作权是记者的报道权和评论权的具体形态。报道，是指把新闻通过媒体向公众发布。评论，是指对特定的新闻事件、新闻人物发议论、讲道理。我们通常把发表否定的意见称为批评。报道是传播信息，评论是发表意见，都是行使表达权的具体方式。

（3）传递权

传递权是指记者有将自己采访、写作完成的新闻作品通过可能获得的物质手段（如邮寄、电话、电报、传真或电脑信息网络等）传递给新闻媒介的权利。

2．编辑的编辑权

编辑与记者是新闻传播制作过程中两个重要环节的工作人员。编辑工作贯穿新闻报道的始终。从前期的决策、对新闻素材的选择和加工到最后的把关，编辑都起着举足轻重的作用。编辑权指的是编辑有对新闻信息进行必要的取舍、删改和决定制作形式的业务权。

编辑权具体而言，包括：第一，根据编辑方针组织报道，实施报道计划权；第二，编辑有对稿件的配置权和对版面、节目事件的安排权；第三，编辑有通过配评论、加按语等方式来表明编辑部或编者意见和思想倾向的权利。

二、新闻记者权利的起点

新闻权利的起点是公民的知情权。

1．公民知情权

知情权是指利用新闻媒介获得信息的权利，或者说是公民了解公共事务及

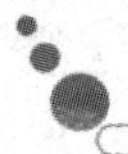

与个人利益相关的信息的权利,又被称为“知晓权”“知悉权”“知道的权利”“知察权”“获知权”“知的权利”“了解权”等。

知情权有广义和狭义之分。广义的知情权是指公民、法人及其他组织知悉、获取官方与非官方信息的自由和权利,其义务主体既包括官方,又包括私人。狭义的知情权基本上就是知政权,其义务主体仅限于官方。

2. 公民知情权的法律基础

党的十七大报告提出要保障公民的知情权、参与权、表达权和监督权。在这四项权利中,知情权是其他几项权利得以实现的重要前提。在我国,宪法没有直接规定公民享有知情权,但是知情权的理念与精神在宪法和其他法律中均有或明或暗的体现,是宪法的一项隐含权。

理论上认为,新闻记者的权利来源于宪法规定的言论、出版自由和进行文化活动的自由。这些自由的权利主体是公民。新闻工作者也是公民,也享有宪法规定的一切权利。新闻记者与普通人的区别只是职业分工不同,新闻记者把寻求、获取、传播信息作为自己的职业,这种职业的功能是使广大公民更好地实现自己的言论、出版自由等权利。言论、出版自由是公民的政治权利、民主权利,是不可以转让的。公民并没有把自己的言论、出版自由等权利转让给新闻媒体和新闻工作者。新闻媒体和新闻工作者只是“代表”自己来行使这些权利。就是说,言论、出版自由以及其中包含的所有权利,并不是新闻工作者专有的、排他的权利。所谓“记者是人民的代言人”的说法,是指记者负有反映人民的意愿和呼声的社会责任,不能说公民有了代言人,自己就不用说话了;记者有了采访权,别人就无权寻求和获取信息了。新闻记者作为公民的一分子,是与公民一起来行使这些权利的。新闻记者的采访权、报道权、评论权、批评权等,只是公民权利的具体形态。

三、记者特权

在世界许多国家,新闻记者有权不透露消息来源。对新闻来源保密的权利,又称“隐匿权”“秘匿权”“取材秘密”“消息来源秘密”“保护新闻来源的权利”“职业保密权”等,在法庭上,又被称为“拒证权”。它指的是新闻媒介和新闻工作者有不向外界透露消息提供者的身份和姓名的权利,即新闻从业人员对消息

来源或提供者实行保护的权利。

隐匿既是一种权利，也是一种义务。这种承诺是基于信赖关系，也是职业道德使然。隐匿权能使新闻报道在更大程度上迅捷、准确、真实、有效地表达言论，更充分地保障公民的知情权。

在西方许多国家，法律保护这种权利，以保证消息渠道的畅通，保护消息提供者不受打击报复。

我国宪法规定任何公民都有向法庭作证的义务，所以从表面上看，该项权利与宪法原则存在一些冲突。但从社会环境和行业认同来看，该项权利已越来越引起关注，并且有跟国际上其他国家靠近的趋势。也有学者提出应将此项权利的保护写入法律。

1. 保护消息来源是一个伦理与法律交织的问题

在美国，新闻工作者由于其职务行为，特别是公众期待的调查性报道而被判坐监，主要就是拒绝服从法庭命令。在法庭上，不向原告提供重要信息的记者，就面临藐视法庭罪的指控，以及潜在的罚款与监禁判决。

在第二次世界大战以后第一个因此倒霉的美国新闻工作者是《纽约先驱论坛报》专栏作家玛丽·托尔(1924—1997)，她在1958年的一篇专栏文章中引用哥伦比亚广播公司一名经理人的话说，女演员和歌唱家朱迪·加兰因太胖而未能参演某特别节目，在随后朱迪·加兰提起的诉讼中，玛丽·托尔因拒绝披露消息来源而被判监禁10天。从1911年到1968年，仅有17宗涉及记者秘密消息来源的案件。自从美国最高法院1972年就《布兰兹伯格诉海斯案》作出判决以来，因藐视法庭而被定罪的新闻工作者增加了。从1990年到2006年，约有20名美国媒体人因拒绝披露消息来源而被定罪入狱，刑期从数天到6个月不等。

在欧美其他国家，此类案件要少些。较著名的一宗是，荷兰日报《电讯报》(*De Telegraaf*)记者巴尔特·莫斯(Bart Mos)和约斯特·德哈斯(Joost de Haas)因在2006年1月的一篇文章中指称荷兰情报部门泄密，并引用了他们所说的臭名昭著的毒贩罗伯特·明克·科克的官方档案。两名记者进一步指称，有疑问的档案已经落入科克本人之手。警方随即开展侦查，并起诉一个名叫保

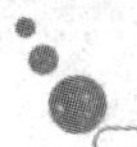

罗·H的特工。主审法官以国家安全和保障对保罗·H的公正审判为由命令记者披露报道的消息来源。两名记者因拒不服从披露命令而被关押，但是在3天后的上诉中获释。

到目前为止，美国50个州中已有49个州为记者提供了法律保护来为消息来源保密，其中41个州和华盛顿特区通过了名为“盾法”(shield laws)的消息来源保护法。只是州法低于联邦法，仅适用于本州，并且彼此有很大差别。此外，博客等自媒体不受“盾法”保护。从全球范围看，以立法来保护消息来源的国家数量有所增长，其中至少包括奥地利、澳大利亚、日本、墨西哥、法国、德国、意大利、瑞典、挪威、比利时等国。1982年1月生效的奥地利《新闻法》规定：记者有权拒绝出庭作证，或拒绝在行政诉讼中回答某一消息来源的身份问题。

在国际法层面，欧洲人权法院在1996年《古德温诉联合王国案》判决中认定，发出披露消息来源的命令违反《欧洲人权公约》保障表达自由的第十条的原则，指出“保护新闻工作者的消息来源是新闻自由的基本条件之一……没有这种保护，消息来源就会受到遏阻，而不去就公共利益告知公众。因此，新闻界的至关重要的公众看门狗的角色就可能被破坏，新闻界提供准确而可靠的信息的能力就可能受到反向影响”。在美洲，《美洲表达自由原则宣言》已经承认了消息来源保护原则，其中原则八称：“每一个社会传播者都有权保守他或她的信息、笔记、个人和职业档案来源的秘密。”在非洲，非洲人权委员会已经接纳了《非洲表达自由原则宣言》，其中原则十五规定了保护消息来源的权利。

2.“支票簿新闻手法”

“支票簿新闻手法”(checkbook journalism)源于英美新闻界，是指向消息来源提供报酬，具体而言就是新闻工作者为信息或独家采访而付费的行为。为得到消息、图片或独家采访的机会而付钱给消息来源的做法，在美国报界已不多见，但是在美国广播电视界和英国、日本等国已被接受。“支票簿新闻手法”是另一个与消息源有关的新闻伦理问题。

赞成“支票簿新闻手法”的人认为，如果不付钱，许多电视新闻节目就难以找到愿意在节目中露面的人。但大多数英美新闻工作者反对“支票簿新闻手法”。根据一项美国的调查，只有17%的新闻工作者认为为采访付费理所当然。

公众也反对这种行为，只有不到三分之一的人认为“支票簿新闻手法”在伦理上是可接受的。根据一项英国的调查，70％的新闻工作者认为向目击证人付酬会危及新闻报道的公正性。也有研究者认为，“支票簿新闻手法”会降低信息的准确性，因为有人会为了钱而对信息添枝加叶，也会抑制信息的自由流动。当这种做法涉及那些目击犯罪过程，或者已经被判有罪的人时，问题可能会变得更加严重。罗恩·史密斯在《新闻道德评价》一书中归纳了反对“支票簿新闻手法”的四条理由：其一，如果有钱可挣，就会有人撒谎或夸大其词；其二，如果无钱可挣，许多人就会隐瞒信息；其三，“支票簿新闻手法”可能降低新闻报道本身的质量；其四，“支票簿新闻手法”需要花钱，有的新闻媒体担心，一旦开了为采访付钱的口子，那就有可能一发而不可收，这笔开销就可能成为一个无底洞。

在我国，许多都市类日报开辟了爆料热线，有奖征集社会新闻的线索。此举相对于“支票簿新闻手法”，开销较易控制，做法也比较规范。但是它作为一种付费采集新闻的行为，同样需警惕其引发的经济压力和对新闻规律的违背。

3. 匿名消息来源与新闻虚假

消息来源是新闻媒体赖以安身立命的根本，媒体拥有广泛而强大的消息来源，能在激烈的新闻竞争中拔得头筹。但如果对消息来源使用和处理不当，也会惹来麻烦，因为事实性差错大多发生在消息来源上。匿名消息来源更是假新闻的温床，而且容易引起法律纠纷，从而影响媒体的公信力。在我国，这一问题还没有与司法建立联系，但是滥用和披露匿名消息来源的两种情况都已经在新闻实践中出现。

第二节 采访的边界

一、采访的伦理困境

在采访过程中，记者时常处于两难的处境，这种情况又被称为伦理困境。伦理困境，在狭义角度被称为“道德悖论”或“道德冲突”，是指限于几个道德命令之间的明显冲突，如果遵守其中一项，就将会违犯另一项的情形。伦理困境的产生，是由于在同一伦理体系下，有多个价值要素，而这些不同的价值要素可能相互冲突、矛盾。如著名的普利策新闻奖获奖作品《饥饿的苏丹》的作者，就

面临这样的两难：一方是新闻职业的价值标准——新闻价值，另一方是做人的价值标准——救人。面对这样的两难困境，西方伦理学研究者从规范伦理学、目的伦理学、非目的伦理学等多个角度进行分析，寻求解决困境的最佳思路。

二、采访要适度

在记者的采访过程中，把握尺度是很重要的职业道德。英国王妃戴安娜1997年8月31日因车祸死于法国巴黎，当时司机保罗酒后超速驾驶，车上的人也未系安全带，但有人怀疑车祸的真正原因是为了躲避狗仔队。无独有偶，2013年9月13日，知名歌手王菲在与李亚鹏离婚后，在北京机场下飞机后也经历了这样惊险的一幕。三队狗仔队在机场辅路上与王菲的座驾展开了追逐，王菲最后不得已停车让记者们拍照。尊重生命是记者采访的底线。生命权高于采访权。

新闻记者是一种“多角色扮演者”类型的群体——既是新闻专业人士又是社会大众中的普通一员。体现在新闻记者身上的这两种角色，即“专业”与“常人”之间，多数情况下是不会发生冲突的。但在某些特殊情况下，两者之间却可能发生冲突。记者常常会被大众寄予救人的期待。对于这种期待，新闻界内外普遍认为，道德同情应当优先，记者首先是人类的一分子，其次才是新闻记者。但也有反对者认为，在极特殊情境下，让世界知道发生了什么更重要。如数十年前，美国黑人民权领袖马丁·路德·金在阿拉巴马州的塞尔玛组织了一场争取公民权利的游行，其间县治安官派执法人员将儿童摔在地上，《生活》杂志的一名摄影记者见状停止拍摄而去帮助孩子们。金博士却提醒这位摄影师说：“全世界并不知道这事儿发生了，因为你没有拍下它。我不是对此冷血的人，但是你拍一张我们的人被殴打的照片要比你成为加入争斗的另外一个人重要得多。”

三、禁止非法采访

最大限度地获取新闻是新闻工作者的职业要求，也是新闻媒体对公众知情权的保障。但如果突破法律的界限，不仅会造成伦理上的困境，甚至有可能违法，需承担相应的法律责任。

近些年，随着采录技术和传输技术的发展，窃听等非法手段、隐性采访等有

争议的采访方式在新闻采访环节运用得较多。采访中在法律的框架内选择采访方式是法律的要求，也是新闻职业道德的要求。

在伦理学研究领域，目的和手段冲突是一个常见的伦理困境。面对这一困境，由不同的伦理学观点，会得出不同的结论。康德提出“绝对律令”，强调道德原则对所有理性的生物都有无条件的效力，这是不允许有例外的。照此观点，窃听本身就是不被允许的，当然也不存在靠窃听获取新闻了。而功利主义的观点则强调以后果来判断手段的合理性。照此得出的结论可能就是窃听是被允许的了。

第三节　新闻编辑的边界

新闻制作规律是指新闻制作过程中应遵守的新闻价值原则、真实性原则、舆论引导原则、正面宣传原则等。在编辑环节这些规律作为新闻传播的基本规律是编辑工作的指挥棒。在融合新闻语境下，这些规律应适应新的表现形式。

一、真实性原则

真实是新闻的生命，无论新闻的具体样态和传播媒介如何发展，真实性始终是新闻工作中首先要确保的内容。在融合新闻报道中，新闻编辑要根据传播媒介和受众的特点对素材进行再加工，在此过程中，制作与新闻稿件主体内容一致的新闻标题是真实性的一项具体要求。近几年，一些新媒体上的新闻报道出现了较为严重的“标题党”现象，有损新闻公信力。

除此之外，编辑在组稿进行融合报道的过程中要坚持新闻真实性中的整体真实的要求，形成报道合力，提升新闻报道的效果。

二、独立原则

编辑独立原则是编辑出版学的一个术语，它要求编辑在编辑出版物时要坚持本人自己的原则，符合出版物的客观性和真实性要求。客观性原则是指不涉及其他人为因素、不受上级领导政策以及个人喜好的干扰，也不一味地迎合社会大众的盲目需求，而是独立地完成自己的编辑使命的一种编辑原则。在新闻报道中具体体现为编辑按照自己的意愿进行组稿、选稿，不受其他方面的干预。

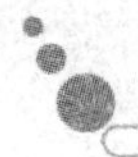

三、人文关怀原则

人文关怀起源于14世纪到16世纪欧洲文艺复兴时期的“人文主义”，是一种反对宗教蒙昧主义，提倡关怀人、尊重人和以人为中心的一种进步的文化思潮。在新闻报道中体现人文关怀是指在新闻制作环节要把人奉为主体，将每一个个体视为目的而非报道的手段，肯定人的价值，其核心是对人的生存状况及历史境遇的关注，对人的尊严、人的价值及符合人性的生活条件的肯定，也就是说，人文关怀的焦点在于“人”。

新闻活动因人的存在而存在，离开了人这个因素，新闻传播活动就丧失了意义。一方面，新闻报道的主要对象是人类及其生活状况；另一方面，新闻信息传播的对象也是人。人是新闻存在的理由，新闻工作本身就是一种与人密切相关的事业。

相较于大众传媒时代，在融合新闻背景下，互动式的传受关系取代了单向的传受关系，新闻活动更需要尊重受众的价值、人格以及他们的需求。

【案例与评析】

案例2-1 《环球时报》记者付国豪在香港机场遭围殴

2019年8月13日晚，环球网记者付国豪在香港机场采访时被示威者非法拘押，遭到非人道对待。被暴徒捆住双手的付国豪正义凛然：“我支持香港警察，你们可以打我了！”14日0点20分许，香港警队艰难救出头上满是鲜血的付国豪。

评析：

近年来，新闻记者遭到暴力对待的事例屡屡见诸报端。从新闻记者遭暴力事件的发生情况看，几乎所有的事件都发生在新闻记者对非法事件或灾祸事件进行舆论监督的报道之中。具体而言，新闻记者受到的侵害主要来自两个方面：一方面是普通公民或法人组织。其原因一般是记者的采访活动触动了这些个人和组织的既得利益，本案例即属于这一类。另一方面是权力部门。新闻记者在进行舆论监督过程中，其采访和曝光会触动某些权力部门的既得利益。

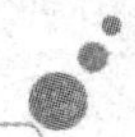

面对暴力，新闻记者此时会显得有些无能为力。在央视《面对面》记者采访付国豪时，当被问到自己的人权受到了侵犯、受到了伤害，可不可诉诸法律时，付国豪回答："如果有必要的话，我觉得可以和家人商量一下，还是可以追究一下的。"在我国，新闻记者的采访权、批评权、舆论监督权、报道权尚未得到法律层面上明确的保护，加之新闻法未出台，会使新闻记者陷于"无法可依"的窘境。在这种处境下，新闻记者并不能从采访权受到妨碍的角度去维权，而只能按照一般的法律原则，寻求普通法来保护自己的权益。本案例中，付国豪可从宪法权利和民法权利方面进行维权。

采访权是新闻活动正常进行的一项重要权利，但这项权利目前还只是一种习惯权而非法定权，也就是说，包括采访权在内的许多新闻权利，目前在我国法律中还没有明文规定。这也是许多人面对记者的采访毫不犹豫地拒绝，甚至暴力相向的一个重要原因。

案例2-2　编辑的无奈："偷税"改成"积极缴纳国税"

一家都市报记者了解到某县烟草公司偷税135万元的情况，连夜赶写了一篇《×县烟草公司偷税135万元被查处》的消息。消息刚写好，县烟草公司便派人给他送来5000元现金和两条大"中华"，被记者严厉回绝。来人非让他把"偷税"改成"漏税"不可。随后，记者又接到该县县长的电话，希望在"漏税"前面加上"由于财务人员工作失误造成"的内容。这时，报社总编推门进来，说刚才市领导打了招呼，烟草公司是市财政的一大支柱，不要挫伤他们的积极性，应以正面宣传为主。总编按照市领导的意图对稿件进行了精心修改。第二天一早，这家都市报一版便出现了一则加花边的新闻：《×县烟草公司积极缴纳国税受到市领导表扬》。把"偷税"改成"积极缴纳国税"，使新闻事实发生了质的变化。一篇措辞严厉、切中时弊的批评稿摇身一变成了冠冕堂皇、自吹自擂的表扬稿，可谓"手段高明"。编辑部的这种"魔力"大多迫于外界压力。[①]

评析：

该案例是在大众传媒时代发生在编辑领域的典型事例。在当下的媒介环

① 资料来源：刘勇：《批评的无奈》，《采·编·写》，2000年第3期，第49页。

境下，随着技术的发展，媒介与媒介间，人与机器间的合作越来越紧密，编辑业务也发生了巨大的变革，但无论从宏观的策划方面，还是从微观的选稿、组稿、改稿的角度都应保障编辑的独立性，从而保障新闻报道的品质。

案例 2-3 “水门事件”

1972 年 6 月 17 日，美国民主党总部水门大厦发生盗窃事件，后来的调查发现，以当时美国总统尼克松为首的共和党为了获得大选胜利，派人窃取民主党文件并对水门大厦进行窃听；《华盛顿邮报》记者伍德沃德(Bob Woodward)和伯恩斯坦(Carl Bernstein)在一位神秘线人的帮助下，坚持不懈地追踪报道，让整个事件的内幕大白于天下，最终导致尼克松总统辞职，白宫办公厅主任鲍勃·哈特曼(H. R. Haldeman)及总统顾问约翰·亚列舒曼(John Ehrlichman)被监禁。《华盛顿邮报》编辑霍华德·西蒙斯(Howard Simons)以情色电影的名称，为这位秘密线人取绰号“深喉”。

“深喉”的真正身份是美国政治和新闻界最大的秘密，伍德沃德和伯恩斯坦坚持他们会保守秘密直到他去世或他同意公之于众。但《名利场》(*Vanity Fair*)杂志 2005 年 5 月 31 日的一篇爆炸性报道揭开了困扰美国人民 30 多年的谜团：马克·费尔特(W. Mark Felt)承认自己就是当年“水门事件”中的神秘线人。随后，伍德沃德和《华盛顿邮报》证实，现年 91 岁的费尔特就是“深喉”。

根据伍德沃德在其书《秘密线人：水门“深喉”的故事》里的回忆：1970 年，当时还在美国海军服役的伍德沃德在一次前往白宫递送文件的过程中，偶然遇见了费尔特，并向其索要了办公室电话号码——这表明后来的整个事件是偶然发生而不是有预谋的；此后伍德沃德成为一名记者，而费尔特也被约翰·埃德加·胡佛(J. Edgar Hoover)提升为联邦调查局的二号人物，其间他们保持着电话联系。不过费尔特从未透露过任何敏感信息，外人也不知道他们的关系；“水门事件”发生后(此前不久胡佛去世，但尼克松并没有提名费尔特，而是提名了一位自己的亲信来担任代理局长)，觉察到其中一些疑点的伍德沃德多次试图联系费尔特，后者虽然一度提醒他“水门事件”将会升级，但拒绝在电话中谈论，因为费尔特担心电话被窃听。最后费尔特同意并提出在一处秘密车库以直接

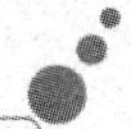

见面的方式交流。方法是如果伍德沃德想要与“深喉”见面，就搬一个插着红旗的花盆到阳台上，而如果费尔特有重要情况的话，会在当天的《纽约时报》上做暗号，投送到伍德沃德的公寓邮箱中。伍德沃德与费尔特一共进行了七次这样的见面，不过伍德沃德表示，费尔特从未提供过具体信息，他唯一做的只是证实了由其他人提供的信息或建议了有待考察的新线索。

评析：

“水门事件”的意义不仅是政治上的，对新闻事业而言也是里程碑式的。它确立了一种新闻典范，从此秘密消息来源作为一种手段被媒体更为广泛地使用，几乎可以说是开启了新闻史的一个新纪元。这种权利被称为消息来源隐匿权，成为记者的一项特权。但这项特权在实践中实现却并非轻而易举：一方面要保护消息来源往往需面对舆论和法律等多方的压力，另一方面隐匿消息来源从新闻真实性上来说并不被支持。

有人说，消息来源是维持记者生命之血液。也有人说，见闻广博的消息来源是记者的面包和黄油，倚重他们能够创造出真正错综复杂的新闻作品。一家新闻媒体发誓忠于它的消息来源势必会受到公众的欢迎，然而，刊登出姓名会令消息来源欲言又止，甚至缄默不语。还有人指出：“不具名的消息来源是民主的安全阀和良心的避难所，但也是懒惰而粗心的记者的拐杖。”那么，如何既为公众服务又让消息来源满意，经常就成为两难之事。

从事舆论监督的调查性报道的记者通常要接触和使用秘密（匿名）消息来源，以获取政府官员、公司和其他滥用权力者想掩盖的信息。国际新闻界普遍认为，无论记者本人可能遇到什么后果，他们都有责任不泄露消息来源者的身份或不让消息来源者的身份为人所知。如果不能对消息来源的身份保密，非官方的消息来源可能由于害怕遭到报复而保持缄默。未经同意披露消息来源，很可能给消息来源带来非常严重的后果。

根据新闻专业主义和公共性的理念，新闻媒体在采集、刊播新闻和信息时，扮演着一个中立的公共机构的角色。马克思称之为统治者和被统治者之间的“第三种因素”和社会中的“第三种力量”。当政府或其他任何人强行查阅记者的采访本、录音笔、录像带、相机、电脑等专业记录时，或者当记者自己出卖消息

来源时，这种中立性就被破坏了，也就构成了背信弃义。

案例 2-4 "铅笔道"在报道中披露已承诺隐匿的消息来源

2018 年 3 月 24 日，垂直媒体"铅笔道"发表了一篇调查性报道《调查|一支空气币军团的崛起与毁灭：连发 4 币吸金 10 亿　毁于熊市众叛亲离》，文章深扒了 ICO(Initial Coin Offering)数字货币 SAY"破发"背后的"币圈"内幕。报道指称，石一作为 SAY 的幕后庄家，涉嫌操纵数字货币，圈钱欺诈。"铅笔道"的调查引发较大关注，其原因有二。一是文章的积极贡献：揭露了所谓的"币圈"空气币是如何圈钱的，文章中动辄上亿的资金交易和其总结的"割韭菜"内幕让普通人瞠目。二是文章存在严重的道德缺陷："铅笔道"采访者原本答应要对主要受访者(即爆料人)孙高峰和许力天采取匿名方式，但最后发表时却予以实名披露。

面对媒体界的普遍批评，"铅笔道"似乎不以为然，在不到 15 分钟后发表的语气强硬的 5 点声明中，第 4 点这样回应："关于匿名与实名问题。其实这是一个职业道德与公众利益的问题，谁是小我谁是大我？""职业道德与公众利益两难全，契约精神重要(也要分对象)，但公平正义更重要，请原谅我们选择了后者。"此举激起了各方更多的负面评价："声明中说：文中素材均来自采访，有录音备份，'铅笔道'不站任何立场，仅供读者参考。"这大致能反映出"铅笔道"的采访扎实程度，以及未来应对可能的诉讼时的前期准备。但是它忽略了一点，那就是法律之外的伦理道德问题。"说好的匿名爆料，你却直接实名了，这是什么操作？""答应别人匿名，然后实名报道，最后还给自己披上'一切为了揭露真相'的道德外衣，这种行为是可耻的。"

评析：

在中国媒体界经历了 40 年的改革开放进程后，尤其是在日益注重媒体伦理道德、强调新闻报道专业性的 21 世纪，一篇来自网络媒体的深度报道及其后续因匿名消息来源被公开而引发了如此强烈的抨击，以致于被称为"媒体圈震怒"，这是少见的。这一方面说明了新闻界的普遍共识，另一方面凸显了新媒体时代因媒体趋中心化乃至一定程度趋专业化之后出现的新问题，值得加以检视

和讨论。

"铅笔道"的报道引发最大争议的是匿名消息来源问题，其中涉及两位"爆料人"孙高峰、许力天。孙高峰表示：这件事"和我一毛钱利益关系没有"，"拉我搞了个语音会，让我随便讲，说什么绝对保密"，"全是 Borix(许力天)再(在)讲"，"铅笔道你们这样瞎写对我个人有了严重危害"。我们未见许力天公开回应。其中关键信息是"让我随便讲，说什么绝对保密"。如果对话截图未经 PS 处理，那么现有证据显示"铅笔道"确实曾经答应被采访人匿名，在其微信公众号发布的第一版文章中，也写到"原本已经答应部分采访对象匿名"，在随后的修改版中成为"原本已经考虑部分采访对象匿名"，而目前其官网文章已删除这句话。

在"铅笔道"随后的声明中，记者也承认孙高峰和许力天曾经要求匿名，并解释说，起初答应匿名是因为认为他们是纯粹举报者而并非当事人，但随着后续采访的深入，发现二位是事件核心当事人，既是受害者也是加害者。记者认为，只对孙高峰、许力天等人匿名却让石一实名，"有违公平正义"，若全部匿名，此文失去意义。在职业道德与公众利益上，契约精神重要(也要分对象)，但"公平正义"更重要，因此当事记者选择了她"经过思考后"认为的"公众利益"，将孙高峰、许力天二人实名。

无论是诉诸传统媒体还是新媒体，如何既揭开复杂的腐败问题的黑幕，同时又让媒体人本身和消息来源安然无恙成为解决问题的两全之策。国内的一批优秀媒体人已经掌握了保护匿名消息来源的技术。他们思维缜密，理念清晰，操作有序，这样兼具高超智慧和人文情怀的做法是值得推广的。

案例 2-5　"世奢会"诉《新京报》案

2012 年 6 月，以《新京报》及《南方周末》为代表的多家媒体先后发布报道，对自称"全球奢侈品行业的非营利性国际组织"的"世奢会"(北京)国际商业管理有限公司提出质疑。

2012 年 6 月 15 日，《新京报》引用"世奢会"一位匿名离职女职员的消息源，刊载了标题为《"世奢会"被指皮包公司》的文章，质疑"世奢会"公司为"山寨"的

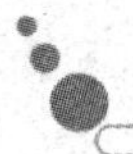

"国际"组织，并指出其发布的奢侈品行业数据及提供的展品造假，《新京报》官方网站对此文章进行了转载。

"世奢会"（北京）公司主要负责人毛欧阳坤认为《新京报》的新闻报道系负面不实报道，严重损害其公司名誉，遂将《新京报》诉至法院。在一审判决中，《新京报》出于对匿名消息源的保护，拒绝向法院提供被采访对象的任何信息。由于无法说明其报道的消息来源，法院认为被告《新京报》的相关报道违背了其作为媒体的核实义务，构成了对一审原告"世奢会"（北京）公司名誉权的侵害。《新京报》不服一审判决结果，向北京市三中院提起上诉。在二审中，《新京报》当庭提交并播放了采访者的录音，同时公开了匿名消息源"唐路"的身份是"世奢会"（北京）公司已经离职的女员工田丹丹，《"世奢会"被指皮包公司》新闻的采写报道记者刘刚也到庭作证。法院最终认为：新闻媒体没有歪曲事实、不实报道的故意或过失，且有合理可信赖的消息来源为依据，不应承担侵权责任。新闻媒体有正当进行舆论监督和新闻批评的权利，北京市三中院终审判决撤销朝阳法院的一审判决，驳回"世奢会"全部诉讼请求。

评析：

在本案中，《新京报》在一审和二审中对于消息来源的处理发生了变化，一审出于对消息来源提供者的保护行使了隐匿权。二审为了证明消息来源的可靠性和自身处理的合理性，转而抛出消息来源，最终以行使舆论监督和新闻批评的权利胜诉。然而，其曝光消息来源的做法却引发了业界对于隐匿权的探讨。对于《新京报》的做法，业界更多的是不认同的声音。

【思考】

1. 记者采访的边界有哪些？

2. 新闻聚合平台编辑业务的变革有哪些？

3. 记者的采编权目前有没有法律上的明文规定？当记者遭遇暴力时应如何维权？

【附录】

全球部分国家新闻行业关于消息来源隐匿的规定

1. 白俄罗斯《新闻工作者伦理守则》规定：

新闻工作者必须为秘密消息来源保密。

2. 比利时《新闻业准则》规定：

若无消息提供者的明确授权，秘密消息来源不得被透露。

3. 波斯尼亚和黑赛哥维那《报业规范》规定：

只要有可能，新闻工作者应当依靠公开的、经过鉴定的消息来源。与可信度和准确性都不能被大众测定的匿名信源相比，它们更应当受到新闻工作者的青睐。新闻工作者有义务保护秘密提供信息者的身份，不管他们有没有明确要求保密。

4. 保加利亚《媒体伦理规范》中关于消息来源的规定：

应设法在传播信息前寻找和使用不同的消息来源来验证信息，并在适当情况下标明其出处；相较于一些无法被公众检验其诚实度和可靠性的匿名消息源，应优先考虑使用有明确身份的信息源；应保护匿名信息源的身份；应对所有没有被证实的信息进行标注。

5. 克罗地亚《新闻工作者荣誉准则》规定：

新闻工作者有责任发布事实以及被证实的消息。当个人以及组织是信息或者言论的来源时，新闻工作者有权利不公布信息来源。但是他也要对发布的内容负有道德的、实质的和法律的责任。

6. 捷克《记者伦理准则》规定：

如果消息来源希望隐瞒其身份，记者有义务保守职业秘密，即使这样的立场会给记者带来麻烦。

7. 丹麦《媒体行为规范》规定：

新闻工作者必须信守其对消息来源的承诺，同时也必须避免轻率许诺；媒体有保护秘密消息来源身份的道德义务。

8. 芬兰《新闻工作者指南》规定：

新闻工作者有权利隐瞒提供秘密信息的人的身份。编辑部必须遵守这条规定。

9. 法国《记者职业伦理宪章》规定：

保守秘密，保护秘密的信息来源。

10. 德国《新闻工作者伦理准则》共十六节，第五节为职业机密。规定：

新闻出版机构应当尊重职业秘密，线人有拒做证人的权利，在未得到线人明确许可的情况下，不得泄露其身份。要坚持保密原则。

如果线人要求作为新闻来源的条件是保证其秘密和安全，那么此要求需予以尊重。保密原则只有在线人提供的信息与犯罪行为相关时才不具有约束性，此时有义务通知警方。有的条件下保密原则也可能被取消，必然需要仔细权衡利益关系时，出于国家治理的重要因素时，尤其是宪法秩序可能受到影响或损害时。

在经过仔细考虑后，如果确定了公众知情权在重要性上超过了保密的需要，那么优先作为秘密的行动和计划可以被报道。

11. 希腊《媒体伦理法典》规定：

记者可以自由地获取信息，同样有义务保护他的消息来源。

12. 匈牙利《新闻工作者协会道德准则》规定：

如果新闻工作者向信息提供者承诺不透露他/她的身份，那么新闻工作者在任何情况下都必须保守承诺。然而，如果透露消息来源不会对匿名提供者产生威胁，那么可以这样做。新闻工作者应尝试一切合理的方法来确定信息来源。如果这是不可能的，记者应该从其他渠道获取指定的信息。如果这也是不可能的，必须表明拒绝公布消息来源者身份的原因。试图逃避公正的匿名行为是不可能的。

13. 爱尔兰《新闻伦理规范》规定：

保护秘密地提供信息以及在工作中收集资料的信源的身份。

14. 爱尔兰《报纸期刊实践准则》规定：

新闻工作者应该保护信息的秘密消息来源。

15. 意大利《全国新闻联合会及新闻记者委员会准则》规定：

假如消息来源要求匿名，记者应尊重其职业秘密，并将此情况告知读者。

16. 拉脱维亚《媒体伦理准则》规定：

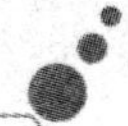

在没有获得允许的情况下记者没有权利曝光消息来源，除非这是法院要求。

17. 立陶宛《新闻工作者和出版商的伦理规范》规定：

新闻工作者和公共信息的组织者应该辨别信息提供者。基于此他应当获得在其报道中指出信息提供者名字的许可。如果信息源要求新闻工作者不要透露他的姓名，那么新闻工作者和公共信息的组织者无权披露。在这种情况下，新闻工作者和公共信息的组织者应当承担信息发布后的法律和道德责任。

18. 摩尔多瓦《记者职业道德准则》规定：

记者应保护消息来源的身份——即便是在法官、检察官、警察以及其他执法实体面前，也应当如此。保护个人隐私以及秘密的消息来源，应被视为新闻记者的权利和义务。

如果身份信息的公开会危害到当事人的生命安全或影响其职业活动，则应确保对新闻来源进行保密。

19. 挪威《媒体伦理规范》规定：

保护新闻消息来源在自由社会是一个基础的原则，并且是媒体对社会履行其责任的先决条件，保护消息来源才能确保（媒介从业者）能够获得必要的信息。

不要透露在保密基础上提供信息的人的名字，除非相关人员明确表示同意。

考虑到消息来源和新闻媒体的独立性，未发表的材料不应该泄露给第三方。

20. 波兰《新闻工作者协会伦理规范》规定：

如果消息提供者要求匿名，新闻工作者有责任去保守和维护这个专业秘密。

21. 葡萄牙《新闻工作者伦理准则》规定：

对新闻工作者来说，确认信息来源非常重要。即便在法庭上，也绝不能泄露秘密信息来源，除非报道了虚假信息。意见与事实应当清楚地被区分开。

22. 俄罗斯《新闻工作者专业伦理规范》规定：

一个新闻工作者应该尊重有关信息来源的职业秘密，即该信息是通过保密的方式获得的；任何人都不能逼迫他/她泄露该信息的来源；匿名的权利只能在特殊情况下才能被打破，就是当怀疑信息源有意识地歪曲事实，或者提及信息源的名字是避免严重的和不可避免的伤害的唯一方式时。

新闻工作者有义务尊重被采访人请求不要泄露他们陈述的要求。

23. 斯洛伐克《记者联合会伦理规范》规定：

记者有义务为他/她的信息来源保守秘密，直到线人或法院免除此责任。

24. 西班牙《新闻职业道德准则》规定：

记者有保守专业秘密的权利，但也有保守机密信息渠道的义务。因此，如果消息来源有所要求，记者就应该保证不透露匿名消息来源的身份。但是如果事实证明消息来源故意伪造了信息，或者暴露消息是避免对人们造成严重和即刻的伤害的唯一做法时，这条规范可以不必遵守。

25. 英国《编辑业务准则》规定：

记者在道德上有义务保护秘密消息来源。

26. 阿尔及利亚《新闻职业伦理宪章》规定：

保守职业秘密，不揭露信源。

27. 博兹瓦纳《新闻伦理规范》规定：

当媒体从业者承诺对信息源进行保密时，便应当严格执行，除非信息源自身公开信息。

28. 刚果《新闻工作者伦理规范》规定：

确认所有信息来源，谨慎地处理、引用它们，保护明确要求保密的来源，同时注明、指出引用材料的原作者。

29. 埃塞俄比亚《新闻工作者专业伦理规范》规定：

新闻工作者不得在未经信息源同意的情况下，透露自己在完成任务过程中可能获得的信息来源和国家机密。

30. 加纳《新闻工作者协会伦理规范》规定：

新闻工作者必须保护匿名消息来源。

31. 几内亚《记者协会道德准则》规定：

记者享有通过各种手段尽力保住其信息来源不被曝光的权利。记者应努力保护信息来源，即便信息来源欺骗了他/她。

32. 科特迪瓦《新闻工作者权利与义务规范》规定：

永不透露报道中那些自己知道的(要保密的)事实，以便保护消息来源。

33. 肯尼亚《新闻行为准则》规定：

不采用匿名的消息来源，除非在记者和编辑已知该来源，且不交代该来源更有利于追寻真相时。当报道中的材料来自记者以外的消息来源时，须在报道中加以注明。

34. 利比里亚《报业联合会伦理规范》规定：

记者应保护秘密的消息来源。

35. 纳米比亚《媒体伦理规范》规定：

每一位新闻工作者都遵循对消息来源的保密原则，并有对消息来源进行保护的道德义务。只有在消息来源授权的情况下，方可披露其身份。

36. 尼日尔《记者道德宪章》规定：

记者受职业保密义务的约束，他/她不得透露秘密获得的信息的来源。记者的上级也受到保密义务的约束，在这种情况下，记者可能将其消息来源透露给上级。如果消息来源主动公开，或者可以清楚地表明消息来源故意误导记者，记者可以免除保密义务。

37. 尼日利亚《记者伦理规范》规定：

记者应该遵守公认的保密原则，不应披露秘密的信息来源；记者不应违反保密协议，披露以“匿名”或“背景信息”方式而存在的信息来源。

38. 卢旺达《新闻从业者道德规范》规定：

在发布或刊登信息时，应交代消息来源。然而，如果消息来源有保密要求，则应严格保密；如果被指认出可能有损于这些消息来源时，这种保护尤为重要。

39. 索马里兰《选举期间媒体新闻规范》规定：

兑现对消息来源保密的承诺。

40. 南非《广播公司编辑规范》规定：

我们不应泄露秘密的信息来源。

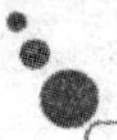

41. 南苏丹《印刷媒体的道德规范》规定:

只要有可能,印刷媒体应该依靠公开、确定的信息来源(获取信息);新闻工作者及其报道有义务保护匿名提供信息的人,无论其是否明确要求保密。

42. 斯威士兰《全国记者协会道德规范》规定:

记者一定要保护秘密的信息来源。

43. 坦桑尼亚《广播员伦理规范》规定:

必须兑现向消息来源所做的保密承诺。如果被要求公开消息来源的身份,可事先征求消息来源的同意,其有可能答应。法庭不认可新闻来源的神圣性,不向法庭公开信息会遭到处罚。

44. 多哥《新闻记者伦理准则》规定:

记者应尊重职业机密。无论遇到的威胁如何,都不应泄露所获得信息的来源。

45. 突尼斯《记者协会道德规范》规定:

新闻工作者应该保守职业秘密,拒绝透露消息来源。

46. 乌干达《新闻记者伦理规范》规定:

记者不得披露其信息来源,除非涉及最重要的公共利益,且不得超出乌干达的法律框架。

47. 美国《专业记者守则》规定:

在消息来源要求匿名保护时,必须问清楚动机。匿名保护的约定条件,必须遵守。

48. 美国《华盛顿邮报》的标准和伦理规范规定:

《华盛顿邮报》承诺,尽可能地公开消息来源的信息。但当我们答应保护消息来源的身份时,他的身份不会被除邮报以外的任何人知道。

在接受匿名消息来源的信息之前,记者必须尽各种合理的努力去取得信息。如果这不太可能,记者应该考虑去其他地方寻找信息。如果这也不可能,记者就应该询问匿名消息来源要求匿名的原因并记录在案,同时把这个原因写在报道中。

49. 巴西《记者道德规范》规定:

记者为消息来源保密具有正当性。

50. 加拿大《亚伯达省媒体委员会业务守则》规定：

记者有保护秘密消息来源的义务。信息来源应该在新闻报道中向读者公开，除非具有迫不得已的原因而不能公开。

51. 加拿大《记者协会新闻伦理信条》规定：

如果我们承诺会保护信息来源的身份，那么我们就一定会这样做。

52. 智利《新闻工作者协会的伦理准则》规定：

记者必须知道合法的消息来源，确认其适用性和可靠性，如果消息来源要求保密，应予以尊重。

53. 哥伦比亚《波哥大记者协会道德规范》规定：

第二条　新闻记者必须以分析性的态度面对信息来源，并证实他们的说法：

新闻记者对真实和公众的忠诚要高于对消息来源的忠诚。

(1) 让受众知道消息来源是明智的。

这可以使内容更加可靠和负责。

然而，如果暴露该消息来源的身份会威胁到个人或工作安全，新闻记者需要履行不暴露消息来源的承诺。

总而言之，当发生以下情况时新闻记者可能会被免责(即可以披露消息来源)：

A. (记者)被消息来源欺骗时；

B. 消息来源在某些情况下自愿被公开。

(2) 保护匿名消息来源，这一准则不可被破坏。无论在何种情况下，新闻记者都必须核实事实及事件。

(3) 当发生冲突时，出版商、编辑、新闻记者和媒体总监组成的团队应当对信息来源进行核实以守护其真实性。

54. 秘鲁《全国新闻工作者协会伦理规范》规定：

记者应当保护匿名消息来源。他们不应当在拟定日期前公布任何新闻信息。如果媒体的报道使个人受到了伤害或报道错误，要发布更正信息。

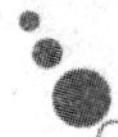

55. 阿塞拜疆《新闻工作者行为的工会准则》规定：

在涉及匿名消息来源时，新闻工作者应该保守职业秘密。

56. 不丹《新闻工作者伦理规范》规定：

记者应对消息来源进行严格保密。除非是消息来源本身同意或是法律要求，否则记者不得泄露消息来源。

57. 中国《香港新闻从业员专业操守守则》规定：

为避免错误引导公众，应尽量避免引述不愿透露身份人士所提供的消息；如需引述，应加倍谨慎查证不愿透露身份人士所提供的消息。

58. 中国《香港记者协会专业守则》规定：

新闻工作者应保护秘密消息的来源。

59. 中国《台湾报业道德规范》规定：

新闻报道应明示消息来源，其为保护消息来源或有必要守密原因者除外。

60. 印度《新闻评议会伦理准则》规定：

如果所收到的信息来自秘密的消息来源，媒体应保守其机密性。记者可以不受新闻评议会要求透露消息来源的强迫。但如果在诉讼程序中记者自愿披露该消息来源以抗辩针对自身的诉讼，那么此举不得被视为违背新闻道德准则的行为。本规定授权报纸不披露其秘密消息来源，但不适用于以下情况：

A. 征得了消息来源的同意；

B. 编辑通过添加适当的注释的方式来声明，尽管此信息是“不宜公开报道的”，但由于涉及公共利益而特别加以公开。

61. 印度尼西亚《新闻伦理准则》规定：

当新闻源不希望暴露自己的个人信息和住址时，印度尼西亚新闻工作者应秉持保护新闻源的准则而行使拒绝权，并且遵守双方达成的关于背景信息封锁以及其他不宜公开的信息的约定。

62. 韩国《记者协会伦理准则及实物守则》规定：

不管在什么情况下都要保护消息来源。

63. 马来西亚《新闻评议会职业伦理规范》规定：

如果信息是从匿名消息来源那里获得，应当不公开匿名消息来源。新闻工

作者不能被新闻评议会要求强迫公开这种消息来源。

要求媒体不公开消息来源这项规则，不适用于以下情况：

A. 消息来源同意公开；

B. 当公开的事情涉及公共利益时，编辑用一个合适的备注阐明并将相关信息公布，即使它是不宜报道的。

64. 尼泊尔《记者职业道德规范》规定：

不公开新闻的秘密消息来源：为了保证新闻的真实性和可靠性，消息来源应该在任何新闻报道中被显示出来。但是保护秘密来源是新闻记者的职责，除非得到匿名来源者的许可，否则匿名消息来源的姓名和身份都是不应该被暴露的。

65. 新加坡《国家记者联盟的职业行为规范》规定：

每个成员都应该尊重匿名消息来源提供的信息及其私人情况。

66. 泰国《新闻评议会的职业道德规范》规定：

报业在报道新闻时不能揭露(匿名)消息来源。

67. 越南《记者协会伦理准则》规定：

保护国家机密，保护秘密消息来源。

68. 澳大利亚《新闻隐私信条的声明》规定：

给媒体机构提供信息的所有人都有寻求匿名的权利。不能透露匿名消息来源的身份，这是合法可行的，媒体机构应该确保(受众)无法从得到的信息获知透露匿名消息来源的身份。

69. 新西兰《新闻委员会的原则声明》规定：

对于秘密消息来源，出版物有防止其身份泄露的重要义务。他们也有义务采取合理的措施来确保该消息来源所持有的信息是可靠的。消息来源和出版物都应谨慎小心，确认双方都认可“不公开”背后所意味着的风险。

专题三　真实原则与虚假新闻

【理论概述】

第一节　新闻真实原则

《中国新闻工作者职业道德准则》第三条要求新闻工作者“坚持新闻真实性原则。把真实作为新闻的生命，努力到一线、到现场采访核实，坚持深入调查研究，报道做到真实、准确、全面、客观”。

1. 通过合法途径和方式获取新闻素材，认真核实新闻信息来源，确保新闻要素及情节准确；

2. 根据事实来描述事实，不夸大、不缩小、不歪曲事实，不摆布采访报道对象，禁止虚构或制造新闻，刊播新闻报道要署记者的真名；

3. 摘转其他媒体的报道要把好事实关导向关，不刊播违背科学精神、伦理道德、生活常识的内容；

4. 刊播了失实报道要勇于承担责任，及时更正致歉，消除不良影响；

5. 坚持网上网下“一个标准、一把尺子、一条底线”，统一导向要求、管理要求。

一、新闻真实的内涵

如实报道事实信息，做到事实信息完整、准确，是新闻真实内涵及要求的最基本层面。具体而言包括：

1. 所报道的事实信息必须确有其事。新闻必须根据事实来描写事实，所反映的必须是在某确定的时间和空间中确实发生过或正在发生的事实。人要确有其人，事要确有其事。

2. 对事实信息的描述须准确无误。在确有其事的基础上，对事实信息的描述和呈现必须准确无误，完全符合实际情况。也就是说构成新闻的基本要素均

须准确无误，对于细节的描述须有依据，背景材料需核实无误。

3. 对事实的概括、解释和评述须全面客观、实事求是。对事实发生的原因，不同事实内在关联、意义、影响等方面的分析须全面客观、符合实际，要将事实放在发展变化的脉络中用科学的、发展的、联系的观点来看待和评价。

二、揭示事实真相的要求

从总体上、本质上和发展趋势上反映和报道事实是新闻揭示事实真相的角度。

1. 要从总体上反映事实。从总体上反映事实，就是要求新闻报道不能简单地就事论事，不能仅仅做到"有闻必录"，应该从事实的全部总和中把握事实，努力从事物发展的总体出发，全面地、辩证地审视和考量事实，舍弃偶然性和个别性事实，选择能反映事物总体面貌的事实进行报道，力求使新闻报道能在总体上反映出某一社会生活领域的真实图景。

2. 要从本质上反映事实。从本质上反映事实，就是要能透过事实与事实之间的内在联系，反映事物的内在品质和规律，善于透过事实的表象，挖掘事实的本质，揭示事实与事实之间客观存在的内在联系。对一些带有全局性、倾向性的问题，对一些重大事件、敏感问题，不能仅仅停留在就事论事、现象描述的水平上，而应力求做到对所报道的事实的整体、宏观和本质的把握。

3. 要从发展趋势上反映事实。从发展趋势上反映事实，就是要求用发展的眼光审视新闻事实，把新闻事实放在一定的历史条件下，放在变动发展的历史过程中，考察其发生、发展和演变的过程，分析其发生、发展的外部原因，明确其在社会变革与时代演进过程中的位置和作用。要善于在事物的运动和发展过程中确定其现时状态和未来趋势，使新闻报道与事物的发展趋势和发展规律相吻合，防止用孤立、静止的眼光看待和描述事实。

三、虚假新闻现象是对真实性的违背

"虚假新闻是指以虚构事实为依据的'新闻'。"[①]也有人提出，虚假新闻是指新闻生产者为了不正当目的而有意炮制出来的各类"新闻"，它们在道德失范程

---

① 杨保军：《认清假新闻的真面目》，《新闻记者》，2011 年第 2 期，第 4 页。

度上和造假方式上各有不同。从子虚乌有的向壁虚构,到某个环节的造假;从传统的抄袭,到电脑PS技术的滥用,不一而足。后者强调了虚假产生的主观原因,以及造假的形成环节、方式和技术。

虚假新闻的出现,违背了新闻的本质原则,即对新闻真实性原则的违背。这种违背既有客观原因,也有新闻工作者的主观原因。尤其在互联网条件下,新的信息传播生态给新闻真实带来了新挑战,使虚假新闻的产生原因更加复杂化。

第二节 虚假新闻的类型

杨保军分析虚假新闻的指称对象时,提出了假新闻、失实新闻和策划新闻等概念。[①] 赵振宇在《进一步厘清虚假新闻概念的几个层次》一文中提出了假新闻事件、假新闻报道、新闻炒作、新闻失实等概念。[②]

一、失实新闻

失实新闻是指具有新闻事实根据,但却没有全面、正确、恰当报道新闻事实而形成的新闻。

失实新闻在实践中的表现主要为遗漏。遗漏的有可能是事实片段、侧面、事项等。依据遗漏程度可分为一般性失实新闻和严重性失实新闻。一般失实,是指新闻报道中被遗漏的信息还不足以造成人们难以把握新闻事实的大致真实面目。严重失实是指新闻中遗漏的信息具有关键性,遗漏之后会造成人们难以把握新闻事实的大致面貌。

二、假新闻

假新闻就是以不实"新闻事实"为依据而报道出来的"新闻",即假新闻是没有任何客观事实根源的"新闻"。或者说,以虚构出来的"新闻事实"为本源的"新闻"就是假新闻。假新闻形成的原因主要是由新闻工作者的主观原因造成的,其具体表现常见的有以下类型:

---

① 杨保军:《认清假新闻的真面目》,《新闻记者》,2011年第2期,第4页。

② 周振宇:《进一步厘清虚假新闻概念的几个层次》,《新闻记者》,2011年第6期,第62～65页。

1. 捏造

通篇虚构，情节奇趣引人，影响广。此类虚假新闻的造假成本高昂，并不常见。

2. 掺假

采用的手法或真真假假，鱼目混珠；或捕风捉影，虚构情节；或移花接木，时间、地点、人物等新闻要素似乎都有。如：采访对象掺假，时间、地点、人物等要素掺假，直接引语掺假，形式掺假等。

3. 剽窃

剽窃通常与掺假有些类似，属于部分造假，通篇抄袭剽窃的新闻很少见。

4. 篡改

篡改，既可能大量发生在新闻摄影作品中，也可能出现在新闻报道的翻译和“编译”版中。

新闻摄影不同于记录摄影和报刊上的特效摄影，不能允许有不同于原始照片的改变和添加，即便是加深或浅化了色彩，也是不被接受的行为。新闻报道中的篡改主要出现在图片内容、图片拍摄方式和代表的事实、译文、新闻事实、当事人身份和影响力等方面。

5. 隐瞒

隐瞒主要是指拥有自主权的新闻媒体和记者的政治性包庇和经济性缄口，即能够从事新闻报道，但出于政治利害关系和经济利益考虑，明知发生了严重危害社会公共利益的事件而三缄其口，装聋作哑。

三、策划新闻

新闻事实是客观存在的，在新闻报道环节，新闻工作者需要对报道的相关事项进行策划，这是新闻策划。而策划性新闻是指新闻媒体或其他组织、群体、个人等故意策划、塑造甚至制造出来，专门为新闻报道量身打造的事实或事件。这类事实或事件就是“策划性新闻”，简称“策划新闻”。它是与客观发生的“自然性新闻”相对应的。

1. 导演

“导演”，最早的形式是新闻摄影中的摆拍。随着电视的崛起，一些媒体和记者出于对现场感和决定性瞬间的“捕捉”、对控制成本的考虑以及宣传需要，不顾新闻工作的底线，采取摆拍和导演的不道德手法。

2. 策划

策划新闻多为公关性策划，由于策划主体的差异，一般有两种情况：一是由媒体之外的其他主体策划，为了吸引社会公众，特别是新闻媒体的注意力而策划。二是新闻媒体为了自身利益与其他组织“合作共演”的公关事件。

第三节 虚假新闻的产生原因

一、客观原因

1. 与政治、社会等领域存在的各种现象有关

在特殊的历史时期，受错误思想路线的影响，产生大量虚假信息。如“大跃进”时期的浮夸风。这些时期虚假报道虽然影响恶劣、危害严重，但就新闻媒体和新闻工作者而言属不可抗力，这种虚假一般是普遍现象。

社会风气不正也是造成虚假报道的客观原因，如机构、企业、个人出于维护自身利益需要提供虚假信息，甚至通过各种手段要求新闻媒体进行虚假的宣传报道。

政治与社会领域的原因属外因，但外因通过内因发挥作用。从根本上说，这些虚假报道的产生仍与新闻工作者自身的主观因素密切相关。

2. 事件发生发展的长期性与新闻报道的阶段性之间的矛盾

新闻反转现象是近几年新闻领域中大量出现的一种现象。新闻反转产生的原因是多方面的，有的是因记者调查不深入导致的反转，这类新闻与虚假新闻从产生原因上来说，是非常类似的。也有的新闻报道出现反转是事实发展的延续性与报道的阶段性之间的矛盾造成的，只有通过跟踪报道才能克服。

二、主观原因

1. 社会责任感缺乏

新闻工作者要有对党负责和对人民负责的高度政治责任心和社会责任感，不畏权势，不谋私利，敢于坚持真理，敢于说真话、报实情，坚决维护新闻真实性原则。

2. 过分追求社会效益和经济效益

在市场经济的大环境下，追求新闻报道的社会效益和经济效益是必有之义，但这种追求应该在法律和职业道德允许的范围内。新闻报道的公共属性是新闻生命力的本质属性。缺乏职业操守、过度追求社会效益和经济效益必然会导致作风不踏实、调查不深入等现象，最终损害了新闻的生命力。

3. 从业者新闻专业素养缺乏

新闻专业素养包括专业理论知识、业务知识和专业的思想方法。新闻专业素养的内容需与时俱进，随着媒介环境的变化而发展。在传媒竞争如此激烈的环境下，新闻从业者不仅需要掌握踏实的基本功，还需要掌握新技术、新知识，适应新闻报道工作对专业素养的需求。当下，传统专业媒体对于新技术的渗入反应滞后，甚至排斥新媒体平台和社交媒体的专业理论，同时业务知识不扎实成为各自的短板，制约着新闻报道质量的提升。

第四节　融合新闻报道中虚假的特点

虚假新闻在新媒体进入新闻传播生态圈以后，不论是样态还是创作主体都有了很大的不同。在这个过程中，受众的质疑思维被培养了起来，虚假新闻的总量从发生频率的角度来说无疑是增长了，但却呈现出新的特点。

从 2002 年《新闻记者》开始杂志评选年度十大假新闻，到 2019 年虚假新闻变成了九条。其原因《新闻记者》杂志从治理成效和生产主体的变化两个方面进行了总结："一方面，不能否认近年来持续的虚假新闻专项治理确实产生了一定效果；另一方面，虚假新闻的'衰落'也是专业新闻业在当下新媒介环境中日趋式微的一种表现。"

一、边界变得更为模糊

1. 虚假新闻生产主体更多元

互联网技术的发展降低了信息发布的门槛，自媒体的发展速度异常迅猛。传统上，定义虚假新闻的一个标准就是其生产和发布主体。一般的研究将虚假新闻的范围确定为专业媒体和门户网站发布的新闻。社交自媒体发布的虚假信息，因其非专业属性一般不纳入研究范围。但在融合环境下，一方面，社交自媒体跟专业媒体的界限越来越模糊；另一方面，自媒体上发布的虚假新闻其影响力丝毫不逊于传统专业媒体。在各种新媒体平台上，各类虚假信息的传播依然构成了对传播秩序的严重损害。比如成都七中实验学校问题食材事件、日本宣布攻克白血病，以及“寒门状元之死”，等等，都曾被认为是“新闻”而广为流传。必须看到，随着传媒环境的急剧变迁，社交媒体、算法分发平台成为人们获取新闻信息最主要的渠道，普通用户也成为新闻生产的主体，专业媒体不再是唯一的，甚至不再是主要的新闻生产者和传播终端，用户对于什么是新闻、什么是虚假新闻的认识，建构了今天的传播秩序。

非专业化的信息生产和传播者受自身条件限制，难以保证发布信息的真实性。反过来，接收信息者的媒介素养也远没有达到可以辨识真假的水平。再加上有些源自网络的虚假新闻经传统媒体洗白后，其真假更加难以辨别。这与互联网时代新闻传播生态和与此相关的新闻工作常规程序的变化有关，也与非专业信息生产者和传播者专业新闻理念的混乱和模糊密切相关。

2. 新闻传播的流程发生变化

在传统媒体时代，对采集到的信息进行认真求证核实等常规性职业要求，在互联网时代被一些人忽略和淡忘了。在追求传播速度的压力下，一些人混淆事实与传闻、信息与新闻、网帖与新闻的界限，将“网传”“网友说”作为新闻采集、加工和报道的依据，并且错误地认为自己只是转载，不用承担虚假不实的责任。

3. 信源核实更加困难

由于网络消息在经过多次转载后更加难以确定其消息源，给核实造成了更大的困难。另外，在市场环境下，一些以制造虚假信息牟利的公司和个人的介入，使得虚假新闻的辨别难度加大。

新闻和信息、专业和业余的清晰边界已变得越发模糊，欧盟 2018 年的一份报告指出，鉴于虚假新闻（fake news）这个概念已经不足以解释现状的复杂性，建议将之替换为虚假信息（disinformation），指那些经过“有意设计、提供和推广以造成公共伤害或谋取利益的虚假、不准确或误导性信息”。这种边界的模糊会相应地对虚假新闻的界定和研究产生影响。

二、社交媒体平台在打击虚假新闻过程中更加高效

社交媒体平台构成的“新闻生态系统”完成了虚假新闻生产——传播——打假整个过程。试图区分专业媒体/自媒体的新闻生产与新闻传播的尝试已经变得越来越困难。专业媒体在社交媒体上发布新闻，介入社交网络传播；自媒体往往成为专业媒体的信息源，后者转载或再加工前者的新闻，之后再通过社交媒体传播。传播者与生产者可能持有完全不同的目的，但追求点击量的内驱力却是相同的。

在这个“新闻生态系统”中，既有假新闻的生产和传播，也同时进行着对假新闻的核查和反击。在融合语境下的许多案例中，假新闻的辟谣方既包括新华社、央视新闻、澎湃新闻等专业新闻机构，也包括做出权威调查和发布的政府相关部门，更不可忽视的则是网民的质疑和自行调查对揭露虚假新闻的作用。一般是虚假新闻刚出现，就有其他自媒体进行质疑、打假，在这样一个快速流转的信息运行中，专业媒体还来不及反应，虚假新闻已经得到了澄清。这也是人们感觉虚假新闻并未减少，但是按过去的标准进行界定时的案例却不多的重要原因。

三、专业媒体对虚假新闻的生产持续削弱其公信力

在竞争愈加激烈的媒体环境下，专业媒体本应以其新闻实践的专业性在鱼龙混杂的内容生产者中展示权威性，但在当下实践中，专业媒体仍在持续生产着错误信息(misinformation)。囿于自身的职业伦理，专业媒体较少捏造新闻或蓄意曲解事实，但无意识的疏失所生产出的错误信息，对于专业媒体日渐下滑的公信力可谓雪上加霜。这些新闻多数有其事实来源，只是在报道过程中出现失误，导致偏差，包括旧闻重发、曲解原意之类的错误。归根结底，还是这些专业媒体一味求快，疏于内容核实和审查把关。

媒体融合背景下，互联网在为传统媒体设置议程方面的优势非常明显。互联网的信息如果虚假，那影响将是巨大的。与媒体融合趋势相协同，虚假新闻报道也呈现出“融合”特征。在虚假新闻的传播链条上，各种终端和主体的参与形成传播矩阵，虚假信息的识别更加困难。

【案例与评析】

案例 3-1　快递小哥因快递被偷雨中痛哭 20 分钟

《北京青年报》2018 年 11 月 18 日发布：

近日，一段快递小哥雨中暴哭的视频引发了不少关注。据网友爆料，上海一快递员冒雨送快递，一车快递被偷得没剩几件了，在雨中暴哭 20 多分钟。

目击者小晴（化名）对北青报记者称，视频拍摄于 11 月 15 日下午，地点在上海华东师大三村，当时她听到有人在楼下大喊，所以打开了窗帘看到了事发经过。小晴称，她看到快递员哭得很厉害，一直喊“这叫我怎么办，怎么办”。期间还有一位大爷前去安慰，“因为他吼得真的很大声，大爷可能是特地下来跟他说了几句，应该是安慰吧，然后就又原路回去了”。小晴看到，这位快递员哭完后拿了车里剩下的东西，抱了很多，看着像是想继续去派件，但是大爷跟他耳语了几句后，他把快件放回筐里，骑车走了。

11 月 18 日下午，北青报记者从事发地附近的上海公安局普陀分局长风新村派出所了解到，15 日下午确实接到一位快递员报警称其派送的快递丢失，快递员报警时说公司可能将损失算在他身上，截至目前快递仍未找回。

评析：

11 月 18 日晚间，视频拍摄者在微博上澄清，称她只看到快递员在雨中哭泣，所谓快递被盗是个人推断。此内容经由媒体报道加速了内容的发酵。事实上，该快递员在雨中大哭是因与女朋友分手。而且，该快递员也没有丢失快递。丢失快递的另有其人。此案例是典型的发布者核实不到位导致的失实。

案例 3-2　与郎平的“越洋电话”

2005 年 2 月 5 日，一家报纸的记者以“越洋电话采访郎平”的对话形式，报道郎平应邀执教美国女子排球队之事。但事后，郎平表示奇怪，因为她根本没有接到这位记者的“越洋电话”。

调查发现，写这篇报道的记者未能与郎平取得直接电话联系，只是通过我国驻意大利使馆人员获得了一些当时郎平在意大利的新闻素材，报道中多数内

容是从其他媒体上搜集来的。

评析：

此案例中的"越洋电话"本是子虚乌有。该报纸的报道属于形式掺假。在新闻报道中，获取信息的途径是新闻真实性重要的体现之处，是受众判断新闻真实性的重要依据。因此，形式掺假会导致虚假新闻的产生。

案例3-3　"纸做的包子"

2007年7月8日晚7时，北京电视台生活频道《透明度》栏目播出《纸做的包子》，引起社会广泛关注。爆料称，用废纸制作的肉馅"已经成了行内公开的秘密"，并安排记者在某区十字路口暗访这种现象，随后联系某区工商所做突击检查，相关商贩因为没有营业执照和卫生许可证被取消营业资格。节目最后还通过一位卫生执法人员，提醒观众识别"纸箱馅"包子的方法。

7月10日，某卫视在新闻栏目中以《"纸箱馅"包子流入早餐点》为题报道此事。随后，中央和地方多家电视台、报纸转播转载此消息，并结合猪肉涨价的背景进行分析。

该新闻被媒体报道后，北京市工商、食品安全部门对此报道高度重视，迅速组织执法人员，每天对北京早点市场进行彻底检查，均没有发现早点市场存在"纸箱馅包子"。北京市公安部门介入后组成专案组全力核查。

2007年7月11日至14日，北京市工商局等单位迅速部署，在朝阳区范围内组织开展了拉网式专项检查行动，检查市场内的小餐饮摊点、小吃店，抽检了太阳宫、定福庄、团结湖、芍药居、大洋路、双井、六里屯、麦子店等地区经营包子摊点的包子及肉馅样品。经北京市食品质量监督检验三站检测，检测结果全部合格，没有发现包子馅中含有纸纤维及其他违禁成分。

2007年7月18日的《北京新闻》中，北京电视台承认生活频道对《纸做的包子》报道"审核把关不严，管理制度执行不力"，并承认报道播出后造成了恶劣的社会影响，表示要"高度重视这一恶劣事件，深刻吸取教训，严肃查处相关责任人员"。

评析：

该案例属于典型的策划新闻，整个事件本不存在，是某些新闻工作者为了个人利益策划了该事件。而其他媒体因为审核不严导致大面积沦陷。

案例3-4 中国护照可免费登机

2015年4月25日14时11分，尼泊尔发生8.1级地震，死亡近万人。地震发生后不久，微信、微博等社交媒体中出现一则帖子，称滞留尼泊尔的中国公民“持中国护照可以免费登机”。

之后，我国多家主流媒体26日争相报道“只要持中国护照，有无机票均可登机”的新闻，《危急时刻，中国护照凸显含金量》《发自尼泊尔的一条朋友圈，让全中国都沸腾了》等主流媒体的网文被广泛转载。人民日报客户端就此发文点赞，题为《发自加德满都的一条短信，让所有中国人都很骄傲》；《环球时报》自豪地宣称：“尼泊尔地震，中国人又先撤了”。

4月26日晚11时，正当网上一片叫好声时，微信公众号“全球眼”发表文章《别再瞎传了，尼泊尔震后凭中国护照免费登机是假消息》，包括“真相一：免费登机的说法是子虚乌有”和“真相二：平时机票两千现在卖一万”。该文被迅速转发。同日，外交部对免费登机信息也予以澄清。“免费登机”被证实为假新闻后，配合这条新闻发表的一批煽情言论显得颇为尴尬。

评析：

在2019年新修订的《中国新闻工作者职业道德准则》中针对当下网络传播的重要性，在对新闻真实性的具体规定中专门提出：摘转其他媒体的报道要把好事实关、导向关，不刊播违背科学精神、伦理道德、生活常识的内容；刊播了失实报道要勇于承担责任，及时更正致歉，消除不良影响；坚持网上网下“一个标准、一把尺子、一条底线”，统一导向要求、管理要求。

在转发“只要持中国护照，有无机票均可登机”的假新闻中，很多媒体采用了吸引眼球的煽情标题，如“看到祖国竟然如此流氓，我就放心了”（前半句是反话），“祖国实力的强大不在于免签多少国家，而在于危险的时候能把你带回家！”，“看到这么厉害的中国，我们就放心了”，“这次祖国终于不被愤青们骂了”,“幸福就是无依无靠时的一句‘我们回家’”,等等。

没有到一线和现场进行采访和核实是造成虚假的根本原因。即使有中国使馆的官员说过这样的话,作为媒体也要有基本的政治常识,对此进行核实和分析。但这些煽情标题和报道的框架迅速引发网民的情感共鸣,从而在一定程度上促进了谣言的扩散与传播。

尽管《中国新闻工作者职业道德准则》规定“刊播了失实报道要勇于承担责任,及时更正致歉,消除不良影响”,但那些发表了“免费登机”假新闻的各家主流媒体无一更正和向受众道歉,有意思的是,还有一些媒体此地无银三百两地发表《谣言抹不掉中国在尼泊尔撤离行动的努力和成果》《中国尼泊尔撤离行动瑕不掩瑜,不该被挑刺》等文章。这种做法的背后是新闻专业主义精神的欠缺和对新闻传播规律的不尊重。习近平要求“尊重新闻舆论的传播规律”,“遵循新闻传播规律”,他说,“新闻学作为一门科学,与政治的关系很密切。但不是说新闻可以等同于政治,不是说为了政治需要可以不要它的真实性”。真实作为新闻的生命在任何情况下都不可动摇。

案例 3-5　送避孕套晚了 8 分钟,徐州女子状告外卖小哥

2019 年 9 月 19 日,百度百家号“都市故事会”(目前已销号)发布一篇文章称,徐州一名女子通过网络渠道购买避孕套后,因为外卖小哥送货延误,导致其意外怀孕,该女子于是起诉了这名外卖小哥,索赔 3 万余元。此文随后经过西湖之声、济南时报、新晚报等媒体二次加工发布,网易新闻、新浪新闻也先后转发。9 月 24 日,江苏网警发布微博称,经过与相关部门的核实,近期并未发现类似诉讼案件。而新闻配图中的外卖小哥、徐州女子皆为网络图片。其中,外卖小哥的图片出现在 2018 年的多个新闻报道中,而女子的图片则是 2015 年发生在东莞的一个采访。

评析:

这则新闻完全为杜撰。文中充斥着“避孕套”“状告”“外卖小哥”等夺人眼球的元素,新闻本身也散发着浓浓的“故事会”风格。原本只是“都市故事会”的一条坊间故事,却在专业媒体与网络媒体的加工下摇身一变成为“新闻”,扩大传播范

围，走进更多公众的视野。媚俗的专业媒体如此起劲地参与新闻的“二次加工”，全然不顾事实核查，其根源还是对点击量的片面追求而抛弃了新闻职业操守。专业媒体在虚假新闻的传播过程中给虚假报道做背书，导致虚假新闻传播范围更大，影响力也更大。但因失于核查，其公信力在此过程中极大地降低。

案例 3-6 部分字词改读音

2019 年 2 月 18 日，有微信公众号推送《注意！这些字词的拼音被改了！》，此文列举了一大串读音改变的例子。比如“一骑红尘妃子笑”中的“骑(jì)”现读“qí”；“远上寒山石径斜”中的“斜(xiá)”现读“xié”；“粳米”的“粳”原来读“粳(jīng)”，但现在要读“gēng”等。这一消息引发网友热议，并被广泛转发，其中不乏中央人民广播电台等专业媒体的微博。

2 月 19 日，澎湃新闻采访了教育部语言文字应用所王晖教授，他表示微信文章中提到的个别字词拼音的变化已经在教材和《现代汉语词典》中体现，例如“一骑红尘妃子笑”中的“骑”。涉及的其他字词读音的变化，大部分来源是 2016 年国家语委公布的《〈普通话异读词审音表(修订稿)〉征求意见稿》。《咬文嚼字》的主编黄安靖则表示，今后正式发布的《审音表》应该不完全和《征求意见稿》一样。同日，据教育部有关部门的回应称，修改后的审音表尚未通过审议，目前还应以原读音为准。

评析：

因报道时机造成的新闻虚假在传统媒体时代就有。当下，为抢时效，求证不严再次抬头。汉字作为人人习得的母语，“规范读音”早已成为集体记忆的一部分，读音的改动自然会引发网民的热议。这则“新闻”本身并非蓄意捏造，汉字读音修订也确有其事，“原创者”只是未能对新闻本身的发布时间、尚在征求意见中等细节进行更详尽的解释与限定，这本来也并非自媒体的职责，而对于以中央人民广播电台为代表的专业媒体，则应该恪守专业的采编规范。但他们不仅未能尽到核查责任，反而容许自媒体炒冷饭的“旧闻”借助其公信力变身为“新闻”，忘记了对事实的求证永远应该是新闻工作的根本原则。

【思考】

1. 互联网时代新闻真实具有怎样的新特征?

2. 虚假新闻的危害有哪些?

3. 结合融合新闻报道中虚假新闻的产生原因,探讨如何维护新闻真实性。

【附录】

关于严防虚假新闻报道的若干规定

真实是新闻的生命、媒体公信力的基础,也是新闻工作者的基本准则。为防范失实报道,杜绝虚假新闻,依据国家有关法规和行政规章,制定本规定。

第一条 新闻记者开展新闻采访活动必须遵守国家法律法规,严禁编发虚假新闻和失实报道。

(一) 境内所有新闻机构的新闻记者从事新闻采访活动必须坚持持证采访。国家新闻出版总署核发的新闻记者证是全国新闻记者职务身份的有效证明,是境内新闻记者从事新闻采编活动的唯一合法证件。新闻记者在常规的新闻采访活动中应主动向采访对象出示新闻记者证表明身份,并自觉接受社会监督。

(二) 新闻记者从事新闻采访报道必须坚持真实、准确、全面、客观、公正的原则,深入新闻现场调查研究,充分了解事实真相,全面听取新闻当事人各方意见,客观反映事件各相关方的事实与陈述,避免只采用新闻当事人中某一方的陈述或者单一的事实证据。

(三) 新闻记者编发新闻报道必须坚持实事求是,不得发布虚假新闻,严禁依据道听途说编写新闻或者虚构新闻细节,不得凭借主观猜测改变或者杜撰新闻事实,不得故意歪曲事实真相,不得对新闻图片或者新闻视频的内容进行影响其真实性的修改。

(四) 新闻记者报道新闻事件必须坚持实地采访,采用权威渠道消息或者可证实的事实,不得依据未经核实的社会传闻等非第一手材料编发新闻。

(五) 新闻记者开展批评性报道至少要有两个以上不同的新闻来源,并在认真核实后保存各方相关证据,确保新闻报道真实、客观、准确,新闻分析及评论

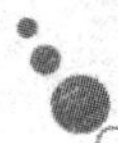

文章要在事实准确的基础上做到公正评判、正确引导。

第二条 新闻机构要建立健全内部防范虚假新闻的管理制度。

（一）新闻机构要严格规范新闻采编流程，建立健全稿件刊播的审核制度。严格实行新闻稿件审核的责任编辑制度和新闻稿件刊播的总编辑负责制度，明确采编刊播流程各环节的审稿职责，坚持“三审三校”，认真核实新闻来源和报道内容，确保新闻报道真实、客观、准确。

（二）新闻机构要规范使用消息来源。无论是自采的还是转发的新闻报道，都必须注明新闻消息来源，真实反映获取新闻的方式。除危害国家安全、保密等特殊原因外，新闻报道须标明采访记者和采访对象的姓名、职务和单位名称，不得使用权威人士、有关人士、消息人士等概念模糊新闻消息来源。

（三）新闻机构要严格使用社会自由来稿和互联网信息制度，不得直接使用未经核实的网络信息和手机信息，不得直接采用未经核实的社会自由来稿。对于通过电话、邮件、微博客、博客等传播渠道获得的信息，如有新闻价值，新闻机构在刊播前必须派出自己的编辑记者逐一核实无误后方可使用。

（四）新闻机构必须完善新闻转载的审核管理制度。转载、转播新闻报道必须事先核实，确保新闻事实来源可靠、准确无误后方可转载、转播，并注明准确的首发媒体。不得转载、转播未经核实的新闻报道，严禁在转载转播中断章取义，歪曲原新闻报道事实，擅自改变原新闻报道内容。

（五）新闻机构要建立健全新闻作品的署名规则。刊播新闻报道必须署采访记者和责任编辑的真实姓名；不是亲自采编的稿件不得署名；刊播经核实的社会自由来稿应署作者的真实姓名。

（六）新闻机构必须完善民意调查结果的刊播制度。刊播涉及民意调查的报道，要使用权威规范的数据来源，谨慎使用网络调查、民间调查、市场随机访问等调查数据，报道中要说明调查的委托者、执行者、调查目的、调查总体、抽样方法、样本数量等，客观反映调查结果。

（七）新闻机构要严格人事管理制度，坚持新闻记者、编辑职业准入制度。要及时为通过考录和考评合格的记者、编辑办理新闻记者证等从业资格相关证件。所有采编人员必须是与新闻机构依照《劳动合同法》签订聘用合同的人员，

严禁临时人员、无证记者和无职称的编辑执行采访任务或者担任责任编辑。严禁聘用有新闻采编不良从业行为记录且正处于限制从业期限的人员从事新闻采编工作。

第三条　新闻机构要建立健全虚假失实报道的纠错和更正制度，完善虚假失实报道的责任追究制度。

（一）新闻机构要建立健全受理公众举报、投诉、核查、处置和反馈工作的程序机制，正确对待虚假失实报道问题，认真听取新闻当事人对新闻报道内容的意见，受理社会公众对新闻报道内容的投诉，实事求是核查新闻采编环节和采访证据，及时公布核查结果，妥善处理新闻报道引起的纠纷。

（二）新闻机构要建立虚假失实报道的更正制度。凡经调查核实认定报道存在虚假或者失实的，新闻机构应当在本媒体上及时发表更正，消除影响；致使公民、法人或者其他社会组织的合法权益受到侵害的，应当依法承担民事责任，赔偿损失。

（三）新闻机构要建立健全虚假失实报道责任追究制度。对新闻记者采访不深入、编辑把关不严导致报道失实的，新闻机构要通过本媒体公开道歉，并追究相关责任人责任；对新闻记者未实地采访，仅凭网络信息或者道听途说编写虚假报道的，新闻机构要公开道歉，新闻机构的主管单位要追究新闻机构主要负责人以及记者、责任编辑、分管领导等相关责任人的责任；对蓄意炒作虚假新闻造成恶劣社会影响、损害国家利益和公共利益的，除严肃处理责任人外，新闻机构的主管单位还要追究新闻机构主要负责人责任。

第四条　新闻出版行政部门要加强行政监督，严肃查处损害国家利益和公共利益的虚假失实报道。

（一）新闻机构及其新闻记者违反本规定的，新闻出版行政部门视其情节轻重，可采取下列行政措施：

1．通报批评；

2．责令限期更正；

3．责令公开检讨；

4．责令新闻机构主要负责人引咎辞职。

（二）新闻记者编发虚假新闻损害国家利益、公共利益的或者发表失实报道造成恶劣社会影响等问题的，由新闻出版行政部门依据《出版管理条例》、《新闻记者证管理办法》等法规规章给予警告；情节严重的，依法吊销其新闻记者证，并列入不良从业行为记录，5 年内不得从事新闻采编工作；构成犯罪的，依法追究刑事责任，终身不得从事新闻采编工作。

（三）新闻机构有下列行为之一的，由省级以上新闻出版行政部门依据《出版管理条例》、《新闻记者证管理办法》等法规规章给予处罚，情节严重的依法给予停业整顿或者吊销出版许可证：

1. 刊播虚假新闻损害国家利益、公共利益或者发表失实报道造成恶劣社会影响的；

2. 未按本规定建立健全并实施各项新闻采编管理制度的；

3. 拒绝对已确认的虚假新闻报道发表道歉、更正的；

4. 未尽到管理职责，致使本新闻机构从业人员违反有关法律规定，被新闻出版行政部门给予行政处罚的或者被司法机关追究刑事责任的。

第五条 本规定自发布之日起施行。

（来源：中华人民共和国国家新闻出版广电总局 2020-02-01 http://www.sapprft.gov.cn/sapprft/contents/6588/321085.shtml）

专题四　隐性采访的适用边界

隐性采访作为一种特殊的采访方式，在特殊事件的采访中具有独特的优势，也被业界广泛使用。但在对不同事件的新闻报道中，采用这种采访方式是否恰当，业界的评价褒贬不一，寻找到这种伦理争议的边界，对于指导从业者的实践显得非常重要。

【理论概述】

第一节　隐性采访及其原因与伦理困境

一、什么是隐性采访

什么是隐性采访？1988 年陈力丹所著的《新闻学小词典》指出："隐性采访是指采访者不将真实身份告诉被采访者，或者只告之真实身份但不告知采访意图的采访方式。"

郭镇之、展江在《守望社会——电视暗访的边界线》中指出："记者不暴露真实身份（包括假扮其他身份）和采访目的，在采访对象不知情或未同意的情况下，采用秘密方式获取信息，如偷拍偷录，并将其公开报道。"

由此看来，报刊记者的暗访和电视记者的偷拍合称为隐性采访。这种采访方式是世界各国新闻媒体都采用的一种充满刺激性和极具争议性的采访手法。

1. 隐性采访的演变

隐性采访作为媒体的独有技术手段，主要发展于第二次世界大战以后，繁盛于电视渐入黄金时代的 20 世纪 60 年代。BBC 的《全景》节目和 CBS 的《60 分钟》堪称样板，至今流行于各国电视新闻界。

1887 年 9 月，23 岁的内莉·布莱通过装疯的方式于 9 月 25 日被送上渡船前往布莱克韦尔岛（今名罗斯福岛），这里有 1839 年创办的美国第一所市级精

神病院。内莉·布莱在这里进行了为期10天的暗访,体验了这里种种不堪的现状,并于两天后在《纽约世界报》刊登了系列报道的第一篇《在疯人院栏杆背后》,首开暗访之先河,被称为暗访鼻祖。20世纪30年代是暗访手段在美国传统报界运用的全盛时期。

在中国,这个时期的报纸也较普遍地使用暗访手法。20世纪90年代开始,隐性采访开始成为我国新闻媒体广泛使用的采访方式。暗访作为一种采访技术,随着改革开放中新闻媒体开始致力于揭露社会弊端而兴起。其发展过程类似于美国新闻界,都是报界先行,电视后来居上。20世纪90年代中期以后尤其兴盛于央视《焦点访谈》和《每周质量报告》等调查性报道中。

2. 隐性采访的基本形式

隐性采访的基本形式可按照介入情况分为介入式和非介入式。

介入式是指记者假扮各种身份与事件的当事人交往以获得新闻信息。如《南方都市报》记者卧底高考替考组织。

非介入式是指记者不显露自己的身份,以旁观者的眼光观察,没有介入或干预事件发生发展过程而获得新闻信息。如有些娱乐新闻记者偷拍明星私生活就属于此类。

二、隐性采访产生的原因

隐性采访的产生跟新闻的调查性属性之间有着必然的联系,其积极作用也是非常明显的。

1. 最大限度逼近事实真相

采用偷拍、偷录等秘密方式对采访对象、事件进行记录,这种方式不易被人察觉,能够不干扰采访对象的正常状态,不会使采访对象产生过多顾忌,人物形象展示更加真实。

记者偷拍的内容大多是一些普通人并不能轻易见到的场景,并能最大限度地再现事情发生场面,让受众更接近事实的本来面目,使受众深信不疑。如《河南都市报》记者崔松旺暗访黑砖窑,他以假扮智障者的方式迷惑奴工经纪人得以成功潜入黑砖窑,零距离全方位地观察体验黑砖窑的奴工生活。

2. 更好地实现舆论监督

揭露才能更好地实现舆论监督。隐性采访这种特殊的采访方式就是通过获取其他采访手段难以获取的新闻事实，从而引起社会关注，促进事情解决。

3. 极大地刺激受众好奇心，提升媒体关注度

隐性采访获取的新闻通常具有较强的可读性，能够更大程度地满足受众好奇心，使受众在相关方面的信息需求得到满足，从而提升对媒体的关注度，提高媒体的收视率和发行量。受众注意力在媒体是否推崇隐性采访这种采访方式上起着指挥棒的作用。媒体会因受众的喜爱而推出以隐性采访方式获取的新闻。因此，在这个过程中，受众的好奇心和媒体对隐性采访的追逐互相作用，呈不断推高的状态。

4. 媒体对隐性采访的推崇

新闻媒体对于隐性采访方式的态度受到市场和技术手段两个方面因素的影响。就市场而言，受众喜欢，关注度高，媒体就会推崇，记者也会因此而自豪。就技术手段而言，随着技术的发展，摄录设备的微型化使隐性采访操作起来更加便捷，这使得许多运用常规采访方式难以得到的真相运用隐性采访则会更加简易、快速地获得。在市场和技术两方面的作用下，本来应该限制使用的暗访和偷拍手段，成了记者们完成任务的“常规武器”。隐性采访成了媒体和记者采访中集体迷信和崇拜的最高境界。

三、隐性采访的伦理困境

隐性采访因其独特优势，在世界各国一些著名新闻报道中都有所显露，但同时，也有大量媒体因使用不当引发很多问题，如伦理道德问题甚至是法律纠纷。与有偿新闻等道德失范现象不同，隐性采访属于伦理问题，根据不同的伦理体系，对于这种采访方式的正当性的看法不尽相同。

下面我们结合伦理学相关知识从动机、手段、结果三方面分析。

1. 动机：基于利己主义伦理学

从伦理学的学理上看，伦理学家通常将利己主义分为心理利己主义和伦理利己主义。心理利己主义指所有人类的行为都出于自我关怀，所有人类的行为都是出自利己的动机，不自私的行为在这个世界上根本不存在。而伦理利己主

义是指每一个人都应该获得自己的利益或者人们有义务去从事任何可以有利于自己的事。也就是说按照道德要求人是应该做有利于自己的行为，利人不利己的行为违反道德要求。我国传统哲学里对于自我与他人的利益关系，也有着自己的论述，比如主观为自我，客观为人人。

记者的新闻动机是驱使记者从事新闻活动的内驱力，它掺杂着记者个人的新闻职业理想和社会谋生目的。记者的新闻职业理想和社会谋生目的多数情况下是重合的，也就是说记者在实现新闻理想的同时也实现了社会谋生的目的。但有时也会冲突，比如炮制新闻、不择手段伤害当事人的利益等，都会给当事人和社会造成极大的负面影响。

媒体和记者为了最大限度地呈现真实的新闻，挖掘独家资源，满足受众好奇心，实现自己“利己”的目的，这是有积极意义的。但同时，并非所有的媒体单位及记者的隐性采访都能带来这样积极的传播效果，有些隐性采访在道德上产生了争议，在法律上有了纠纷。

2. 手段：基于义务论伦理学

康德是义务论的主要代表人物。他认为义务是道德价值的根据和标准，行为的道德价值来源于它所遵循的道德法则，也可以说行为出于绝对命令，是一种必然的“应当”。他指出，道德是绝对的，即使在极端的条件下也没有例外，比如“诚实”，就是一种无条件的应当。

基于这样的理论基础，“义务论”认为隐性采访这种采访方式因其隐瞒身份、隐瞒目的、隐藏录音录像工具的特点，在手段上本身就具有欺骗性。因此，对此种采访手段是否定的。

除以之外，记者运用“欺骗手段”对采访对象隐私和情感的伤害也是违背伦理道德的，即使不会在法律上构成侵权，也会在伦理意义上造成侵犯。如人们以为是在跟新朋友私聊，实际上，这些内容有可能通过大众媒介向成千上万的读者、观众或网民公开。在这种情况下，即便记者是出于好的报道初衷，但同样可能侵犯了采访对象的隐私权，伤害了采访对象的感情，也违背了道德准则。

3. 结果：基于效益主义伦理学

效益主义伦理学把考核的重点放在整体结果中善与恶的分量比上。它是

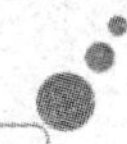

以行为产生的整体结果决定行为的道德正当性。效益主义伦理学把行为的对错只是当作影响其整体结果的函数。对的行为，是在所有可能选择的行为之中，其结果能产生最大的善和最小的恶的行为；而错的行为，就是其结果不能产生最大量善和最小量恶的行为。

因此，隐性采访在带来积极效果的同时，可能带来负面效益。具体来说，对于记者而言，隐性采访可能使其在获得职业成就感的同时背负违反公共道德的心理负担，在赢得受众关注的同时失去受众的信任；而对于受众，在满足好奇心理的同时，会刺激其猎奇心理，鼓励"偷拍"等不道德行为。

单单看重结果而不去计较手段的伦理观会变相地鼓励隐性采访方式的盛行，在这个过程中，不论是媒体还是受众长期而言究竟会失去什么？效益的正当性能否为隐性采访辩护？这是作为新闻工作者在选用隐性采访时必须思考的问题。

第二节　隐性采访的适用原则与边界

一、隐性采访的适用原则

1. 合法性原则

在法律允许的范围内进行新闻采访是记者采访的前提。隐性采访的运用需要更加谨慎，不论在态度上还是方式上，避免无意触犯法律。在涉及国家机密、未成年人、商业机密等方面，必须遵守相关规定。

2. 减少道德伤害原则

隐性采访方式是一种正当性很弱的利用欺骗获取信息的采访方式，记者在使用时应遵守职业道德，尽可能地减少对当事人的道德伤害。

3. 公共利益原则

隐性采访的出发点和落脚点都应该是维护公共利益。这是媒体和记者采用这种采访手段的标准，也是隐性采访在伦理上和法律上合理使用的辩驳理由。

4. 最后选择原则

最后选择原则，又称为别无他法原则，即指在通过公开采访等正当采访方

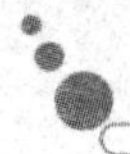

式无法获得真实信息，只有采用隐性采访才能获得真实信息实现采访目的的情况下，才可以使用该方式。

5. 暗访和明访相结合原则

记者在采访过程中，只要条件允许就要尽量采用明访的方式。同时可以将明访和暗访结合起来，相互印证和平衡，以达到最佳的报道效果。暗访得到的信息在使用中要谨慎。

二、隐性采访适用边界的一些规定和观点

1. 陈力丹："暗访是应该做的行为"

根据对国内法学、传播学、文学、社会学、伦理学等多学科知名学者的一次访谈，有鉴于调查性报道中暗访偷拍的记者，多数学者认同有限制地运用电视暗访手段。如果一个记者在没有考虑其他替代方法之前便使用暗访手段，他就很可能伤害公众对其工作或对整个新闻事业的信任。因此，使用暗访方式的新闻主题，必须针对严重影响公众利益的问题。

2. 徐迅：运用这种方式仅限于针对公务人员、公共事务、公共场所，这三者缺一不可

现在不少人普遍认为舆论监督的重点是那些被称为"公仆"的人物、"窗户"行业和大企业。对于普通百姓的言行，大可不必运用尖端技术和器材去偷拍偷录；即使对那些名人、明星之类的公众人物，媒体也不必过于苛求，因为他们的行为往往不一定会对社会公众的行为产生多大的影响。

3. 央视《新闻调查》栏目职业标准中的规定

对"偷拍"我们慎之又慎，除非调查危害公共利益的重大隐情而又别无他法，且经制片人同意，否则我们绝不采用任何涉嫌欺骗、侵权的拍摄方式。

4. 美国《华盛顿邮报》中关于记者隐匿身份的规定

在收集信息过程中，记者不能虚假地呈现自己的身份。他们不能把自己假扮成警察、医生或其他除记者之外的身份。

【案例与评析】

案例 4-1　《南方都市报》记者卧底高考替考事件

2015 年 6 月 7 日是当年高考第一天，第一场考试开始没多久，10 点 49 分，《南方都市报》在其新闻客户端、官方微信公众号同时发布一篇文章《重磅！南都记者卧底替考组织　此刻正在南昌参加高考》，震惊此刻正高度关注高考的家长与网民。从报道曝光的内容来看，一系列看似无懈可击的防作弊体系，在由金钱串在一起的家长、组织者、枪手、监考者面前形同虚设，让替考这个最原始、最没“技术含量”的作弊方式轻松上演。在考生信息全部联网和防控手段如此先进的今天，还发生有组织的替考行为，令人震惊。

正值高考特殊时期，该报道引爆了社交舆论场，该文随即在朋友圈迅速传播。十几分钟后，舆情从微信舆论场急速扩散至微博，引起@头条新闻、@人民日报、@央视新闻等主要账号的关注与转发，并引发一大批意见领袖与传统媒体人的评议。全网监测显示，截止到 6 月 8 日下午 3 时，事件相关网页新闻 7900 余篇，报刊文章 616 篇，论坛博客帖文 1000 多篇。舆情态势仍处在高位。

评析：

此新闻报道一出便引爆了社交舆论场，探讨的核心问题是记者在明知高考替考违法的情况下，依然卧底，全程是否符合新闻伦理，是否跨越隐性采访的适用边界？

（人民网针对《南都记者卧底替考事件》的舆情分析报告：2020-01-20 http://yuqing.people.com.cn/n/2015/0609/c354318-27125490.html）

案例 4-2　“医疗垃圾黑色产业”被曝光

2019 年央视 3·15 晚会曝光医疗垃圾黑色产业。根据报道，河南省濮阳县子岸乡一个厂房内，堆放着大量使用过的输液瓶、输液袋等医疗垃圾，不少医疗垃圾还残留着药水，上面的标签显示，这些医疗垃圾大都来自周边的医院。

按照我国《医疗废物管理条例》以及相关规定，输液瓶、输液袋必须由有相关资质的单位才能回收处理。输液管、一次性注射器等属于医疗废物，必须交

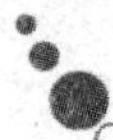

由有相关资质的单位进行集中焚烧等无害化处置，不能重复再利用。而该厂房并没有相关资质。

为了逃避检查，该厂房老板将加工医疗垃圾的地点分散到了三四处，偷偷将这些医疗垃圾加工成业内所说的破碎料，然后卖给下游企业。据了解，这些废旧医疗再生料被生产成蔬菜网袋、塑料制品、洗脸盆、医药瓶以及儿童玩具等。

评析：

本案例中的黑色医疗垃圾产业的内幕，记者也同样是通过暗访获得的。隐性采访在此事件调查中的优势发挥明显，有利于揭露黑幕，引发关注。记者暗访的采访方式成为该事件得以曝光的关键。

案例 4-3 焦点访谈：这里复印有点贵

央视 2013 年 11 月 24 日《焦点访谈》曝光了一些窗口单位的复印收费问题，节目内容如下：

现在我们去一些窗口服务部门办事往往都需要交复印件、照片这些资料。现在街面上复印、照相挺方便，一些窗口单位的内部也能复印和照相。这确实是方便了百姓办事，但有时候这可不是白方便的，因为这里的复印费、照相费可和外面的不一样。

日前，记者来到北京市一个民政局的婚姻登记处，询问办理结婚登记的程序，工作人员告诉记者需要户口本和身份证的复印件。但是和很多办证的新人一样，记者事先没有准备身份证、户口本的复印件，怎么办呢？工作人员要求记者到民政局门口处复印和照相。

从登记处出来向门外走，记者这才发现，就在民政局院内的门房里有两间屋子，大红的牌子上写着各种证件复印、结婚证件照等，进门后的确看到很多人都到这里来复印和拍照。

照张结婚照要 40 元，复印身份证、户口本也就是两张纸，要 5 块钱，平均复印一张就要 2.5 元，这样的价格让记者有些疑惑，于是记者决定出来在附近找个能复印和照相的地方再比较比较。街边店结婚照一次才 20 元，复印一般资

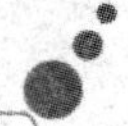

料一张是5毛钱，证件照正反面最多也就一块钱。真是不比较不知道，门里门外，复印和照相的费用差距竟然这么大。

……

调查中记者走访了6个省市，大部分窗口单位的复印费、照相费还是与市场价持平的，但也有高收费现象，有的甚至高出十倍以上。窗口服务单位是政府部门面向百姓的窗口，提供的是便民服务。为了方便百姓办事，收点成本费、市场价，可以理解。但人们不解的是，为什么一进这些单位的内部，复印费、照相费这样的“服务”就会出奇地贵？对于这个问题，这些部门的工作人员好像都不清楚，都解答不了。那么这里是不是有什么不能说的秘密？人们也在议论，这“宰人没商量”的背后，到底是谁在借“便民服务”之名，行“借机敛财”之实？一边是高价复印费、照相费，一边是最接地气的窗口单位，一个天上，一个地上，中间差的其实就是务实、为民的服务理念。几块钱、几十块钱的复印费、照相费看似小事，但透过这个窗口人们看到的却是政府形象，是改进工作作风能否落到实处。

评析：

创办于1994年的《焦点访谈》，其节目定位为：时事追踪报道，新闻背景分析，社会热点透视，大众话题评说。自开播以来，受到党和国家领导人、各界观众的广泛关注和重视。它以深度报道为主，以舆论监督见长，是中央电视台收视率最高的栏目之一，多次获中国新闻界最高奖项。

隐性采访作为《焦点访谈》节目使用较频繁的一种采访方式，其起到的舆论监督作用已受到社会的高度认可。然而，其对于该采访方式的采用范围也一直受到争议，为了便捷而采用这种省事的办法从伦理学的角度分析显然是不合适的。如该案例中的事件，隐性采访可能并不是不得已而采用的采访方式，并不符合最后选择原则。

【思考】

1. 隐性采访的特点和优势有哪些？

2. 运用绝对律令和功利主义的不同视角分析隐性采访这种特殊的采访

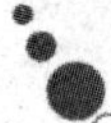

方式。

3. 结合案例谈谈隐性采访的伦理边界。

【附录】

部分国家和地区新闻职业道德规范中的相关规定

1.《中国新闻工作者职业道德准则》规定：

要通过合法途径和方式获取新闻素材。

2. 美国职业新闻工作者协会规定：

(1) 某信息具有特别的重要性；

(2) 用于获取该信息的所有其他手段都已穷尽；

(3) 有关个人及其所属的新闻机构，能凭借其卓越的工作质量及充分的时间投入和资金投入，全面完整地完成报道；

(4) 通过欺骗手段所获得的信息，其公开披露所能避免的损失大于欺骗行为本身可能带来的损失；

(5) 有关记者作出有意义的、合作的、审慎的决定，以证明其欺骗的合理性；

(6) 得奖、击败竞争对手、为了省钱而获得报道、别人用我也用，或者因为报道对象不道德所以我才这么做等等，都不能成为证明偷拍偷录合理的充分理由。

3. 美国《专业记者守则》规定：

除非没有公开的方式取得对公众至为重要的消息，否则应避免卧底或鬼祟式的新闻采集。如无他法，在报道中解释内因。

4. 哥伦比亚《波哥大记者协会道德规范》规定：

信息必须通过合法和道德的方式获得。在调查信息的过程中公共利益必须凌驾于私人利益之上。

5. 不丹《新闻工作者伦理规范》规定：

避免使用秘密的新闻采集技术，除非是为了绝对性的公共利益。

6. 中国《香港新闻从业员专业操守守则》规定：

新闻从业员应以正当手段取得信息、照片及插图。

7. 匈牙利《新闻工作者协会道德准则》规定：

必须使用符合法律和道德伦理的手段和方式获取信息。窃听、偷听和使用隐藏摄像机和录音机，揭露有关个人私生活的信息，在未经授权的情况下发表新闻报道都是违反新闻伦理的。

以下情况应当被视为隐性采访：

——隐藏采访设备；

——在采访对象不知情的情况下进行的采访。然而，对于公众事件，即使在场的人对采访并不知情，也不能将其视为隐性采访。

下列隐性采访不构成伦理冒犯：

——采访的目的在于揭露违法或反社会的活动；

——只有通过隐性采访才能接触电视或广播访谈的对象；

——所需材料无法通过公开方式获得。

隐性采访必须经过负责编辑的授权。

8. 爱尔兰《新闻伦理规范》规定：

用诚实、正直而公开的手段得到材料，除非是在公共利益方面具有压倒性的理由，且提供不能通过直接方式获得材料的证据。

9. 意大利《全国新闻联合会及新闻记者委员会准则》规定：

记者需要尊重他人的保密权，除非是出于显而易见的公共利益的需要，否则不得公布关于他人私生活的新闻。而且，当记者进行此类信息的采集时，需公开其身份和职业。

10. 卢森堡《新闻伦理准则》规定：

新闻工作者和编辑应避免通过匿名方式或者诉诸其他秘密的、应受谴责的方法去获取信息、声音、图像和文件。他们不应试图采取任何隐瞒的操作获得信息，除非该信息的重要程度可以证明这样做是正当的，且无法从其他地方获知该信息。

11. 马耳他《新闻工作者伦理准则》规定：

不道德的行为中包含关于隐性采访的内容：当使用了隐藏的摄像机和麦克

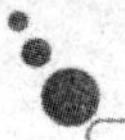

风、虚假身份或其他非正常手段诱惑时。

12. 挪威《媒体伦理规范》规定：

隐藏的摄像机/麦克风或假的身份，只能在特殊情况下使用。这个特殊情况是指只能用隐性采访方法，且别无其他方法获取一个对社会至关重要的事实时。

13. 葡萄牙《新闻工作者伦理准则》规定：

新闻工作者应当使用合理手段获取信息、图片和文件，避免滥用个人诚信。新闻工作者表明身份是一个原则，只有基于无可争议的公共利益才可以打破这一规则。

14. 西班牙《新闻职业道德准则》规定：

只有出于捍卫公共利益的需要时，才能未经他人事先同意而介入或调查其私人生活。

15. 乌克兰《记者伦理准则》规定：

记者不得使用非法手段搜集信息。记者应根据乌克兰的法律规定合法地搜集信息，并可以在此过程中使用所有的法律程序，包括利用法律手段来抗衡阻止他们搜集信息的人。

16. 英国《编辑业务准则》规定：

媒体不能使用以下方式获得信息：使用隐藏的摄像机或者秘密监听设备；拦截私人移动电话、短信、电子邮件；使用未授权的已删除的文件、照片；未经许可访问他人的数字私人信息。

只有在为了公共利益，或者当其他手段无法获得信息时，才可以使用虚假的陈述或者计谋，包括通过代理或中介机构。

17. 阿尔及利亚《新闻职业伦理宪章》规定：

不使用不公正的方法获取信息、照片或文件。

18. 博兹瓦纳《新闻伦理规范》规定：

媒体从业者在收集信息的过程中应该使用公开的方法，并且表明他们的身份。总体而言，媒体从业者不应该通过谎言、欺骗或隐藏手段来搜寻和获取相关信息或图片。

19. 几内亚《记者协会道德准则》规定：

除非是出于公共利益的需要必须获取某新闻，或是为了保护自身的安全，否则记者均需以公开的方式来进行工作。

20. 利比里亚《报业联合会伦理规范》规定：

记者不应滥用假名；记者应该只以正大光明的形式获取信息、图片及例证。

21. 尼日尔《记者道德宪章》规定：

记者应尽可能使用公开和诚实的方法收集信息；只有为了保障公共利益需要时才能使用特殊的信息收集方法。

22. 多哥《新闻记者伦理准则》规定：

记者不得使用不正当手段来获取信息、图片或文档。

23. 立陶宛《新闻工作者和出版商的伦理规范》规定：

信息应当以合乎道德和法律的方式收集。

24. 阿根廷《新闻论坛伦理规范》规定：

记者不能运用获取秘密情报的方法获取信息。只有在信息涉及公共利益或公共价值时，才可以考虑使用非常规的方法来获取数据和证词。个人隐私不得受到影响。

25. 加拿大《亚伯达省媒体委员会业务守则》规定：

报纸和为之服务的记者应使用直接正当的方式来获得信息或者图片。只有当报道出于公共利益的需要同时又无其他替代方式可以使用时，通过非正常手段获取资料才能被认为是合理的。

26. 印度《新闻评议会伦理准则》规定：

新闻媒体不得在未经他人知情或同意的情况下私自对谈话内容进行录音，除非此举是保护记者行为合法的重要证据或记者另有其他令人信服的理由。

27. 印度尼西亚《新闻伦理准则》规定：

在出于公共利益的需要而进行调查性报道时，考虑使用适当的调查方法。

28. 韩国《记者协会伦理准则及实务守则》规定：

在收集信息的过程中要使用正当的方法，不得伪造记录和资料。

29. 马来西亚《新闻评议会职业伦理规范》规定：

记者和媒体应当只使用符合伦理规范的方法获取数据和信息、用于新闻报道和文章评论；

除非用传统的方法无法获得信息，且对公众来说这一信息至关重要，否则，记者应当避免用卧底和其他秘密的收集信息方法。当使用非传统的信息收集方法时，在新闻报道中应当指出；

除非这种隐性录音是为了保护新闻记者，或有其他令人信服的理由，或为了公共利益，否则，如果当事人不知晓或没有得到当事人的同意，公开任何人谈话的录音磁带等材料都是不道德的。

30. 泰国《新闻评议会的职业道德规范》规定：

报社必须以有尊严的方式去获取信息。

31. 澳大利亚《新闻一般准则的声明》规定：

避免发布那些用欺骗性或不正当手段获取到的信息，除非完全是为了公共利益。

32. 新西兰《新闻委员会的原则声明》规定：

通过欺骗、歪曲或不诚实的手段获取新闻或信息是不被允许的，除非该新闻或信息涉及重大公共利益而又无法通过任何其他手段获取。

专题五　有偿新闻的本质

【理论概述】

第一节　有偿新闻

一、有偿新闻是什么

1. 有偿新闻

甘惜分在《新闻学大辞典》中提到新闻机构向要求刊播新闻者收取一定费用的新闻。一些新闻机构为解决经费不足问题或赚钱，以及其他目的，按占用版面大小(报纸)、播出时间长短和录制费用(广播、电视)向要求刊播新闻者收费。

黄瑚提出，有偿新闻就是新闻传播从业人员或明或暗地向被采访报道对象索取一定费用的活动。[①]

2. 红包

红包，亦称封红包，是将金钱放置在红色封套内做成的一种小礼物。封红包是中国传统习俗。最常见的是在各种喜庆场合，例如在春节、婚礼、生辰等场合送金钱作为礼物时都会使用。封红包亦成为惯常使用的贪污手法。行贿一方给予对方红包，以作为某种服务的报酬。[②]

3. 封口费

煤矿事故是近年来中国安全生产中最突出的问题。而煤矿事故背后大多隐藏着深层次的矛盾，甚至存在官媒勾结、监管不力、官员参股等问题。因此，瞒报、缓报、少报煤矿事故就成了许多煤老板自保的常用手段。此时，媒体的作

---

① 黄瑚：《新闻传播法规与职业道德教程》，复旦大学出版社，2010 年版，第 345 页。

② 展江、彭桂兵：《媒体道德与伦理案例教学》，中国传媒大学出版社，2014 年版，第 58 页。

用表现得尤为重要。如果没有舆论的积极监督，不能保证群众畅通举报，一些事故的真相可能永远不能揭开。正因为此，煤矿防记者之严甚于防火防爆。“封口费”就是在这样的背景下产生的一种贿赂手段。一般来讲，“封口费”都是矿主的主动行为。但也不排除个别媒体从业人员主动索取或敲诈勒索，甚至出现了假冒记者之名领取“封口费”的现象。“封口费”和我们平常的“车马费”“红包”等本质上都是一种贿赂，有的是贿赂记者“上天言好事”，有的是贿赂记者少管闲事，免开君口。[①]

二、我国禁止有偿新闻的相关规定

1.《中国新闻工作者职业道德准则》的规定

《中国新闻工作者职业道德准则》第四条第三款指出，新闻工作者应坚决反对和抵制各种有偿新闻和有偿不闻行为，不利用职业之便谋取不正当利益，不利用新闻报道发泄私愤，不以任何名义索取、接受采访报道对象或利害关系人的财物或其他利益，不向采访报道对象提出工作以外的要求。

2. 1997 年《关于禁止有偿新闻的若干规定》的相关规定

第一条规定新闻单位采集、编辑、发表新闻，不得以任何形式收取费用。新闻工作者不得以任何名义向采访报道对象索要钱物，不得接受采访报道对象以任何名义提供的钱物、有价证券、信用卡等。

第三条规定新闻工作者参加新闻发布会和企业开业、产品上市以及其他庆典活动，不得索取和接受各种形式的礼金。

第八条规定新闻报道与广告必须严格区别，新闻报道不得收取任何费用，不得以新闻报道形式为企业或产品做广告。凡收取费用的专版、专刊、专页、专栏、节目等，均属广告，必须有广告标识，与其他非广告信息相区别。

第十条规定新闻报道与经营活动必须严格分开。新闻单位应由专职人员从事广告等经营业务，不得向编采部门下达经营创收任务。记者、编辑不得从事广告和其他经营活动。

---

① 陈春彦：《从封口费说起——谈媒体传播法律风险规避与编采技巧》，北京理工大学出版社，2009 年版，第 7 页。

3. 2005年《关于新闻采编人员从业管理的规定(试行)》的相关规定

第七条规定新闻采编人员要杜绝各种有偿新闻活动。新闻采编人员不得利用采编报道牟取不正当利益,不得接受可能影响新闻报道客观公正的宴请和馈赠,不得向采访报道对象或利害关系人索取财物和其他利益,不得从事与职业有关的有偿中介活动。

第八条规定新闻采编人员要严格执行新闻报道与经营活动分开的规定。不得以记者、编辑、审稿人、制片人、主持人、播音员等身份拉广告,不得以新闻报道换取广告,不得以变相新闻形式刊播广告内容,不得为经营牟利操纵新闻报道。新闻采编人员不得以订阅报刊为条件进行新闻报道,不得直接要求被采访报道单位或个人订阅报刊,更不得以批评曝光为由强迫被采访报道单位或个人订阅报刊、投放广告或提供赞助。

4. 2012年广电总局《关于开展"打击新闻敲诈、治理有偿新闻"专项活动的通知》中的相关内容

该专项行动治理的不良现象包括:新闻采编人员利用采访活动牟取利益,或接受采访对象、单位、利益相关方和公关公司"红包";新闻机构及其工作人员以新闻报道形式发布广告,搞有偿新闻、有偿不闻;假冒新闻机构和采编人员开展"新闻采访"活动,利用"新闻采访"活动敲诈勒索。

三、部分媒体和通讯社的相关规定

1. 中国《羊城晚报杜绝新闻敲诈、防止虚假新闻工作守则》

记者不得搞谋私,搞有偿新闻、有偿不闻和新闻敲诈,不得以任何名义向被采访对象索要钱物或牟取其他私利。

2. 英国路透社

禁止接受由消息来源或关系户提供的任何礼物、服务或利益(无论是现金还是其他种类)。如果一些有价值的礼物难以拒绝,那么它应交给记者的主管,并捐给适当的慈善团体。

3. 英国BBC《制作人指南》

任何人都不得从任何组织或个人接受给予自己或家人、朋友的私利,如物品、折扣、服务、现金、赠品,或者正常业务范围以外的娱乐,只要该人有可能代

表 BBC 与这些组织或个人进行业务活动。

4. 美国《纽约时报》

当时报的代表接受消息来源的招待（包括政府官员）或旅行去采访他们时，时报支付费用。职员不应参加由新闻人物定期为新闻界提供的早餐或午餐，除非时报为职员支付餐费。职员不可以接受免费或打折的交通和住宿，除非在我们选择的余地很小或别无选择的情况下。

5. 美国《华盛顿邮报》

不接受消息来源的礼物，也不接受免费旅行。既不寻求也不接受也许是因报社所拥有的地位而提供的优待。禁止接受任何不对公众免费的比赛项目的免费入场券，唯一例外的是记者专席。无论何时只要可能，采访应为那些座位付费。

6. 美联社

职员应该礼貌地拒绝和归还来自消息来源、公关代理、公司和其他企图鼓励或影响美联社新闻报道或业务者的礼物。我们可以接受价值不超过 25 美元的小饰物（帽子或被子）。

7. 美国 CBS

员工不得接受有可能妨碍新闻工作者角色或造成此种印象的任何公开的和隐藏的好处。

第二节　有偿新闻的表现及原因

依据有偿新闻接受贿赂的主客观原因和在新闻报道中的具体体现，一般表现为有偿新闻、有偿不闻和新闻敲诈几类。在新闻报道中有以下几种表现形式：

一、有偿新闻的表现形式

1. 虚假

由于收受贿赂，从主观上主动报道虚假信息或者放任虚假信息在新闻报道中出现是有偿新闻的主要表现形式，也是虚假新闻形成的一个主要原因。

2. 软文

软文，英文是 advertorial，是相对于硬性广告而言的，指由企业的市场策划人员或广告公司的文案人员来负责撰写的“文字广告”。与硬广告相比，软文之所以叫作软文，精妙之处就在于一个“软”字，文章内容与广告完美结合，从而达到广告宣传效果。软文，从本质上来说是一种广告。新闻媒体或新闻工作者收受贿赂，以新闻之名行宣传和营销之实，使软文的出现披上了新闻的外衣。尤其是在网络媒体上，软文与新闻的界限逐渐消解，普通网民难以辨识其区别。

3. 失声

新闻工作者对新闻事件的部分事实或全部事实主动或被动地隐瞒甚至不报。这是有偿不闻现象的具体表现形式。一般是在突发的负面事件发生后，在企业、组织和个人的公关下出现的一种现象。

二、有偿新闻产生的原因

1. 与我国社会环境有关

新闻业作为社会系统中的一部分，一定与整个社会大系统紧密联系。在有偿新闻发生的很多案例中，有关部门和领导干部应对媒体的做法存在不当现象，堵住媒体的嘴，防止事件曝光是一种较常见的做法。这与我国政治体系中，官员对上负责而非对下负责的制度有关。

在市场经济大环境中，各个主体间竞争的不公开、不透明、不公平也是诱发有偿新闻的土壤。有的市场主体利用新闻报道进行恶性竞争，使新闻成为破坏市场秩序的低劣工具。

2. 与行业管理体制有关

（1）行业规范的健全

我国的新闻行业规范大多比较笼统，原则性规定多，具体操作性规定少，实践中在违反职业道德后难以定性，责任承担不明确反过来也会影响行业规范的约束性。

（2）行业经营体制

我国对于新闻媒体的管理方式是依照对事业单位的管理而设定的，但同时又要求新闻媒体必须有营利等目的。企业化的管理模式必然带来媒体的趋利

性，政府权威和经济运营的双重压力更容易导致有偿新闻现象的产生。

(3) 记者和记者证管理

假记者或者不持有记者证的通讯员是有偿新闻事件败露后经常出现的两类人。他们的身份被抛出来有的是有关单位为了脱罪，有的是为了澄清事实。似乎，总是在有偿新闻被曝光后，才发现新闻行业的实际从业人数与记者证的发放人数之间存在巨大的差距。对于采访权利的享有主体的明确，以及记者证的发放和审核是有偿新闻事件应关注的重要方面。

3. 与记者的个人素养有关

虽然有偿新闻的产生有主客观方面的原因，但外因通过内因发挥作用，新闻从业人员职业道德缺失是一个重要原因。有些新闻从业人员在经济利益的诱惑下，很容易放弃专业的新闻操守，还有一些记者在采访不成的情况下主动为媒体的发行和广告等经营项目牵线搭桥。

第三节　有偿新闻的本质

一、有偿新闻的本质是权力寻租

有偿新闻、有偿不闻及新闻敲诈的实质都是新闻报道权力寻租，即把新闻报道权同小团体或个人的私利直接联系起来，搞钱权交易，把新闻报道异化为一种牟取私利的手段。

新闻权力寻租实际上是某些新闻传播从业人员将国家法律赋予新闻机构传播新闻的权力作为个人的私有商品非法出卖了。受惠的是参与这种交易的个别人，损害的则是国家、媒体及受众的利益。

有偿新闻并不是中国特有的现象，而是一个在转型国家普遍存在的难以治理的病症。

二、有偿新闻是道德问题

1. 有偿新闻现象不是伦理问题，是道德问题

展江和彭桂兵的《媒体道德与伦理案例教学》一书把新闻传播中的道德和伦理现象做了区分："把新闻工作者不应该做的，没有讨论余地的现象划归为道德范畴；而把有讨论余地的，在此情况下被人们认为是正当的，而在彼情况下被

认为又是不正当的，划归为伦理范畴。”[①]按照这种区分标准，有偿新闻属于道德问题，是被新闻道德律令所禁止的。

2. 有偿新闻是一种违法行为，一直以来都为我国法律法规、道德规范所明令禁止

有偿新闻首先是违背职业道德的行为，受到行业规范的限制。其次，依据其情节还有可能违反法律甚至犯罪，涉事责任人要承担相应的法律责任。

【案例与评析】

案例5-1　繁峙金矿爆炸案

2002年6月22日14时30分，山西省繁峙县义兴寨金矿区0＃脉王全全井发生一起特大爆炸事故，造成38人死亡，直接经济损失1000余万元。

22日上午9时许，股东石新泉从繁峙县民爆公司购买岩石乳化炸药150箱，计3.6吨。由王全全井民工王志林组织工人将其中的93箱存放在副井一部（中段）平巷炸药库，并违反规定将炸药库放不下的炸药放置到二部、三部平巷。13时30分左右，矿井二部平巷绞车工座位编织袋等物着火；14时30分左右，在一部平巷内的炸药库和盲一立井井口向下26米处相继发生爆炸，燃烧、爆炸产生的大量一氧化碳等有毒有害气体导致38名矿工中毒窒息死亡。

事故发生后，矿主既不认真施救，又不保护事故现场，而是将矿井所有资料销毁，威胁、遣散矿工，填埋毁坏副井，采取焚尸、藏尸等恶劣手段，并串通繁峙县委、县政府有关人员，隐瞒事故真相。

经群众举报，“6·22”特大爆炸事故引起国务院领导同志的高度重视。7月1日，国家安全生产监督管理局副局长王德学率领相关部门人员赶赴现场。经过15个昼夜的挖掘、清理，被不法矿主填死的副井井口得到疏通，38具尸体全部核实确认。

在事故发生后，11名新闻记者在采访事故过程中收受当地有关负责人及矿

① 展江、彭桂兵：《媒体道德与伦理案例教学》，中国传媒大学出版社，2014年版，第62页。

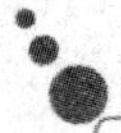

主非法贿送的现金、金元宝,集体失声,存在严重的经济违纪行为。

评析:

本案例中,记者集体失声,隐瞒死亡人数,存在严重的经济违纪行为。记者失声的原因有二:一是受到来自矿主的压力,二是收受矿主贿赂的现金和金元宝。记者收受贿赂虽并非主动为之,但收受贿赂和瞒报既成事实,且存在因果关系。这说明记者要保持清廉、维护新闻真实不仅需时刻警惕,还需勇于面对困难。

案例 5-2　霍宝干河煤矿"封口费"事件

2008 年 9 月 20 日山西霍宝干河煤矿发生矿难事故,一名矿工在事故中死亡。事发后,出现了所谓记者排队领"封口费"事件。据调查,事故发生后矿方瞒报,经人举报后,众多记者赶到现场。据矿方提供的进门登记表显示,9 月 24 日、25 日两天共有 23 家"媒体"的 28 人登记来访。其中持有新闻出版总署新闻记者证的只有 2 人,其他都没有新闻出版总署颁发的新闻记者证。经初步调查,以采访名义登记的人员中,只有少数是记者或新闻单位工作人员,多数是"假记者"。

山西霍宝干河煤矿确认,发生事故以来,煤矿以订报费、宣传费、广告费、购买安全教育光盘等各种名义给 6 家媒体支付了总计 12.57 万元的费用。另外,矿方人员反映,一些来矿采访人员就向他们每人支付了 300～500 元不等的加油费,共计 1900 元。

此次涉案人员达 60 余人。隐瞒事实真相、封锁消息的矿方责任人被免职。已查实的 14 名媒体相关责任人分别作了相应处理。有 28 名不法分子假冒电视台、报刊社、网站名义到山西霍宝干河煤矿公司敲诈勒索,涉案金额 15.16 万元,有关部门经过全力侦查,依法进行了打击。

评析:

霍宝干河煤矿事件又被学界和业界称为"封口费"事件。该事件中有两个地方需要引起注意:一是"封口费"本质上跟红包是一致的,是一种贿赂。但封口费不仅暴露了记者职业道德和法制意识的淡薄,也暴露了市场经济环境下记

者采访的现实环境。"封口费"是事后的一种说法，当事方以此为公关手段，以息事宁人交朋友为借口，似乎伸出的是橄榄枝，其实是遮羞布。新闻工作者稍不留神，就会掉进陷阱，有口难辩。二是记者和记者证管理的规范和公开问题。每当发生违背职业道德和法律的事件，总会出现假记者和未持记者证的工作人员。真假记者身份的辨别成为一个值得思考的问题。一些部门或官员避重就轻的心理也暴露了出来。

案例 5-3 陈永洲事件

陈永洲是《新快报》经济部记者。2013 年 10 月 18 日被湖南长沙警方从广州带走。2013 年 10 月 23 日上午，长沙市公安局表示，之所以刑拘《新快报》记者陈永洲，是因为经调查，从 2012 年 9 月 26 日至 2013 年 6 月 1 日，该报及其记者陈永洲等人在未到中联重科进行实地调查和核实的情况下，捏造虚假事实，通过其媒体平台发表关于中联重科的负面文章共 18 篇，其中陈永洲署名的文章 14 篇。2013 年 6 月，中联重科曾就此事专门派员前往新快报社进行沟通，要求其到中联重科进行实地调查和了解真实情况，停止捏造、污蔑和诋毁行为。但新快报社及陈永洲不顾中联重科的要求，仍然继续发表关于中联重科的负面文章。

长沙市公安局认定，陈永洲捏造的涉及中联重科的主要事实有三项：一是捏造中联重科的管理层收购旗下优质资产进行利益输送，造成国有资产流失、私有化。二是捏造中联重科一年花掉广告费 5.13 亿，搞"畸形营销"。三是捏造和污蔑中联重科销售和财务造假。在报道过程中，陈永洲没有具体依据，也未向相关监管、审计部门和会计师事务所进行咨询，只是凭自己的主观臆断。长沙市公安局称，2013 年 9 月 17 日，长沙市公安局聘请湖南苗扬司法鉴定所对中联重科因广东新快报社及其记者陈永洲等人发表的 18 篇文章所造成的损失情况进行鉴定。经市公安局执法监督支队审核，认定嫌疑人陈永洲捏造并散布虚假事实，损害中联重科的商业信誉，给中联重科造成重大损失，其行为触犯《中华人民共和国刑法》第二百二十一条之规定，涉嫌损害商业信誉罪，于 10 月 19 日批准对犯罪嫌疑人陈永洲采取刑事拘留的强制措施。10 月 21 日，陈永洲

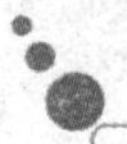

妻子委托的律师在长沙市第一看守所会见了陈永洲,了解相关案情。10月23日,《新快报》针对记者陈永洲被跨省刑拘发表声明,并连续多天在报纸上发表声明请求放人。10月30日,长沙市岳麓区人民检察院对《新快报》记者陈永洲以涉嫌损害商业信誉罪批准逮捕,而后陈永洲承认收人钱财,搞有偿新闻故意抹黑中联重科,《新快报》向社会致歉。2014年10月17日,长沙市岳麓区人民法院以损害商业信誉罪、非国家工作人员受贿罪,一审判决原广州《新快报》记者陈永洲有期徒刑1年10个月。

评析:

该案例中,陈永洲收受贿赂50万,以自己的名义发表了对方提供的新闻稿件,未尽到核实把关的职责,给中联重科造成了严重的经济损失。这属于典型的有偿新闻。

近些年来,随着媒体商业化的加剧,允中守直的媒体风骨,时常被无孔不入的名缰利锁绑架。尚不健全的法治精神、市场精神,各种失范、失序、失德的现象,前所未有地考验着新闻人的良知与操守。一些媒体从业者以舆论监督之名,行要挟逐利之实,把媒体平台当成谋取个人和小团体利益的私器。一些利益集团,千方百计阻挠新闻舆论监督,以各种收买笼络、威逼恐吓甚至是挖设陷阱的手段,试图"摆平"一些意志薄弱的媒体或记者。一些企业在恶性市场竞争中,变相供养记者,污染媒体环境。陈永洲案再次提醒我们,新闻人的职业操守必须警钟长鸣,媒体公信力的建设任重而道远。

【思考】

1. 结合案例说明有偿新闻在当下有哪些具体形式。

2. 有偿新闻的本质是什么?

3. 有偿新闻的危害有哪些?

4. 搜集论文或专著中关于防治有偿新闻的对策,谈谈你对这些对策的看法。

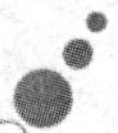

【附录】

一　关于禁止有偿新闻的若干规定

中央宣传部、广播电影电视部、新闻出版署、
中华全国新闻工作者协会中宣发[1997]2号

各省、自治区、直辖市党委宣传部、广播电视厅(局)、新闻出版局、记协、中央各主要新闻单位：

一、新闻单位采集、编辑、发表新闻，不得以任何形式收取费用。新闻工作者不得以任何名义向采访报道对象索要钱物，不得接受采访报道对象以任何名义提供的钱物、有价证券、信用卡等。

二、新闻工作者不得以任何名义向采访报道对象借用、试用车辆、住房、家用电器、通讯工具等物品。

三、新闻工作者参加新闻发布会和企业开业、产品上市以及其他庆典活动，不得索取和接受各种形式的礼金。

四、新闻单位在职记者、编辑不得在其他企事业单位兼职以获取报酬；未经本单位领导批准，不得受聘担任其他新闻单位的兼职记者、特约记者或特约撰稿人。

五、新闻工作者个人不得擅自组团进行采访报道活动。

六、新闻工作者在采访活动中不得提出工作以外个人生活方面的特殊要求，严禁讲排场、比阔气、挥霍公款。

七、新闻工作者不得利用职务之便要求他人为自己办私事，严禁采取“公开曝光”、“编发内参”等方式要挟他人以达到个人目的。

八、新闻报道与广告必须严格区别，新闻报道不得收取任何费用，不得以新闻报道形式为企业或产品做广告。凡收取费用的专版、专刊、专页、专栏、节目等，均属广告，必须有广告标识，与其他非广告信息相区别。

九、新闻报道与赞助必须严格区分，不得利用采访和发表新闻报道拉赞助。

新闻单位必须把各种形式的赞助费,或因举办"征文"、"竞赛"、"专题节目"等得到的"协办经费",纳入本单位财务统一管理,合理使用,定期审计。在得到赞助或协办的栏目、节目中,只可刊播赞助或协办单位的名称,不得以文字、语言、图像等形式宣传赞助或协办单位的形象和产品。

十、新闻报道与经营活动必须严格分开。新闻单位应由专职人员从事广告等经营业务,不得向编采部门下达经营创收任务。记者、编辑不得从事广告和其他经营活动。

各新闻单位要根据上述规定,结合本单位实际,制定实施细则,认真贯彻执行。

要建立健全内部监督制度,发挥纪检、监察部门作用,确保规定落到实处。要接受社会监督,中华全国新闻工作者协会和各新闻单位要分别向社会公布举报电话,确定专人负责,认真受理。对违反上述规定的个人,由新闻单位和主管部门没收其违规收入,并视情节轻重,给予批评教育、通报批评、党纪政纪处分,直至开除,触犯法律的移送司法机关处理。对严重违反规定的单位,由广播电影电视部和新闻出版署给予行政处罚。要选择典型案例公开报道,推动禁止有偿新闻的工作深入持久地进行,务求取得实效。

(来源:打击"新闻敲诈"治理有偿新闻 2020-02-15 http://www.gapp.gov.cn/news/1675/110680.shtml)

二　部分国家和地区新闻行业规范中的相关规定

1. 英国《新闻工作者行为准则》规定:

新闻工作者不得接受贿赂,不得让其他的诱惑影响其行使职业责任;新闻工作者不得因为广告或其他的因素而歪曲或压制事实真相。

2. 美国《职业新闻工作者协会伦理规约》规定:

区分新闻与广告,警惕模糊二者界限的混合物;拒绝礼品、优惠、酬金、免费旅行和特殊待遇;拒绝偏袒广告商和特殊利益集团,抵制它们影响新闻报道的压力。

3. 美国《广播电视新闻主任协会伦理规约》规定:

无私无畏地采集和报道新闻，有力抵制任何外部力量——包括广告商、消息来源、报道主体、强势个人和特殊利益集团的不正当压力。

抵制那些寻求收买新闻内容或对其施加政治影响以及那些试图恫吓新闻采集者和散播者的人。

不应接受可能试图影响报道之人的礼品、恩惠或补偿。

4. 中国《香港新闻从业员专业操守守则》规定：

不应报道或评论自己有份参与的投资项目、组织及其活动；若须报道或评论，亦应申报利益。

5. 中国《香港记者协会专业守则》规定：

新闻工作者不应接受贿赂或利诱，以致影响其履行专业职责。

6. 中国《台湾报业道德规范》规定：

拒绝接受新闻来源之馈赠、贿赂或不当招待。

7. 印度尼西亚《新闻伦理准则》规定：

印度尼西亚新闻工作者不得滥用自己的工作职权，且不得受贿。

8. 韩国《记者协会伦理准则及实务守则》规定：

会员不得从采访对象等那里接受任何奖品、优惠待遇、免费旅游、高尔夫接待等；

要确保新闻记者和新闻机构进行报道的目的不是为了个人或机构的私利；

会员不得将收集来的新闻信息用来追求个人的或者特定集团的利益；

会员不得强迫出版物或胁迫广告用以吹捧自己，也不得以报道的形式吹捧自己。

9. 德国《新闻工作伦理准则》规定：

一定要避免那些仅仅露面就会影响出版机构及其编辑人员的决策自由的邀请。记者应谢绝任何在价值上超乎正常商业往来和日常工作标准的馈赠和邀请；

接受某些广告文章或是低价物品是无害的；

对某些礼物、邀请或折扣优惠的接受不得影响、制约乃至妨碍报道的开展。就算是接受了礼物或邀请，新闻工作者和出版机构也要坚持如实报道既有的新

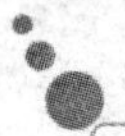

闻信息；

如果记者的报道向为自己提供了邀请的对象倾斜，那么应该清晰地交代出这种资助关系。

10. 希腊《媒体伦理法典》规定：

新闻不能让记者用来谋私利。

11. 匈牙利《新闻工作者协会道德准则》规定：

如果新闻工作者以发表新闻或者隐瞒事实为条件而要求或接受贿赂，或为了实现非法利益以发表或不发表事实来威胁受影响的群体，那么他/她就滥用了职权；

如果新闻工作者为了获得经济利益，而正面或负面地评价一个产品或公司却不表明它是广告，这种行为是违反伦理规范的。付费广告材料及付费公告应带有明显的标志。

12. 西班牙《新闻职业道德准则》规定：

记者不应该接受来自他人的意图影响和左右任何信息和意见发表的直接或间接的报酬或奖励。

13. 博兹瓦纳《新闻伦理规范》规定：

媒体所有者、出版者和媒体从业者绝不能因为现金报酬、礼物和奖金而发表或者压制相关报道，也不能省略或篡改关键事实；

媒体所有者、出版者和媒体从业者决不能给普通群众钱财来获取信息源，除非其中有确切的公共利益。（当信息是有偿获取时，媒体所有者、出版者和媒体从业者应该注明。）

14. 赞比亚《媒介委员会伦理规范》规定：

接受任何意在传播或隐瞒特定信息的贿赂均应被视为严重的职业犯罪。

15. 加拿大《记者协会新闻伦理信条》规定：

我们不给广告商优先待遇和特别利益；我们不从报道对象那里接受或祈求礼物和帮助；我们不会报道那些与我们自身有经济利益的主题；我们不会参与到我们报道的运动和活动中。

16. 哥伦比亚《波哥大记者协会道德规范》规定：

新闻记者的独立性对他们的专业实践来说是必不可少的。因此，任何有损独立性的实践都是和道德相违背的，例如：

利用自己所在媒体的影响，寻求自己的个人利益或特权；

接受新闻来源者提供的报酬、礼物或好处，包括荣誉和奖品在内的任何形式。

17. 新西兰《新闻委员会的原则声明》规定：

为了履行其社会监督职责，出版物必须保持独立，不对其新闻来源承担任何义务。出版物应避免任何可能使其独立性受损的情形。当一则报道受到了外界赞助，或接受了礼物和经济回报，则应声明这一点。

专题六　新闻报道要维护国家安全

【理论概述】

国家安全是国家生存和发展的最基本最重要的前提。表达自由、新闻自由是新闻报道得以顺利开展的法律保障。但新闻报道需在法律允许的范围内进行，不得危害国家安全。本专题主要从与新闻报道密切相关的煽动和泄密两方面探讨在新闻报道中如何维护国家安全。

第一节　国家安全

一、国家安全的内容

《中华人民共和国国家安全法》第一章第二条规定：国家安全是指国家政权、主权、统一和领土完整、人民福祉、经济社会可持续发展和国家其他重大利益相对处于没有危险和不受内外威胁的状态，以及保障持续安全状态的能力。当代国家安全包括11个方面的基本内容，即国民安全、领土安全、主权安全、政治安全、军事安全、经济安全、文化安全、科技安全、生态安全、信息安全和核安全。《宪法》第五十四条规定："中华人民共和国公民有维护祖国安全、荣誉和利益的义务，不得有危害祖国的安全、荣誉和利益的行为。"第五十二条规定："中华人民共和国公民有维护国家统一和各民族团结的义务。"

二、当代国家安全的特点

传统对国家安全的理解，主要是指国家的主权、领土完整和人民民主专政的政权不受威胁和侵犯等。随着时代的发展，维护国家安全的任务和要求以及国家安全的概念也发生了重大变化：国家安全的内涵和外延更加丰富，时空领域更加宽广，内外因素也越来越复杂，陆续出现了政治安全、经济安全、文化安全、信息安全、国防安全、社会安全、生态安全、科技安全、资料安全、网络安全等

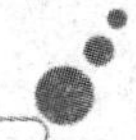

新概念[①],形成了总体国家安全观。

《国家安全法》把网络安全列为重要一项,其第二十五条就建设网络与信息安全保障体系,提升网络与信息安全的保护能力,维护国家网络空间主权、安全和发展利益等方面作出规定。网络安全直接关涉国家安全,被列为总体国家安全不可缺少的组成部分。网络安全是指通过采取必要措施,防范对网络的攻击、侵入、破坏和非法使用以及意外事故,使网络处于稳定可靠运行的状态,以及保障网络数据的完整性、保密性、可用性的能力。没有网络安全就没有国家安全。当下,说到网络安全,其范围早已超出早期的"计算机系统"的范围。2016年底,国家网信办发布我国第一个《国家网络空间安全战略》,将"网络安全"与"网络空间安全"视为同义词,明确指出网络安全形势异常严峻,网络渗透危害政治安全,网络攻击威胁经济安全,网络有害信息侵蚀文化安全,网络恐怖和违法犯罪破坏社会安全。按照《网络安全法》架构,网络安全的范围被确定为"运行安全"和"信息安全"两个方面。其中"信息安全"与新闻报道密切相关。

三、国家安全的法律规定

国家安全关系着国家的安危或重大利益,世界各国,无论采取何种政体,都对国家安全严加保护。我国有关国家安全的规定主要在《宪法》《刑法》《国家安全法》中体现。

1.《宪法》中与国家安全相关的规定

《宪法》第五十四条规定:"中华人民共和国公民有维护祖国的安全、荣誉和利益的义务,不得有危害祖国的安全、荣誉和利益的行为。"

2.《刑法》中规定的危害国家安全罪

《中华人民共和国刑法》规定的危害国家安全罪包括:(1)背叛国家罪;(2)分裂国家罪;(3)煽动分裂国家罪;(4)武装叛乱、暴乱罪;(5)颠覆国家政权罪;(6)煽动颠覆国家政权罪;(7)资助危害国家安全犯罪活动罪;(8)投敌叛国罪;(9)叛逃罪;(10)间谍罪;(11)为境外窃取、刺探、收买、非法提供国家秘密、情报

① 来源:中共中央《关于加强党的执政能力建设的决定》(2004)提出要"确保国家的政治安全、经济安全、文化安全和信息安全"。中共中央《关于构建社会主义和谐社会若干重大问题的决定》(2006)重申了这四大安全。

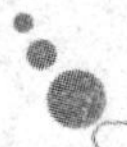

罪;(12)投敌罪。

3.《国家安全法》中的相关规定

《中华人民共和国国家安全法》规定:本法所称危害国家安全的行为,是指境外机构、组织、个人实施或者指使、资助他人实施的,或者境内组织、个人与境外机构、组织、个人相勾结实施的下列危害中华人民共和国国家安全的行为:(一)阴谋颠覆政府,分裂国家,推翻社会主义制度的;(二)参加间谍组织或者接受间谍组织及其代理人的任务的;(三)窃取、刺探、收买、非法提供国家秘密的;(四)策动、勾引、收买国家工作人员叛变的;(五)进行危害国家安全的其他破坏活动的。

对于危害国家安全行为的处罚虽然在我国《国家安全法》中没有明确规定,但是根据刑法法则的规定,对于构成危害国家安全罪的罪犯应当从重处罚。危害国家安全罪侵犯的客体是国家的安全。危害国家安全犯罪的主体是自然人。客观方面表现为实施危害国家安全的行为。主观方面的表现为故意。在新闻报道过程中,主要有两种行为会引起危害国家安全的后果,即煽动和泄密。

第二节 煽动

一、煽动的内涵

煽动是指以口述、文字、影像、书画等方式,通过讲演或者借助书报刊、广播电视、电影和网络等媒体,对他人进行宣传、鼓动,意图使他人去实施某些破坏性活动。煽动是一种反常的、病态的、邪恶的表达思想的方式,同新闻的真实性和客观性是相违背的。

二、煽动的法律规定

煽动诽谤政府罪是最严重的诽谤行为,这种犯罪被认为破坏了国家的安宁和政府的自信。我国法律有关煽动的罪名主要有五种:一、煽动分裂国家罪;二、煽动颠覆国家政权罪;三、煽动民族仇恨、民族歧视罪;四、煽动暴力抗拒法律实施罪;五、煽动军人叛离部队罪。除此之外,新闻传播领域的行政法规《出版管理条例》第二十五条、《广播电视管理条例》第三十二条、《电信条例》第五十七条等也对禁止新闻媒体利用出版物或者其他新闻媒介传播危害国家安全的

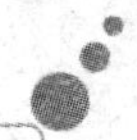

行为进行了规定。

三、新闻报道中的批评与煽动不同

新闻媒体以新闻报道为载体进行舆论监督，其中包含批评性报道。批评性报道的内容需与煽动区别开来。对公共权力实施批评性报道是宪法赋予新闻媒体的基本权利，其目的是维护国家相关方面的良性发展，与煽动具有本质的不同。区别煽动罪与非罪需结合目的来看：

其一，是否具有把群众煽动起来分裂国家、颠覆国家政权、进行民族仇恨歧视、抗拒法律实施的目的；

其二，是否具有煽动的行为；

其三，在判定煽动民族仇恨、民族歧视罪、煽动军人叛离部队罪时，需要注意的是“在情节严重的情况下，构成此罪”。

第三节　泄密

一、国家秘密

国家秘密是关系国家的安全和利益，依照法定程序确定，在一定时间内只限一定范围的人员知悉的事项。

《保密法》列举的国家秘密包括：国家事务重大决策、国防建设和武装力量活动、外交和外事活动以及对外承担保密义务、国民经济和社会发展、科学技术、维护国家安全活动和追查刑事犯罪诸方面的秘密事项，以及经国家保密行政管理部门确定的其他秘密事项。

泄露国家秘密，是指由于违反了《保密法》的规定而造成的两种情况：一是使国家秘密被不应知悉者知悉。其方式既可以是口头、通信等人际传播的方式，也可以是通过大众传播媒介将国家秘密公开向社会传播。二是使国家秘密超出了限定的接触范围，而不能证明未被不应知悉者知悉。泄露国家秘密有可能是过失，也有可能是故意。凡违反保密法律、法规的规定，泄露国家秘密的，不论是故意还是过失，都应承担法律责任。

二、与泄密相关的法律规定

1.《保密法》是我国保密制度的核心法律

我国保密法具有鲜明的中国特色。其突出特点为：(1)全民保密义务。《宪法》《保密法》《国家安全法》等法律中都将公民和组织保守国家秘密作为基本义务列入其中。新闻传播活动恪守保密制度有宪法和法律依据。(2)“党管保密”。《国家安全法》规定“坚持中国共产党对国家安全工作的领导”，保密工作必须置于党的领导之下。(3)保密行政管理部门对国家秘密全权负责。

2.《刑法》对侵犯国家秘密犯罪有多项规定

1979 年《刑法》规定了泄露国家重要机密罪。1997 年《刑法》将泄露国家重要机密罪改成了泄露国家秘密罪，增列了为境外窃取、刺探、收买、非法提供国家秘密、情报罪，还规定了非法获取国家秘密罪，非法持有国家绝密、机密文件、资料、物品罪，以及非法获取军事秘密罪，为境外窃取、刺探、收买、非法提供和泄露国家军事秘密罪。

3. 其他法律

《国家安全法》(2015)、《反间谍法》(2014)、《国家情报法》(2017)、《军事设施保护法》(2014)、《公务员法》(2018)、《法官法》(2017)、《审计法》(2006)等 20 多部法律。

三、新闻保密制度

保守国家秘密为新闻报道的公开性和透明度设置了一条边界，这是出于维护国家安全和利益的需要而对公民知情权作出的必要限制。《保密法》第二十七条对新闻媒介和其他传播媒介的保密责任有专门规定：“报刊、图书、音像制品、电子出版物的编辑、出版、印刷、发行，广播节目、电视节目、电影的制作和播放，互联网、移动通信等公共信息网络及其他传媒的信息编辑、发布，应当遵守有关保密制度。”

《新闻出版保密规定》对新闻单位的保密制度作了具体规定。

1. 新闻出版保密审查制度

该规定第六条规定：新闻出版保密审查实行自审与送审相结合的制度。

自审，就是新闻出版单位和提供信息的单位，对拟公开出版、报道的信息，

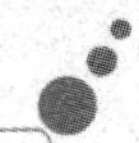

根据有关保密规定自己进行审查。送审，就是对是否涉及国家秘密界限不清的信息，送交有关主管部门或其上级机关、单位审定。有关机关、单位应当规定有权代表本机关、单位的审稿机构和审稿人，负责对送审稿是否涉及国家秘密进行审定。涉及其他单位国家秘密的，应当征求有关单位的意见。

2. 通过内部途径反映涉及国家秘密的信息的制度

第八条规定：新闻出版单位及其采编人员需向有关部门反映或通报的涉及国家秘密的信息，应当通过内部途径进行，并对反映或通报的信息按照有关规定作出国家秘密的标志。

这就是新闻单位编印“内部参考”的制度。

3. 采访涉及国家秘密的事项的批准制度

第九条、第十条规定：被采访单位、被采访人向新闻出版单位的采编人员提供有关信息时，对其中确因工作需要而又涉及国家秘密的事项，应当事先按照有关规定的程序批准，并向采编人员申明；新闻出版单位及其采编人员对被采访单位、被采访人申明属于国家秘密的事项，不得公开报道、出版。对涉及国家秘密但确需公开报道、出版的信息，新闻出版单位应当向有关主管部门建议解密或者采取删节、改编、隐去等保密措施，并经有关主管部门审定。新闻出版单位采访涉及国家秘密的会议或其他活动，应当经主办单位批准。主办单位应当验明采访人员的工作身份，指明哪些内容不得公开报道、出版，并对拟公开报道、出版的内容进行审定。

4. 新闻发布制度

第十一条规定：为了防止泄露国家秘密又利于新闻出版工作的正常进行，中央国家机关各部门和其他有关单位，应当根据各自业务工作的性质，加强与新闻出版单位的联系，建立提供信息的正常渠道，健全新闻发布制度，适时通报宣传口径。

新闻报道违反新闻保密制度的具体表现：一是把不是国家秘密的事项说成国家秘密，把应该公开的事情封闭起来。这种行为本身是与公民知情权相违背的，其本质上是愚民政策。二是泄露法定的国家秘密损害国家利益。通过大众媒介公开传播比起人际传播，速度更快、范围更广，造成的影响也更大。

【案例与评析】

案例 6-1　第五空间

2017 年，上海广播电视台融媒体中心制作了大型新闻专题片《第五空间》。专题片分为三集，分别是《透明的时代》《隐秘的威胁》和《真实的较量》。这是国内第一部聚焦网络安全的电视新闻专题片。专题片将 2017 年 5 月 12 日震惊世界的勒索病毒 wannacry（“想哭”病毒）爆发，2017 年 6 月 1 日《中华人民共和国网络安全法》正式实施等作为主要内容。在拍摄中，摄制组深入阿里巴巴、腾讯、百度、360 等公司的网络安全部门，揭秘支付宝、QQ 背后的安全保障团队如何运作，数据如何勾勒个人画像和社会图景，深度前所未有。在制作思路上将我国的网络安全置于全球视野下，摄制组前往俄罗斯、美国、英国、比利时等国家，走访全球网络安全巨头卡巴斯基实验室，全程直击全球顶级网络安全盛会“黑帽大会”，独家对话“棱镜”事件报道者——英国《卫报》记者尤恩·麦肯斯基，独家披露我国遭遇“海莲花”境外黑客组织攻击并与之对抗的过程，这些内容让人震撼。

评析：

这是国内第一部聚焦网络安全的电视新闻专题片。全片大气恢宏，视野开阔，逻辑严密，从个人、社会、国家三个层面揭露了当下国家安全的重要性及时代特点。网络安全是当前国家安全的重要内容，没有网络安全就没有国家安全。

案例 6-2　刘某某煽动分裂国家安全罪

刘某某，男，1961 年 2 月 22 日出生，个体经营户。刘某某 1998 年初购买了一部电脑，于 1999 年在某县电信局注册登记上网。自 1999 年 6 月至 2000 年 8 月间，刘某某署名“Lgwf”，通过电子信箱在江苏省南京市民富网络服务有限公司网站、贵州省铜仁信息港“焚净茶庄”BBS、宁夏公众网 BBS 公告栏、江西“九江信息港”BBS 论坛、厦门“商务中国”网站、深圳市“深圳之窗”网站、新疆“塔城信息港”BBS 论坛上，发表文章 11 篇，煽动颠覆国家政权，推翻社会主义制度。

刘某某因涉嫌犯煽动颠覆国家政权罪，于2000年12月25日被逮捕。某市人民检察院以被告人刘某某犯煽动颠覆国家政权罪，向某市中级人民法院提起公诉。

被告人刘某某辩称：在互联网上发表的文章只是针对社会腐败现象，其行为不构成犯罪。其辩护人提出，刘某某在互联网上发表了一些偏激的看法与错误的口号，但不具有颠覆国家政权的目的，其主观恶意不会危害国家安全，其行为纯属过失，请求法院给予从轻处罚。

某市中级人民法院经公开审理查明：被告人发表文章11篇，煽动颠覆国家政权，推翻社会主义制度。

最后某市中级人民法院认为：被告人刘某某因对社会主义制度及国家领导人不满，在互联网上多次发表推翻国家政权、诋毁社会主义制度的文章，其主观上具有煽动颠覆国家政权的犯罪故意，客观上实施了煽动颠覆国家政权的行为，其行为已构成煽动颠覆国家政权罪。公诉机关指控罪名成立。关于被告人刘某某提出的其行为不构成犯罪的辩解，经查，被告人刘某某发表的11篇具有推翻社会主义制度内容的文章均通过互联网发布到各地网站，由于网站用户的不特定性，社会危害性极大。因此，刘某某提出的辩解理由不能成立。关于刘某某的辩护人提出的刘某某主观上不具有推翻社会主义制度、颠覆国家政权的目的，其行为纯属过失，不会危害国家安全，请求给予从轻处罚的辩护意见，经查，刘某某具有完全刑事责任能力，其发表的攻击社会主义制度的言论，表明其有明显的犯罪动机，客观上又实施了危害国家安全的犯罪行为，其行为不属过失。鉴于被告人刘某某在侦查及法庭审判过程中，能如实供述自己的犯罪事实，认罪态度较好，可予从轻处罚。依照《中华人民共和国刑法》第一百零五条第二款、第六十四条和全国人大常委会《关于维护互联网安全的决定》第二条第(一)项的规定，于2001年5月23日判决如下：1. 被告人刘某某犯煽动颠覆国家政权罪，判处有期徒刑三年；2. 被告人刘某某用于犯罪的工具电脑一台予以没收。一审宣判后，在法定期限内，被告人刘某某未提出上诉，人民检察院亦未抗诉，判决发生法律效力。

(来源：找法网 2020-01-11 http://china.findlaw.cn/case/21073.html)

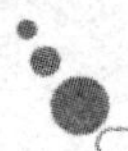

评析：

本案双方辩护的焦点有两个：一是发布的内容是否是舆论监督，二是被告的行为是否主观故意。

本案被告在辩护理由中提出自己所发文章只是针对反腐。不论是普通公民还是新闻媒体传播的信息是否属于舆论监督，得看具体内容和形式是否具有煽动的特点。煽动在《现代汉语词典》中的解释为：怂恿、鼓动，有劝说、鼓励他人去做某事之意。煽动与其他言论表达行为相比，通常有如下几个特点：一是表述方式的非理性，就是使用情绪化的、蛊惑性的语言；二是内容的非事实性，如虚张声势，夸大其词，攻其一点，不及其余，以及造谣诽谤；三是直接面向公众，即公然散布；四是具有导致破坏性行动的目的，就是希望激起他人反常狂热，采取某种损害社会和他人的行动。因此是否属于舆论监督要结合所发文章的具体内容来分析。辩护的另一个焦点是刘某某的行为是否具有主观故意，这是本案进行定罪和量刑的一个重要因素。从刘某某通过多种途径、多次发表相关内容看，可以认定其有明显的主观故意。本案刘某某提出的辩解理由不成立。

自新中国成立以来，我国很少出现新闻从业者利用传统媒体进行煽动而犯罪的现象，这主要是由于我国的新闻媒体实行了比较严格的审查制，从而保证了传播内容符合党和政府的法律、政策。新闻从业者进行舆论监督时，会进行批评性报道。我们需将批评性报道与煽动区分开来。批评性报道是新闻事业进行舆论监督的必要手段，符合我国《宪法》中规定的媒体对公共权力的批评建议权，是新闻从业者的一种法定权利。

案例6-3 “五角大楼文件”案

1971年6月12日，美国《纽约时报》刊登了文章《越南档案：五角大楼研究报告追溯30年来美国在越南不断升级的卷入》。这份材料来源于美国前国防部官员丹尼尔·埃尔斯伯格，是埃尔斯伯格未经准许私自复制的，来自题为“美国越南政策决策过程的历史”“京湾事件的指挥与控制研究”等政府秘密研究的“绝密”材料，又被称为“五角大楼文件”。

报道刊登的当天，司法部长约翰·米切尔即要求《纽约时报》停止刊登这些材料，遭到《纽约时报》发行人拒绝，后美国司法部向美国地区法院请求并获得临时禁止令，阻止《纽约时报》继续发表保密材料。直至最高法院审理该案，禁止令都有效。大约在相同的时间，《华盛顿邮报》也开始刊登该文件的节选，政府同样请求禁止。《纽约时报》与《华盛顿邮报》一致做出答辩，他们指出，首先，秘密分级系统是虚伪的，当政府人士想左右公众舆论或是影响记者的报道时，可以随心所欲地解密文件；其次，禁止继续出版这份材料的命令违反了《第一修正案》。6月30日，最高法院以6比3的表决结果判决《纽约时报》与《华盛顿邮报》胜诉，拒绝禁止"五角大楼文件"的出版，新闻界获得了胜利。

评析：

"五角大楼文件"案是探讨新闻出版界保守国家秘密相关内容的一个重要案例。它是美国新闻出版自由与国家安全的第一个案件，也是美国历史上最为著名的有关言论自由、公众知情权的答案。该案件争议的焦点是新闻出版界是否有权发表通过非法途径获得政府保密的信息。冲突的双方分别是新闻出版自由所代表的公民知情权和国家秘密所保障的国家安全。虽然在不同国家因为体制和国情的差异判决所依据的法律和判例不同，但各国普遍将保守国家秘密视为维护国家安全的重要方面，都严格禁止泄露国家秘密的行为。

泄露国家秘密新闻有的是过失，有的是故意，但不论过失还是故意都构成泄露国家秘密罪，需承担法律责任。如《保密工作》2018年5月刊登了一起新闻媒体公众号泄密案：某媒体记者黄某在一微信群中，发现网民傅某发布了一张标密文件的照片。黄某未依法向有关部门报告，反而觉得是一条很好的新闻线索，遂将该照片中的内容整理成一篇新闻报道，并附上该照片，未经审查即发送到该媒体的微信公众号中。另一媒体看到此文后，经该媒体微信公众号副主任李某、主任王某审核后，全文转发，致使泄密范围不断扩大。事件发生后，有关部门对黄某、李某、王某作出降级降职处理，并处以经济处罚，对黄某所在的新闻媒体副总裁张某作出经济处罚。

除了故意，有时也因为过失导致泄密，尤其是在网络上有时甚至会误点误传致泄密。如：2015年3月，某广播电视台所属报社总编办工作人员陈某在接

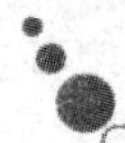

到台总编室的一份涉密文件后，为迅速将文件内容告知正在北京指挥两会报道的报社副总编牛某，用手机将通知拍成图片后准备通过微信发给牛某。陈某使用计算机登录微信发送图片，在操作时突然弹出一个微信群窗口，导致误将图片发到该微信群，并通过该群外泄。案件发生后，直接责任人员陈某受到辞退处理，报社总编办主任张某受到停职检查处理，总编室主任陈某受到停职反省处理，报社总编辑秦某受到通报批评、扣除绩效处理。[①]

案例 6-4　新闻采访泄密

2014 年 12 月 5 日，某省召开一场大型高新技术展览会，国内多家重量级研究机构参展。A 报社派出 5 名记者到现场采访，其中，编辑记者周某被分派到展览会甲场馆。周某个性开朗，擅长交往，顺利完成了对几家参展单位的采访。上午 10 时左右，周某来到 B 研究所展台附近，他知道该所近期在某重要技术方面取得了突破，便主动向工作人员出示记者证和名片，赠送 A 报样刊，并提出采访需求。B 研究所相关人员商量后决定，由高级工程师曹某接受采访。周某拿出录音笔，以问答方式进行采访。曹某侃侃而谈，从本次展品介绍谈到 B 研究所有关工作开展情况。其间，他不经意间将某机密级国家秘密信息一并说出，被录音笔记录下来。采访结束后，周某还拍摄了曹某站在展台前的照片，拟用于专访稿配图。

第二天，周某开始撰写访谈稿。他先是根据录音整理出一篇原始稿，然后在此基础上进行加工。周某根据职业习惯，尽量保留采访原样，删除了部分自认为敏感的内容，形成了访谈稿，但保留了曹某透露的机密级信息。当时，负责二审的副总编于某出差，周某便直接将稿件交给负责三审的总编马某审核。马某审核不严，未发现其中有国家秘密信息，仅作了文字修改。3 天后，于某回到报社，考虑到报纸马上要付印，时间太紧张，就没有对周某的稿件进行审核，直接补签了二审签名。12 月上旬，这篇访谈稿正式见报，后被另一家报社转载并发布至门户网站，又被有关网站及微信公众号转载，造成泄密。

案件发生后，有关部门给予曹某行政记过处分，对周某作出辞退处理，对马

---

① 吴瑞：《切莫将微信用于涉密办公》，《保密工作》，2018 年第 5 期，第 19 页。

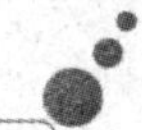

某、于某通报批评，对负有领导责任的A报社副社长陈某进行诫勉谈话并予以经济处罚，对负有领导责任的B研究所所长方某、副所长齐某、办公室主任沈某、唐某通报批评并予以经济处罚。①

评析：

有统计显示：目前各国90%以上的情报都来自公开信息的搜集和分析，而公开信息最大的来源就是新闻媒体。《国家安全法》对新闻保密制度也进行了相关方面的规定，为何泄密还屡屡发生？除了新媒体环境下把关的复杂性和把关范式的不明确性，还有相关人员的主观意识不强的因素。从本案例的发生情况看，产生原因主要有这样几个方面：一是记者保密意识差，对国家机密的识别不清；二是涉密人员的保密意识弱，未能对国家秘密从源头上实现保密；三是把关人员"名存实虚"，未按规定进行保密把关。由此看来，遵守新闻保密制度，提高保密意识，提高把关能力是当下新闻报道的重要方面。

【思考】

1．什么是国家安全？新闻报道危害国家安全的表现主要有哪些方面？

2．谈谈新闻传播中如何把好我国网络安全屏障。

3．新闻保密制度有哪些？

4．结合案例分析煽动危害国家安全罪的构成要件。

① 姚斌：《谨防新闻采访中的泄密"雷区"》，《保密工作》，2015年第7期，第10页。

专题七　新闻影像伦理

【理论概述】

新闻摄影按照字面理解意为“用光线写作”，摄影离开摄影棚，进入战场，最早出现在美国内战之前。随着媒介环境的发展，移动媒体成为当下接受新闻信息的主要渠道，由此引发阅读方式的变化，受众阅读呈现出碎片化、读图化的趋势。图片和动态影像在新闻报道中的地位越来越重要，“有图有真相”成为新闻报道中图像作用的真实反映。但随着新闻媒介环境的变化和技术的发展，影像在真实性方面逐渐被质疑。新闻摄影工作者的行为和影像本身引发的伦理和法律问题也伴随而生，并且随着媒介环境的变化越来越凸显。

第一节　新闻影像

一、影像的作用

影像在新闻中的呈现不外乎静态的图片影像和动态的视频影像。影像成为新闻的重要组成部分后，承担着重要的表述功能——影像语言。作为新闻语言的一种具体形态，真实性是影像语言的根本。

新闻摄影因其新闻性、真实性和瞬间形象性等特性，在新闻传播中具备了强有力的优势。新闻摄影主要作用于人的视觉，传递新闻信息量的多少及传播效果的好坏是评价其优劣的关键所在。好的新闻摄影图片在完美、准确地传递新闻信息的同时，还给予受众美的享受。新闻摄影因其独特优势，在新闻报道中具有了难以替代的重要作用。

二、当下的媒介环境和公民记者的出现

开放来源新闻业造就了公民记者。公民记者是指参与到新闻报道的制作领域的普通公民。这些公民以不领酬的业余新闻工作者的身份行动，给各种网

站提供文字和图片。公民的这种参与积极性改写了历史，他们分布在任何突发事件的现场，不顾个人危险进行拍摄，极大地弥补了专业媒体在这方面的短板。在互联网上，成千上万的博主和摄影师在为新闻媒体提供自己用手机拍摄的照片。这些照片被新闻媒体甚至政府采用。

公民记者的出现得益于技术的发展，随着媒体和政府态度的转变，开放来源新闻业的伦理问题日益凸显，这些公民记者面临与传统新闻摄影业同样的伦理考验。准确、公正和原创成为主要的伦理标准。如上传的视频不能是导演或者情景再现之后作为新闻提交的。而使用公民记者提供的图片和视频的主编必须能够核实公民提供的视频的准确性，有时甚至是语境。

第二节　拍摄伦理

就新闻影像产生的伦理问题而言，主要围绕这样几个问题展开："拍还是不拍""怎么拍""张贴还是不张贴""直播还是不直播""我们要不要这个业余视频"。归纳起来，也就是拍摄动机、拍摄手段和获取渠道、是否刊发的问题。

一、是否拍摄的标准

拍与不拍是每个摄影记者面对新闻事件必然要作出的选择，当新闻传播与社会伦理、同情心等人文关怀产生冲突时，摄影者应该考虑哪些方面作出选择呢？拍摄的过程，也是人的主观性起作用的过程，新闻摄影工作者是否拍摄应该以该照片是否有助于新闻事件的表达，是否能引起读者对新闻事件的关注和反思，是否会产生正能量，传播出去是否会产生负面影响为标准。

因此，作为新闻摄影工作者在新闻现场要做到：第一，尊重生命。当摄影者面对如车祸、自然灾害、恶性事件，新闻当事人面临死亡或受伤的危险时，应该寻找正确的角度拍摄，甚至权衡施救与拍摄的关系，把更重要的放在拍摄之前。第二，保护隐私。相较于公众知情权，新闻当事人的尊严和隐私也很重要，当拍摄对象面对镜头想说"不"却无力抗拒时，摄影者应该考虑到对方的情绪不受打扰。

美国《德瑟雷特新闻报》的摄影记者加里·布莱恩特提出了一份在悲剧现场进行自我拷问的清单：

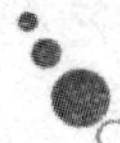

（1）这一时刻应当被公之于众吗？

（2）拍摄是否会将被拍人置于更大的创伤中？

（3）我所处的距离造成的侵犯是否最小？

（4）我的行为是否具有同情心和敏感度？

对于这样一份清单，布莱恩特又补充了一些不承担责任的声明：

社会需要理解，摄影记者的行为和拍摄是出于本能。我们不是收集事实的新闻工作者，我们只是拍摄照片的摄影记者。对于大部分摄影记者来说，“拍，你总是可以事后再编辑的”是一条普遍的规则。

新闻价值和侵犯性、优秀照片和低级品位之间的界限往往是模糊不清的。对于该问题，本专题只是从伦理问题凸显的几个维度进行探讨。

1. 从题材讲

突发和灾难事故现场是影像伦理争议产生的高发区。新闻摄影在灾难报道中可能遇到的伦理问题是源于此类题材天然的新闻性、真实性和瞬间形象性等特性。新闻摄影主要作用于人的视觉，传递新闻信息量的多少及传播效果的好坏是如何评价它的关键所在。好的新闻摄影图片应该在完美、准确地传递新闻信息的同时，给予受众美的享受。

英国传媒研究者卡尔通（B. Galatong）和罗杰（L. Ruge）在论述新闻价值的原则时说：“一个事件负面因素越多，它构成新闻的可能性就越大。”灾难新闻的悲剧性就是一个强有力的卖点，能轻而易举地吸引受众的眼球，灾难新闻因此成为新闻题材中的“富矿”。在进行灾难新闻报道的时候，新闻从业人员很容易陷入新闻价值与新闻伦理相冲突的境地，美国新闻学家赫尔顿说：“在新闻领域里，没有哪个问题比新闻伦理问题更重要，更难以捉摸，更带有普遍性了。”人们对于暴露性的灾难新闻图片会产生抵制情绪，一部分原因是社会心理学上同情的因素。如果人们处于这种境况中，显然不愿意别人记录、传播、放大自己的悲伤情绪。这是一种侵犯隐私的做法，而个人权利是没有理由被他人侵犯的，所以他们对记录者、传播者、放大者没有好感，认为他是不道德的。

（1）救人期待和职业期待

在突发事件发生后，摄影师经常会被公众赋予救人期待。而且救人期待有

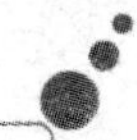

时是跟职业期待相冲突的。这是此类新闻事件中新闻伦理问题的主要表现。

2012 年 12 月 3 日,美国纽约市一名韩裔男子被一名流浪黑人推下地铁站台,没能及时逃脱,被列车撞死。为《纽约邮报》工作的摄影师阿巴西正好目睹了这一幕,迅速在现场拍下照片,却没有及时施以援手。第二天《纽约邮报》在头版用了几乎整版的篇幅刊登列车驶近被撞男子的惊悚照片,同时配有文字说明:这个人被推下站台,快要死了。图片下方一条醒目的大标题《在劫难逃》。照片刊发后,随即引来美国民众以及媒体人的责问和愤怒,越来越多的人开始质问:“为什么摄影师的第一反应不是救人,而是拍照?”

针对此事件,新闻和摄影相关行业从业者大多认为应该将救人放在首位。

美国著名电视主持人拉里·金说:“《纽约邮报》太过分了,人们评价这个新闻没什么价值,不是新闻,而是令人厌恶的冷漠围观。”

美国非营利新闻学校波因特研究所视觉新闻道德问题专家肯尼·厄比和全国摄影记者协会道德委员会主席约翰·朗认为:不应该简单地对摄影师的道德品质下定论。“我无法评判阿巴西,”约翰·朗说,“我不知道他当时离被撞者多远,不知道他是否能做些什么。”不过两人认同作为摄影师,从道义层面而言,如果可能,有义务施救而不是拍照,“我认为,首先是人,其次才是记者。”

就拍照与救人的关系而言,在突发事件或灾难现场面对一个需要救助的被摄对象,是去救人还是只顾拍照,这是新闻摄影界一个持久的热门话题,实际上对这个问题的探讨反映出的是人们对新闻职业伦理和社会道德伦理的思考。

西方新闻界有观点认为:记者应该是所报道事件的中立的旁观者,而不应该卷入他们所报道的新闻事件中去,他应遵循新闻职业伦理中的客观报道原则,中立地履行自己向公众传播新闻的职责,而不是轻易地制止或改变某个新闻事实。在新闻发生现场捕捉第一手的图像,对摄影记者来说机不可失。摄影记者的拍摄行为更多出于一种直觉和职业本能,再加上记者在编辑图片时仍有机会来决定是否发表和以什么样的形式发表,许多工作在第一线的新闻摄影从业人员都认为:新闻现场应先按自己的直觉拍下任何有价值的影像,在发表时再去考虑伦理道德的问题。前美国《国家地理杂志》摄影部主任、著名新闻摄影教育家罗伯特·基尔卡在纽约希拉丘斯大学讲授图片编辑课时,也指导学生:

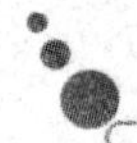

“先拍下，再考虑；没拍下，也无从考虑。”

然而公众对此难以接受，有时甚至义愤填膺，因为公众认为记者应先帮助处于困境中的人，而不是仅用冷冰冰的镜头对着他们，否则岂不成为一部泯灭人性的摄影机器，哪里还有做人的起码道德？

（2）对当事人和亲属隐私的保护

戈夫曼（Goffman）称，人们在几个“领土”中拥有控制权。戈夫曼的名单包括个人空间免受侵犯的权利（例如照相机镜头）和保护个人“信息”免受公众关注的权利（比如欢乐和悲伤的状态）。

在我国法律中，涉及隐私权和肖像权以及个人财产权的相关规定对于其中情节较为严重的表现做了具体规定。但从新闻伦理的角度看，许多符合法律的行为也有可能因违背伦理而得不到公众的理解。因此，摄影记者的困境更多时候属于伦理问题。

（3）避免二次伤害

二次伤害具体表现为人文关怀精神的缺失，新闻工作者采集资料以及对新闻素材取舍编辑时，不恰当的做法会造成对受访者的二次伤害。

采访时，并非离现场越近，拍摄的图片越震撼越好。将新闻价值凌驾于生命之上是缺乏人文关怀精神的做法，是不被大众所认可的。在歌手姚贝娜因患乳腺癌病逝后，备受瞩目的不仅有当事人姚贝娜及其家属，还有一家媒体——《深圳晚报》。《深圳晚报》在报道该事件的过程中可谓大出风头，但也因此引发了热议。在舆论压力下，《深圳晚报》不得不对此事进行回应以及致歉。灾难性新闻和悲剧新闻摄影不同于其他摄影，受访者本身就是被害者，如果记者不尊重他们，就会对受访者造成二次伤害。如果说新闻采集时造成的是直接的二次伤害，那么编辑出版是导致二次伤害的决定性因素。美国新闻评论家沃尔特·李普曼认为，每一份报纸都是一系列把关决定的结果。当灾难发生后，应该怎么去取舍图片以及怎么策划采访都是十分重要的。“一个人对于并未亲身经历的事件产生的唯一情感，就是被他内心对那个事件的想象所激发起来的情感。”制作煽动性标题、使用刺激感官的照片，会在无意之间伤害遇难者及其家属。突发状况下，如果被拍摄者处于危险状态，而没有其他人在场，那么新闻记者进

行救援就是责无旁贷的。

采用合适的拍摄方法是其中最重要的一环。首先，要重视真实性。真实并不一定代表着露骨，换个角度进行拍摄，也可以达到同样的效果。汶川大地震发生后，国外一些媒体用废墟里的课本、停摆的时钟来委婉地表达生与死，对被拍摄者最大限度地保持了尊敬之意。地震现场有大量的尸体、扭曲的残骸，这些现场拍摄出来，不仅不尊重被拍者，也会给生者带来二次伤害。灾难事件中，摄影记者如何取舍，巧妙地避免对受访者的二次伤害逐渐成为一种职业素养。

（4）“宝氏烤吐司测试”

该测试得名于一种流行的早餐麦片，其目的是测试新闻内容是否适合一家人吃早餐时看。其本质是对新闻图片的敏感度进行测试。该测试提出了新闻图片和影像的伦理问题的几个重要方面。如：“这需要在早餐时展示吗？”“儿童应当在他们吃早餐时看到这个吗？”

这种测试在西方的许多报纸和早间新闻节目中广泛使用。得出的普遍结论是：“人们不想在早餐桌旁看到血腥的照片”。视觉新闻因其信息的直观性和冲击力，在传播中对受众心理承受力的关照应成为其伦理思考的重要内容。尤其是在当下，融合媒体生态环境下，受众成为传播的中心，对受众心理的关注程度与传播效果的正相关越来越明显。在新闻影像的拍摄和使用中应借鉴“宝氏烤吐司测试”的思路，加强对受众心理关注的意识。

另外，在这个看似伦理学的问题背后，其实还隐藏着美学上的不同观点。例如，原子弹产生的蘑菇云是否是美的？如果它的出现带来道德愉悦——战争就要结束了，那体现的就是美。相反，蘑菇云可能是人类的邪恶、权力和非人道的象征。此时，蘑菇云的影像已经不单单是伦理学上关于“善”的探讨，而是美学上关于美的标准的探讨。

2. 从获取方式和途径

（1）偷拍

所谓偷拍，意指在未获得当事人或监护人的授权与允许，使用被拍摄人本人或监护人、被拍摄物的所有权人不知情的手段与方法，对人的行为、人的肖像、人的身体诸部位以及人的所有物等进行拍摄的行为。偷拍行为影响到了被

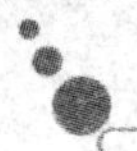

拍摄人本人或监护人、被拍摄物的所有权人的私密空间、隐私权、肖像权以及个人意志的自由表达等权利，是一种存在侵权风险的行为。

在严格意义上说，这种“偷拍”行为应该细分为“抢拍”或“抓拍”行为。摄影记者以在新闻媒体刊发为目的或其他途径予以公开，在条件允许的情况下，应当获得被拍摄者或被拍摄者的监护人、被拍摄物的所有权人的同意。这既是对被拍摄人或被拍摄人的监护人、被拍摄物的所有权人的意志自由的维护和尊重，也是基于新闻伦理的考量。对于此类“偷拍”取得的照片，被拍摄人或被拍摄人的监护人、被拍摄物的所有权人如以隐私权为由拒绝公开的，摄影记者应当尊重。在公开发表时，摄影记者应当尊重照片表达事物和事件的完整性，尽可能地全面表达照片所含内容，不得丑化照片当事人、被拍物的形象，并遵守法律关于人格权的一般规定。

（2）摆拍

新闻摄影要求在新闻事件发生现场拍摄，摄影图片应为新闻事件发生一瞬间的形象记录。新闻摄影中的摆拍行为由来已久，一直是新闻界争论不休的话题，摆拍行为是新闻摄影有违伦理道德的重要表现之一。从理论上来说，新闻讲究的是真实，新闻摄影必须达到事实真实与形象真实的统一。虽然根据摄影的环境、情节摆拍能拍出更具感染力的图片，但是这种行为有违新闻真实性的原则。网友“黄藤酒”拍摄的四川省凉山州一位乡村老师以身体当桥，送学生通过洪水冲垮的小桥的照片因画面完美无缺，发布后遭到质疑，后来证实为摄影者摆拍。据人民网报道，2012 年 11 月 17 日，浙江日报报业集团所属的《今日早报》在头版刊登 7 位哨所女兵看报学习十八大精神的图片，而实际上图片中手持《人民日报》的女兵并非阅读相关内容。这种摆拍造假手段违背新闻真实性的原则，有悖社会伦理道德。

（3）剪辑

在新闻图片使用中对图片进行裁剪在新闻报道中并不鲜见。有时候同一张照片会在不同媒体的新闻报道中出现，而经过裁剪的图片却不完全相同。

操纵照片的历史很长，它始于粗糙的剪刀加糨糊。如今技术允许对于拍好的照片进行复杂的修改，就连动态影像也可以修改。对于影像的剪辑已从手工

转变为电子操控。电子操控带来便捷的同时也使照片的权威性丧失。许多媒体从业者和摄影记者认为，修改或者导演新闻照片比修改或导演特写照片更应当受到谴责。2003 年伊拉克战争中，《洛杉矶时报》的一名摄影记者被开除，因为他将两张类似的照片合成一张在美学上更令人满意的照片。虽然最终的照片与"真正"的照片很相似，以至于其中的差别逃过了图片主编的眼睛，但是该摄影记者逾越了边界，因而遭到解聘。

另外一个伦理问题是视频的剪辑。对于视频新闻而言剪辑是其必要的一环，剪辑本身是否会令一则报道变得不真实或不公正，在新闻报道追求客观的标准面前是必须要讨论的。事实上，剪辑本身一定是具有选择性的，所有的剪辑者都是，无一例外。

在新闻报道中文字和影像是否应该进行剪辑，文字和图像出现了双重标准。文字记者和编辑获准重新按照重要性对事实进行排序，形成倒金字塔结构，以便于进行更加有效的阅读。这种方法得到业界的普遍认可，并被推广。但对于新闻图片而言，如果进行这样的安排，则会被认为是"导演"，有可能歪曲事实，与真相背离。

3. 影像拍摄的技术伦理

影像拍摄的角度直接影响新闻的客观性。对于灾难事件而言，还有可能对当事人的心理造成侵害。因此，在拍摄现场，角度的选择不仅体现摄影记者的专业能力，也体现了职业道德和伦理关怀。2000 年，悍匪张君在重庆抢劫银行并枪杀出租车司机。某记者赶到现场看到血泊中的出租车司机并没有单纯地拍一张现场照片，而是爬上旁边的高楼从高处拍，避免突出血腥的现场。这种做法既是对当事人隐私的保护，也是对受众心理承受力的关照。一张好的照片并不是仅靠画面吸引人，选择怎样的角度来表达作者想要表达的思想并给人留下深刻印象，让人关注画面背后的新闻才是报道真正的目的。

在新闻图片的拍摄中，为最大限度呈现新闻的真实性，一般要求在拍摄中使用自然光效。随着摄影器材的不断发展，图片已由过去的黑白图片发展成彩色图片，但由于黑白图片和彩色图片在表意方面的差异，有些摄影记者在一些场合仍然会使用黑白图片为表意服务。因此，在新闻影像的拍摄中，在光效的

处理方面摄影记者和图片编辑应将新闻影像的真实性、客观性放在首位，严格与艺术影像相区分，防止主观渲染造成的新闻失真。

二、是否直播

在动态新闻摄影中，“手机＋自拍杆”近几年在新闻直播中大显身手。国内外主流电视台均有使用“手机＋自拍杆”对重大灾难新闻报道进行现场连线直播的做法。拍素材、剪片子、做后期，这些以往让电视人“头大”的事儿，在手机上动动手指即可轻松完成。以前可能需要一个团队在机房工作站通力合作几个小时才能完成的后期制作，在手机上十几分钟就可完成，而且质量完全可以达到“播放级”标准。手机在动态新闻摄影拍摄与传播上的强大功能和优势，远远超出了非专业人士的想象。现如今，一个手机一根杆，戴副耳机比比画画“自言自语”就可以轻装上阵完成直播。

技术发展带来的便利性把直播选择权由专业新闻媒体扩展到了普通公民，在这个过程中，直播内容和影响的把关被削弱，也因此引发了相关的伦理和侵权问题。因直播主体范围的广泛性，对直播行为的规制将会是一个复杂而庞大的问题，需从法律、伦理以及公民媒介素养等多方面进行引导。

第三节　刊发伦理

一、空头照片

空头照片是指在新闻报道中使用的照片与新闻事实之间无直接关系。读者在对照片进行解读的过程中必然会跟新闻报道的内容联系起来理解，天然地认为照片是新闻报道的佐证。因此，空头照片有可能会误导读者对于新闻事实的理解，同时，也有可能对照片内容形成错误理解，造成对照片中的人的误解和侵犯。

随着电视和网络的发展，视频制作工具和技术的普及，以及应用场景的扩展，在不同媒介上，空头照片的具体表现形态逐渐扩展到动态影像上，空头照片也可能是空头影像。

二、刊发位置和大小

在新闻影像的刊发过程中，不同处理方式也会带来不同的效果。就图片而

言，图片放置的位置、图片的色彩、图片的大小都会影响读者对新闻报道的理解。而对动态影像来说，景别的大小、画面的时长对观众心理感受的影响也是极为不同的。因此在此环节，编辑应将报道目的、公共利益、社会舆论作为衡量处理影像方式的依据，对于可能引发的伦理问题进行预防。

三、对公民肖像权的侵害

肖像权是指未经被拍摄人和被拍摄人的监护人许可和同意，不得将其照片用于商业用途，并应确保照片与文字所指代人的身份的一致性。法律规定肖像权是“自然人对自己的肖像在制作和使用上所享有的转述的和排他的权利。肖像权是一种标示性的人格权”。《民法总则》第一百条规定，公民享有肖像权，未经本人同意，不得以营利为目的使用公民的肖像。这也是《民法总则》对《民法通则》原文继承的法条。一般认为，肖像权可具体表现为肖像的制作权与使用权。除了规定未经他人允许不得制作他人的肖像，侵犯他人的肖像权外，根据最高人民法院《关于贯彻执行〈民法通则〉若干问题的意见（试行）》第一百五十九条规定：“以侮辱或恶意丑化的形式使用他人肖像的，可以认定为侵害名誉权的行为。”制作的肖像丑化、歪曲被拍摄人的外在形象的，在侵犯他人肖像权的同时，也侵害其人格权。

对于新闻记者而言，在肖像权的制作权利方面，征得被拍摄者允许有时较难。

至于以营利为目的，就新闻发布而言，法律把摄影记者或其他摄影人以新闻传播为目的的摄影行为界定为为公众提供信息服务的新闻传播行为，而不是以营利为目的的商业行为。所以，单纯的基于新闻传播目的的摄影行为，并没有侵犯基于商业目的的肖像权的禁止。但是，新闻记者在新闻摄影中同样应该恪守这一底线，不得将新闻摄影取得的新闻照片，用于以营利为目的的非新闻传播行为。这一点，最高人民法院《关于贯彻执行〈中华人民共和国民法通则〉若干问题的意见（试行）》第一百三十一条作了明确的规定：“以营利为目的，未经公民同意利用其肖像做广告、商标、装饰橱窗等，应当认定为侵犯公民肖像权的行为。”关于以营利为目的的非新闻传播行为的界定，为避免不必要的侵权纠纷，应当适用“最大限度的避嫌原则”。譬如，摄影记者在某小区拍摄了家庭欢乐的照片，予以一般性的新闻刊发，本无障碍。但是如果把这张照片放在了与

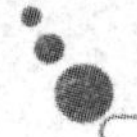

房地产广告有关的版面上，照片中的当事人提起肖像侵权之诉，估计摄影记者和新闻单位很难找出合适的理由予以抗辩。新闻照片在放置位置的选择上，应该尽可能地避免这种嫌疑，以免引起不必要之诉。而摄影记者或其他拍摄人以新闻传播为目的拍摄的新闻照片，在刊发后又转做包括广告在内的营利行为的，这当然侵犯了肖像权中关于以营利为目的的权利。此外，新闻照片在使用时，还需注意身份一致的权利，在图片说明时，不得张冠李戴等。

【案例与评析】

案例 7-1　2019 香港暴力冲突事件

香港接连发生暴力冲突，暴乱起因是香港于 2019 年 2 月 13 日正式启动修订《逃犯条例》程序，遭到香港商界和法律界的反对。商界认为这有可能影响香港的营商环境，法律界则认为修例会破坏香港的司法独立。然而，自 6 月以来，发生在香港的暴力冲突不断升级，已经完全超出了和平示威的范畴，脱离了诉求轨道，扭曲了事件本身。

暴乱从 6 月 9 日开始，持续几个月才得以平息。新华社特稿《修例风波中暴力乱港实录》对主要暴力事件做了梳理。自 6 月以来，香港反对派和一些激进势力借和平游行集会之名，进行各种激进抗争活动。这些人肆意践踏法治，恶意破坏社会秩序。一些人甚至公然鼓吹“港独”，喊出“光复香港、时代革命”的口号，包围和冲击中央政府驻港机构，肆意侮辱国旗、国徽和区徽，公然挑战国家主权和“一国两制”原则底线。

在该事件发生的初期，香港媒体的诸多报道引起了人们的注意。其中有些新闻图片带有明显的误导舆论的特征。在香港暴力事件发生后，香港媒体新闻报道中一张“香港街头，只有他的‘镜头’对准暴徒”的照片，显示了香港这次动荡中一些媒体的真实意图。(图 7-1)《央视热评》指出，如果媒体镜头只对着警察，如果刻意妖魔化事实、“选择性失明”，就是在实施一种“软暴力”。

这一幕被拍下没多久，激进示威者在香港荃湾与警方发生冲突，危急之下，警察鸣枪一响自卫、随即“拔枪”的画面，又成了港媒报道的重中之重。(图 7-2)

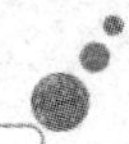

图 7-1　香港街头，只有他的“镜头”对准暴徒

图 7-2　港媒“全方位、多角度”拍摄的警察拔枪图

（编者按：为尊重个人隐私，警察脸部已打上马赛克）

评析：

一些香港媒体和西方媒体在这次香港暴力冲突事件中利用摄影角度的选择引导舆论，煽动民众情绪、片面报道和扭曲事实，严重违背了新闻真实性和客观性原则。

图7-1中，一名擎枪警察守在街角瞄准暴徒，但一旁穿着反光背心的记者却拿着摄影机瞄准着他。这是一个讽刺的画面，也是该事件报道中香港传媒的真实写照。暴动中，警察的目标是暴徒，而记者的目标却指着警察。在冲突中记者等到警察开枪的一幕，明明目击数百暴徒挥舞刀、棍、铁皮袭击6名警员，但在警察鸣枪一响自卫后，记者却把焦点转移，怒斥警员为什么开枪。于是，公众在媒体上看到的新闻多是警察镇压，对于暴徒之暴行记之甚少。

在对该事件的报道中，香港媒体的做法具有明显的主观倾向。其原因虽然是多方面的，但就新闻报道的专业角度而言，其拍摄新闻图片的角度和报道的方式已完全与职业道德相背离。

案例7-2 “小悦悦事件”监控视频被暴力播出

2011年10月13日，广东佛山一个两岁女童小悦悦在过马路时不慎被一辆面包车撞倒并两度被碾压，肇事车辆逃逸，随后开来的另一辆车直接从已经被碾压过的女童身上再次开了过去，7分钟内在女童身边经过的十几个路人，都对此冷眼漠视，只有一名拾荒阿姨陈贤妹上前施以援手，由此引发网友热议。一时间，各大媒体不断播放着小悦悦被碾压的瞬间。最初的播放是为了展现路人的道德缺失，随着碾压画面的不断重复，媒体的道德缺失也显现出来。对死者的不尊重，对血腥画面的追逐，成为媒体炒作新闻事件、吸引受众注意力的手段。

评析：

随着传媒产业的发展，转发量和点击量成为各个媒体竞争的核心。许多媒体在追逐利益时不顾媒体道德，践踏死者尊严，把尸体不做任何处理就搬上版面的做法，在事后引起媒介批评学者的关注。在这些新闻事件中，媒体选择报道刺激性画面，抛弃了人道主义关怀及媒体形象，一味地追求注意力的扭曲的媒介价值观暴露无遗。对于此类新闻事件，新闻媒体在选择影像时应将逝者的尊严、亲属有可能受到的二次伤害、受众接触新闻的心理承受力以及青少年的身心健康纳入伦理考虑的范围。

案例 7-3 台湾宜兰列车出轨事故

2018 年 10 月 21 日，台湾宜兰发生列车出轨事故，造成 18 人遇难，207 人受伤。在随后的新闻发布会现场，每一位接受采访的家属都戴上了口罩，遮住了他们面部的悲痛表情，摄影者这种保护被采访者隐私的做法值得借鉴。

评析：

在报道矿难、交通事故以及血腥暴力的杀人犯罪现场时，记者手中的相机除了要记录新闻事实外，还要避免给受众带来心理刺激。

【思考】

1. 结合实践思考，无人机和手机等设备在新闻报道中引发了哪些伦理问题和法律争端？

2. 新闻影像伦理问题目前主要表现在哪些方面？

3. 结合新近发生的新闻事件，谈谈突发事件报道中影像拍摄和编辑的伦理。

【附录】

全球部分国家和地区关于影像制作和使用的伦理规范

1. 德国《新闻工作者伦理准则》规定：

象征性的照片：

插图特别是图片性说明，即便其自身只是一个象征性的图片，但如果它很有可能被漫不经心的读者当做纪实性照片时，则必须说明其属性；

替代性或辅助性的插图（即不同时间上的类似主题或同一时间的不同主题等）；

象征意义的插图（场景重现，对新闻内容人为地进行的具象化等）；

蒙太奇照片或者经过其他修改的照片。

（在使用以上图片时，）说明内容必须清晰地标记在标题上或者与之相关的内容上。

与个人权利相关的刊登姓名和照片的规定：

在报道事故犯罪调查或审判类事件时，媒体通常不得发布任何可能导致受害者和肇事者身份被识别出来的文本或图片信息。出于尊重儿童和青少年未来生活的需要，对其应采取特殊保护。应始终权衡公众的知情权和涉事人员的个人权利之间的关系。仅凭感觉需要这一点无法成为满足公众知情权的理由。

不得刊登受害人家属和其他仅间接地受事故影响或与犯罪行为无关的人的姓名和照片。

如果嫌疑犯被指控犯死罪，或对其已申请逮捕令，或其罪行是在公众视野中犯下的，或其姓名和照片对于厘清犯罪行为大有干系，那么此时其姓名和照片可以进行披露。

如果有依据认为某嫌疑犯没有犯罪，则不得刊登其姓名或照片。

对政府官员和民选代表而言，假如在履行公职时或者任职期间与犯罪活动有关系，可以刊登其姓名和照片。此条对名人同样适用，如果他们被指控的犯罪行为与其公众形象相违背的话。

失踪人员的姓名和照片可以刊登，但须与有关部门保持一致。

2. 立陶宛《新闻工作者和出版商的伦理规范》规定：

新闻工作者和编辑要尊重个人的肖像权。

图像（照片、图片、拍摄的连续镜头）绝不能扭曲现实。（当使用）没有在具体环境中拍下的事件的图像时，要以明显的方式标注它们是解说的图像或者是来自档案。被处理过的照片要显著地指明。

在处理声音和视频时，新闻工作者不应对已获得的信息做明显的改动，或者脱离原始语境去歪曲信息。

媒体要反映现实，而不是反映用不同方式重构的现实。然而，如果重建和策划事件以一个适当的方式标注出来，保证不欺骗受众，这种方式在新闻业可以被用来说明和支持新闻报道。

3. 挪威《媒体伦理规范》规定：

在其他语境而非原文中使用照片要特别小心。

保护新闻照片的可信度。被用作证明的照片一定不能改变，避免使人们产生错误的印象。只有被用作图解，且能够被轻易看出是图片拼贴时才可以使用修改照片。

对图片的使用必须遵循与书面和口头报告一样的谨慎要求。

4. 瑞典《舆论家联谊会出版规范》规定：

对于国防经济及内政等措施，在发表新闻和图片时，要常常想到国家安全，不可因报道大意而影响到国家经济、国防或内政的安全。

关于新闻记者的责任适用于照片。

照片只应代表所摄景物的情况，不应暗示任何事物，少年犯罪新闻不应刊登照片，各种恐怖照片，应予以避免。

5. 英国《编辑业务准则》规定：

未经同意，不得在私人领域对个人进行拍照。注意，私人领域是指那些含有合理隐私期望的公共或个人领域。

6. 美国《专业记者守则》规定：

切勿曲解新闻图片及片段的内容。可通过影像增进以达到技术上清晰表达主题的目的。为蒙太奇效果及图片注上说明。

7. 斯威士兰《全国记者协会道德规范》规定：

记者应当只通过合乎道德的方式获取信息、照片和插图，除非出于公共利益的需要。然而，记者有权遵循个人良心而拒绝使用这种非正当方式。

在采集信息或拍摄性侵犯的受害人之前，记者应表明身份并解释其采访的目的。

8. 坦桑尼亚《新闻摄影及影像活动伦理规范》规定：

引　言

媒体摄影师在本质上是新闻记者。其必须具备新闻的基本知识，并通过训练获得在现场和演播室内拍摄和加工、编辑图片的技能。媒体摄影师需通过正规教育和职业进修掌握判断、处理和使用图片的技能，且在行动上与出版商所设立的目标一致。摄影师同时需要通过媒体教育理解与媒体行业相关的法律法规。

和其他任何公民一样，摄影师所从事的也是一门职业，但他们享有比一般公民更多的拍摄特权，如坐在运动场的围墙区域内或前排的VIP位置拍摄。有时候媒体摄影师也可以非常接近世界上最具影响力，大多数人做梦也无法接近的人物。媒体上发布的照片都应是关于公众人物、公共事件或关乎其他公共利益的内容。

伦理实践

摄影摄像记者不得进行下列活动。

捏造事实。在使用任何设备如镜头、滤光器、偏振器时，通过使用技巧如裁剪、叠印、剪辑、电脑润色或使用任何机械效果来改变图像的真实状态。

使用记者证进入不对外开放的场所，如聚会、舞会、会议和私人宴会。同样的，使用记者证以获得任何形式的好处。

隐瞒自身身份来拍摄用于发表的照片。

在拍照时，做出任何会引起他人痛苦的事情，或者做出对无辜者、丧亲或不幸之人造成屈辱的事情；或者，破坏事件的正常发展或阻碍观众的视线。

断章取义地突出一个小事件，而不是提供关于该事件准确的具有代表性的照片。

违反禁止在法院管理区拍照的法律或法令。该禁令禁止拍摄民事或刑事庭审进程中的任何人，如法官、陪审员和证人等；也不得进行其他违反该命令的拍照行为，如不得拍摄法庭庭审现场、法庭管辖区或进出管辖区的人；同时禁止事先透露尚未引进庭审的证据。（拍摄上述内容的照片，必须事先取得有关部门的许可。）

拍摄法律所禁止的任何其他场所的照片。

发布由警察提供的非通缉犯的照片，而没有清楚地为其配上字幕，说明警察需要他们是为了进行与罪案相关的询问。

拍摄会透露任何性侵犯案中原告身份的照片。

在少年法庭，拍摄未到法定年龄的被告的照片。

为了获得场景的更好的视野而破坏财产。在进入特定区域之前征求允许是礼貌的，但在被要求离开时应迅速离开。

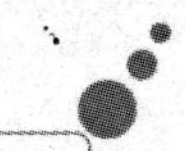

拍摄裸体照片。如果无法避免，必须注意不要聚焦于性器官或者非人性化的特征。

对人类的痛苦感到惊奇。必须怀着人文情怀拍摄此类关于人类痛苦场景的照片。

未经其亲属同意而拍摄逝者的照片。应始终考虑到有关人员的文化、信念、信仰和习俗。如果请求未被允许则应及时离开。

拍摄让受害者痛苦的照片，却没有尽可能地对其加以抚慰。

9. 巴西《记者道德规范》规定：

拒绝对现实图像进行歪曲。当可能使用蒙太奇手法、图像编辑、音频修复，或任何其他操作时，告知公众。

10. 中国《羊城晚报杜绝新闻敲诈、防止虚假新闻工作守则》规定：

摄影记者和文字记者所拍摄的新闻照片，不得违背新闻事实，禁止进行电脑合成制作假新闻图片等虚假手段。

11. 中国《香港新闻从业员专业操守守则》规定：

新闻摄影的运作细则

（一）新闻摄影以记录真实为首要任务，记者在新闻现场应据实拍摄，不得参与设计或导演新闻事件，作夸大和不实的报道。

（二）记者在拍摄意外事件时，应顾及受害人及其家属的感受，尽量把对他们的心理影响及伤害减到最低。

（三）摄影记者在拍摄过程中应该尊重被摄者的私隐。

（四）新闻摄影工作者（包括摄影记者和图片编辑）应谨慎处理血腥、暴力、恶心和色情图片，使用时须考虑：

对于说明新闻事件是否必要；

对社会的影响；

给当事人及其家属的影响。

（五）新闻摄影工作者在处理照片时，应以拍摄现场所见的真实情景为依归，任何事前或事后的加工都不能接受。

（六）新闻照片在新闻媒体上有时会用作插图或作局部整合以配合版面编

辑效果，但应注明照片曾经“加工处理”或指明是“设计图片”。

12. 中国《台湾报业道德规范》规定：

不得以裁剪或其他方式伪造或篡改新闻照片。

新闻照片之说明不得作无事实根据之暗示或影射。

不得刊登恐怖、色情或猥亵之图片。

与公共利益无关之个人私生活照片，未经本人同意，不得刊登。

未成年嫌犯已定罪之未成年人、强暴等案件之受害人及秘密证人照片，不得刊登。

13. 马来西亚《新闻评议会职业伦理规范》规定：

图片和声音应当真实、准确。制作蒙太奇、通过电子手段修改照片或制作图片标题，在这些制作过程中都不得误导或欺骗读者和观众，因此任何人为的修改、操作都应被公开。

14. 新西兰《新闻委员会的原则声明》规定：

在挑选和处理图片和图形时，编辑应谨慎小心。任何可能误导读者的技术性操作都应被标示出来并加以解释。

在处理一些展现悲痛或可怕情形的图片时，应特别考虑其可能造成的影响。

专题八　表达自由与遵守新闻规律

【理论概述】

第一节　表达自由

一、表达自由的概念

表达自由是“公民在法律规定或认可的范围内，使用各种媒介或方式接收信息，并将自己的思想、观点、主张、看法、信仰、信念、见解等传播给他人或社会而不受无端、非法干涉、约束或惩罚的一种自主性状态”。[①]

表达自由主要规定了表达主体——公民的两方面的权利：一是表达内容的自由，即表达者可以自由地表达自己的思想、情感、意见、观点、主张、信息、知识，只要不侵犯他人的权利，不侵犯国家安全或者公共秩序；二是表达方式的自由，即自由地使用各种媒介或方式，包括传统的报纸、杂志、诗文、绘画、雕刻、书籍或新兴的电子媒介来表达所要表达的内容。

二、我国关于表达自由的法律依据

1. 宪法中的相关规定

现行《宪法》关于表达自由的保障性规定有：

第三十五条：“中华人民共和国公民有言论、出版、集会、结社、游行、示威的自由。”第四十一条：“中华人民共和国公民对于任何国家机关和国家工作人员，有提出批评和建议的权利；对于任何国家机关和国家工作人员的违法失职行为，有向有关国家机关提出申诉、控告或者检举的权利。”第四十七条规定：“中华人民共和国公民有进行科学研究、文学艺术创作和其他文化活动的自由。”

---

① 王四新：《表达自由——原理与应用》，中国传媒大学出版社，2008 年版，导论第 8 页。

适用于表达自由的限制性规定有：

第四十一条："不得捏造或者歪曲事实进行诬告陷害"；第五十一条："中华人民共和国公民在行使自由和权利的时候，不得损害国家的、社会的、集体的利益和其他公民的合法的自由的权利"；第五十二条："中华人民共和国公民有维护国家统一和全国各民族团结的义务"；第五十三条："中华人民共和国公民必须遵守宪法和法律，保守国家秘密，爱护公共财产，遵守劳动纪律，遵守公共秩序，尊重社会公德"；第五十四条："中华人民共和国公民有维护祖国的安全、荣誉和利益的义务，不得有危害祖国的安全、荣誉和利益的行为"；第三十八条规定，中华人民共和国公民的人格尊严不受侵犯，禁止用任何方法对公民进行侮辱、诽谤和诬告陷害。

2. 相关的法律

(1) 专门性的法律有《集会游行示威法》《著作权法》。

(2) 涉及表达自由内容的法律有《刑法》《民法通则》《保守国家秘密法》。

3. 行政法规

(1) 关于出版印刷行业的有《出版管理条例》《印刷业管理条例》《图书、期刊、音像制品、电子出版物重大选题备案办法》。

(2) 关于广播、电影电视的有《音像制品管理条例》《广播电视管理条例》《电影管理条例》。

(3) 关于网络信息传播的有《互联网出版管理暂行规定》《互联网信息服务管理办法》《计算机信息网络国际联网安全保护管理办法》等。

(4) 关于新闻信息采集活动的有新闻出版总署 2008 年发布的《关于进一步做好新闻采访活动保障工作的通知》等。

(5) 关于公民表达自由的规定有 2005 年 5 月 1 日起实施的《信访条例》。

三、新闻自由

1. 新闻自由的提出

"新闻自由"最早提出是在 18 世纪西方自由主义的抗争中。在当时，自由主义为争取占上风的一个重要场所是国会。国会几个世纪以来都不让外人进

去，并且禁止写字条，怕民众干涉讨论。18世纪末，最后一次冲突的结果，民主取得了胜利。当时的报纸论述说，既然国会代表人民利益，国会辩论应该向公众公开。报刊是通向公众的工具，因此有权利也有责任向公众报道国会中发生的事情，国会无权对发挥这一职能加以限制。英国传统的官僚对这种观点惊恐万分，但是经过一系列冲突后，报刊取得了胜利。为了争取承认那些影响到报刊的自由主义原则而进行的斗争的结果，草拟并通过了人权法案，其中确立了新闻自由。

人权法案中关于新闻自由的措辞必然是含糊的，可以作各种不同的解释。只有一点是各种解释都一致的，就是新闻自由并不是绝对的，而是可以有限制的。①

2. 新闻自由的内涵

陈绚在《新闻传播伦理与法规教程》中提出，由于最早的新闻传播方式主要是印刷媒体，因此言论出版自由也可以指新闻自由。在此，新闻自由的主体不仅指新闻媒体和新闻记者，还包括社会的全体公民，是一种十分重要的社会政治权利和自由，这可以理解为广义的新闻自由。

狭义上，新闻自由特指新闻媒体为了公共利益，在宪法和法律所允许的范围内采访、写作、报道、发表新闻信息的自由。新闻自由包括采访自由、传递自由、出版自由、批评自由等诸多方面。

世界各国对新闻自由内涵的规定是各有差异的。我国台湾学者在论及新闻自由的内涵时，有如下主要观点：(1)出版前不需领执照或特许，也不需要缴纳保证金；(2)出版前免于检查，出版后除了负法律责任外，不受干扰；(3)有报道、讨论及批评公共事务的自由；(4)政府不得以重税或者其他经济手段迫害新闻事业，也不得以财力津贴或者贿赂新闻工作者；(5)政府不得参与新闻事业的经营；(6)自由接近新闻来源；(7)自由使用意见传递工具，免于检查，保障传递自由；(8)阅读及收听自由。新闻自由的外延包括四个方面：(1)采访自由；(2)传递自由；(3)发表自由；(4)阅读和收听自由。

---

① [美]韦尔伯·斯拉姆等：《报刊的四种理论》，中国人民大学新闻系译，新华出版社，1980年版，第56～57页。

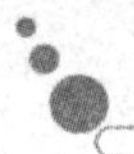

在日本，日本新闻协会对新闻自由的定义是："第一，任何势力也强制不了符合事实的报道和评论的自由；第二，为此目的而接近新闻出处、采访新闻的自由。"在美国，新闻自由包括采访自由、通讯自由、批评自由、出版自由和贩卖自由。[①]

3. 新闻自由的边界

（1）法律规定的新闻自由的边界

我国《宪法》第五十一条规定："中华人民共和国公民在行使自由和权利的时候，不得损害国家的、社会的、集体的利益和其他公民的合法的自由和权利。"《刑法》第一百零三条规定了煽动分裂国家罪，第一百零五条规定了煽动颠覆国家政权罪，第二百四十九条和第二百五十条明确禁止散布煽动民族仇恨之言论，第二百二十一条规定了对于商业性言论的限制。《刑法》第二百四十三条和《民法通则》第一百零一条规定了对侵犯公民名誉权的惩罚等。

新闻自由不是绝对的自由，这是自新闻自由提出起就确立的基本原则。

A. 限制的方式：事前约束和事后惩罚；

B. 内容的限制：不可公开的信息，有害信息（如淫秽、暴力的文字、声音、图像；虚假信息）；

C. 地点、时间、方式和对象的限制；

D. 对特定信息传播的限制。

（2）新技术的赋权

随着网络和人工智能技术的发展，传统的新闻媒体的界限逐渐被消解。新闻信息的传播主体群体范围扩大化，传播信息的门槛降低。新技术的赋权，给新闻自由带来了前所未有的挑战。2013 年 9 月 9 日，《关于办理利用信息网络实施诽谤等刑事案件适用法律若干问题的解释》发布。该司法解释对制造、传播网络谣言的常见罪名做出了认定和处罚原则的规定。但新技术对新闻自由边界的挑战随着技术的发展，不断出现新的情况，成为业界和学界持续探讨的一个重要领域。

① 顾理平：《新闻法学》，中国广播电视出版社，2005 年版，第 214 页。

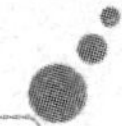

第二节　新闻报道规律

一、新闻真实

真实性是新闻报道的生命。在大众媒体时代如此，在新媒体时代也是如此。新闻报道的事实要真实，主要包括四个方面的含义：第一，构成新闻的要素必须准确无误；第二，事实的细节要有依据，符合实际；第三，新闻中使用的新闻背景材料要真实可靠；第四，新闻中所概括的事实要符合客观实际。

依据新闻真实性内涵的两个层次，新闻报道不仅要准确报道事实，使新闻事实具体情况真实，还必须注意和善于从总体上、本质上以及发展趋势上去把握事实的真实性，这是对新闻真实性提出的更高层次的要求。

二、新闻报道必须全面、客观、公正

新闻报道全面是指新闻报道在选择事实时，应从事实的全部总和中去把握事实，从事实的相互联系中准确地描述事实，而不是孤立地、静止地、片面地看待事实。

客观报道新闻，即按照事物的本来面目而不是个人的喜好去传播和呈现新闻事实，这是马克思主义唯物论的基本要求。所谓客观，是相对主观而言的。新闻报道应从客观实际出发，客观地描述事实的状态、特征、变化、内在的因果关系及事物之间的联系，从而使报道的事实符合实际；而不应从主观意愿出发，任意摆弄客观存在的事实，或以主观意见代替客观事实。为此，在新闻报道中，报道事实一般只作客观描述，如实呈现事实的原貌。要尽可能说清事实的原委和根据，特别是当事人的话语、数字及相关材料，都要原原本本、有据可查。除此之外，还应交代事实出处和消息来源，遇到消息提供者不愿或不便透露姓名时，也一定要做到确有其人，实有其事，有据可查，决不能以传言为依据，甚至无中生有。新闻报道应多以第三者口吻，尽可能采用客观报道的形式，运用准确的描述性符号系统（文字符号、声音符号、图像符号）去报道事实。事实本身最具有说服力，应当相信受众对新闻报道的理解力和判断力。采用客观报道而不是强加于人的报道形式，在报道时不要任意表达自己对事实的评判，多采用“藏舌头”的办法将报道者的倾向性隐藏在新闻之中，通过对事实的选择、组合表达

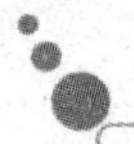

态度。

公正，是指新闻报道应秉持公平、平等的态度。报道事实时，不能以一己之利或一己之见决定取舍。在新闻报道中，要尊重广大人民群众的知情权，为受众提供真实、客观、全面的新闻信息。当人民群众对报道的事实及对事实的解释有不同意见时，要认真地、耐心地听取不同意见，尊重他们发表意见的权利，尽可能采取平衡报道的方式反映不同意见，充分反映民情民意。在报道重大突发事件，特别是群体事件时，要多方面听取意见，认真审视大局，从人民的根本利益出发，采取十分慎重的态度。

新闻报道必须全面、客观、公正，已成为社会主义新闻事业普遍遵循的一条原则，这也是新闻传播内在规律的要求。

三、新媒体环境下新闻报道的新要求

1. 新媒体环境下的表达主体范围扩大

在互联网的推动下，每个参与其中的人都拥有了话语权，有人将之称为"人人都有麦克风"的时代。与此同时，公民记者出现，其最活跃的领域是在新媒体上，尤其是社交媒体上。而在传统媒体上，也有他们的参与。传统媒体采用公民记者的素材——图片、视频等，使公民记者在传统媒体上尤其是在对突发事件的报道中经常出现。"新闻工作者"的角色显然不再专属于训练有素的、供职于可识别的机构化媒介组织的写作者。

这些公民新闻工作者不仅为新闻报道提供内容，也是公众的耳目。在专业新闻工作者无法及时到达的新闻现场，他们是新闻信息的提供者。但反过来，当面对严肃的话题时，却又成为公众的耳目。互联网非常容易用一个普遍的目标将人们聚集在一起，真相的伦理价值和一视同仁的接近权使互联网上的公民记者有了存在的土壤。在社交媒体上，信息提供者和收集者既可以是新闻工作者，也可以是公民。这些被称为"首告者"的信息提供者和收集者以速度为重。作为一种普遍存在，公民新闻业缺乏一个传统媒介不可或缺的重要环节——信息核实。但作为新闻报道，不论在传统新闻媒体还是在新媒体上，真实、客观、全面、公正的基本规律都应是其生命力的重要体现。

2. 原创内容伦理

在网络上，信息数字化技术使新闻图片和其他信息的修改和剽窃都比过去任何一个时代更加容易。因此，伦理思考与健全的职业实践结合成为信息真实的必然路径，也是原创内容应遵守的必要伦理要求。

首先，应标明信息来源。在基于文件或者采访进行报道时，新闻工作者被要求注明信息的原创者。信源可靠和准确是防止谣言产生的有效手段。互联网上的新闻需要考虑同样的标准。

其次，在发端、原始参照物或消息来源方面要确保其真实性和可靠性。在这方面互联网有非常便捷的操作手段和无限扩大的可能性。如近几年出现的聚合新闻和洗稿行为——从一个互联网网站上窃取一张图片，从另一个网站上下载一些文字，然后将它们合并成新的新闻报道，并且不交代新闻报道内容的最初来源的这种行为——不论是对于信息的创作者还是受众来说都是极大的欺骗，是违背伦理的做法。

3. 新闻报道中的新闻专业主义

(1)公民记者缺乏新闻专业主义精神

当“公民新闻业”成为影像新闻生产的重要因素，被视为“追上”和“抓住”新闻的重要渠道，新闻制作的成本大为降低。但与此同时，公民新闻工作者实际上扮演的是记者的角色，他们的作品可能会被专业人士采用。虽然公民新闻工作者往往对某个特定的公共政策、倡议或问题具有强烈兴趣，并且乐意就该问题撰写极具深度的报道或者发布极具深度的博客，但对总体的情况却未必了解。如果完全由公民新闻工作者决定新闻议程，那么无论以何种方式衡量，都会导致新闻议程的一边倒，使信息充满鸿沟、缺乏客观性。

因此，在新媒体环境下，当信息来源似乎无处不在时，新闻专业主义再次被重视。由于“公民记者”和“社会媒介”鱼龙混杂、良莠不齐，其权威性和公信力往往比传统媒体更低——网民似乎只适合当爆料人和调查者，而不适合下定论。随着网络媒体和公民记者的大量参与，现代化的传播工具产生的透明人环境和隐私侵犯行为，有时会造成人人自危的后果。

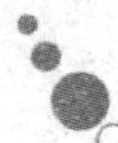

(2)传统媒体的专业主义困境

对于传统主流新闻媒体凭借其特殊的资源(如长期从事新闻报道所培养的公信力和官方支持的调查渠道)可以进一步揭示真相,甚至起到“一锤定音”的效果,目前众说纷纭。面对新技术的潜力和公众参与的热情,有关机构还是更加习惯于采用传统的管制方法。当前网络舆论的种种“乱象”导致2013年密集的法规干预。2013年4月,国家新闻出版广电总局下发了《关于加强新闻采编人员网络活动管理的通知》,对传统新闻单位的新媒介活动进行种种限制。同月,最高人民法院和最高人民检察院联合发布了《关于办理敲诈勒索刑事案件适用法律若干问题的解释》,对利用或者冒充新闻工作者等特殊身份从事敲诈勒索的行为按犯罪论处。这是为了打击“公民记者”和“社会媒介”的“不法行为”。2013年对“造谣传谣”的打击行动尤其引人注目。4月下旬,国家互联网信息办联合相关部门开始部署打击利用互联网造谣传谣的活动。9月,最高人民法院和最高人民检察院联合发布《关于办理利用信息网络实施诽谤等刑事案件适用法律若干问题的解释》,细化了对利用信息网络实施诽谤等刑事案件适用法律的细节标准,如“同一诽谤信息实际被点击、浏览次数达到五千次以上,或者被转发次数达到五百次以上的”被列为“情节严重”。为此,关闭了一批微博账号和网站,查处了一批涉嫌“传播谣言”的人员。

在权力干预和表述不当与作者核实中,出现了以法律名义对“不道德”行为进行的批斗。例如被称为舆论“反转剧”的陈永洲事件。陈永洲案涉及的媒介红包现象在中国新闻界较为普遍。这种行为既是违法犯罪,又是伦理脱轨。但媒体的“示众式”报道和以法律、纪律、道德与伦理名义进行的媒介审判,恰恰是一种非专业主义和违反伦理要求的表现。如果伦理不是来自道德,而是来自恐惧;不是出于自我审视和自我约束,而是来自外界压力甚至刚性戒律,那么,这种伦理的基础是不坚固的。特别是在商业市场的利润驱动下,只要有可能,被强制约束者就会寻机突破底线。

客观性作为新闻专业主义的信条一直以来都是主流传媒表明自己的身份,提升社会公信力的标签。就现状而言,业界需要的不仅仅是一些细枝末节的操

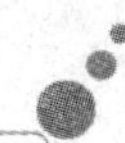

作规范，更重要的是需要争取使这种专业主义伦理及其行为规范得以实施的外界环境和先决条件。

（3）在融媒体环境下，坚守新闻专业主义的主体边界扩大

在自媒体高度发达，人人都是记者的时代，探讨谁来坚守新闻专业主义，是全球性的问题。有人认为是新媒体（门户、社交媒体、自媒体）。事实上，有关真实、准确、客观、公正等传统的新闻规范，网络新媒体与传统媒体在专业标准上具有一致性。如路透社 2010 和 2012 版本的《网络报道守则》都明确规定了诚实守信、熟悉网络、交代来源、公平原则、识别陷阱等基本原则。美联社的规定也大同小异。有学者认为从专业的认知维度来看，传统新闻专业核心采编能力在网络新闻实践中被边缘化了，但同时，结合技术优势重回新闻本质的趋势又隐约可见。其中，为多个媒体供稿的新闻记者对网络原创新闻生产提供了重要支持，从而为网络新闻重塑专业提供了可能性。①

新媒体时代，职业生成内容（传媒机构从业者，OGC）正向专业生成内容（PGC）、用户内容生产（UGC）转变，且 UGC、PGC 的边界正在模糊化，垂直细分产品的用户、外部专家会比记者更接近核心现场，更掌握专业技能，也更具备洞察力、逻辑力，仍需独立的传媒机构进行把关。融合环境中，不同的平台由谁把关、如何把关、谁授权把关，这就是新闻专业主义的新语境。

【案例与评析】

案例 8-1　李天一案

2013 年 2 月 19 日，北京市海淀分局接到一女事主报警称，2 月 17 日晚，其在海淀区一酒吧内与李天一等人喝酒后，被带至一宾馆内轮奸。2013 年 3 月 7 日，李天一等人因涉嫌轮奸被依法批捕。7 月 8 日，北京市海淀区人民检察院依法对李天一等人涉嫌强奸一案向海淀区人民法院提起公诉。2013 年 8 月 28 日上午 9 时 30 分，李天一等人涉嫌强奸一案在海淀区人民法院第十七法庭正式

① 李艳红：《重塑专业还是远离专业？——从认知维度解析网络新闻业的职业模式》，《新闻记者》，2012 年第 12 期，第 42～48 页。

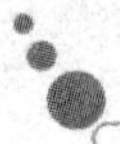

开庭审理。2013 年 11 月 27 日 9 点，李天一案在北京市第一中级人民法院一区西中法庭依法公开宣判。之后二审裁定驳回上诉，依旧维持原判。

评析：

李天一强奸案一经媒体报道，引起社会各界的高度关注。社会各界通过网络、报纸、电视等平台发表了对本案的观点，在这些观点中占据压倒性的是：李必须重判，若不重判，那就是亵渎国法、正义的失败等。

从微博到网络再到传统媒体，出现了一边倒的"严惩"舆论。很多法律界人士认为，案件的审理遭受舆论绑架，出现了过度披露隐私信息的违法行为。伦理争议变得突出起来。

追求司法的公正还是舆论或者民意，其本质是如何处理社会舆论与司法审判之间的关系。适度且正当的社会舆论能够对司法审判起到监督的作用，对司法公正起到促进的作用。不当且过度的社会舆论尤其"舆论审判"对司法审判则会起到干预的作用，对司法公正甚至法治都有阻碍的作用。不当且过度的社会舆论的判断或者说社会公众的意见不是建立在公正客观的案件事实基础上所作出的，且社会公众进行情绪化表达时，独立思考能力有所欠缺，容易随波逐流。社会各界如此高度地关注李天一强奸案件，会给主审法官无形地施加巨大的心理压力甚至左右其独立的判断。

该案件的舆情发展路径是当今媒介环境下的一种常见现象。对于热情高涨的公民记者而言，如何引导其提升专业主义素养成为当下营造健康舆论生态的重要内容。

案例 8-2　因发布不实网络信息获罪

2013 年 9 月 12 日 6 时 17 分，张家川县张川镇发生一起意外死亡案件。经张家川县公安局现场勘查、调查取证、尸体检验，认定排除他杀，死者高某系高坠致颅脑损伤死亡。2013 年 9 月 14 日、15 日，网民"骚年少玩杜蕾斯""辉哥"就高某意外死亡先后多次通过 QQ 空间、腾讯微博编造虚假信息质疑高某死因，并发布"看来必须得游行了！"等煽动性言论。其编造的虚假信息被大量转发，引发一些群众被误导参与聚集。经公安机关调查，网名为"骚年少玩杜蕾

斯”“辉哥”的杨某，是张家川县某中学初三学生，16 岁，2012 年 9 月曾因盗窃摩托车被公安机关查获，由于不满 16 周岁未予处罚。2013 年 9 月 17 日，张家川县公安局对杨某依法进行传唤讯问，杨某承认其利用网络编造散布虚假信息，并发布煽动游行言论事实。当日，杨某因涉嫌寻衅滋事被依法刑事拘留。

针对媒体、网站普遍关注的情况，甘肃省公安厅高度重视。2013 年 9 月 20 日，省公安厅会同天水市公安局组成联合工作组赴张家川县开展相关调查核实工作。经工作组进一步调查核实，杨某通过 QQ、微博编造和散布虚假信息，其行为具有社会危害性，涉嫌寻衅滋事。但鉴于杨某系未成年人，且能够积极配合调查，悔罪态度诚恳，情节较轻，经省市县公安机关研究决定，依法撤销刑事案件，对其予以从轻处罚。

评析：

杨某因发微博质疑高某非正常死亡的案件，以微博被转发 900 多次的理由被拘留，只是当年运用行政手段进行网络信息治理的一个案例。这样的认定并非孤例，如河北清河县一女子发帖询问某村庄命案“真相”，被认定造谣，遭行政拘留。安徽砀山一网民错发车祸死亡人数(10 人误为 16 人)也被行政拘留。

运用行政手段进行网络信息管理是当时的突出特点。然而从互联网提供话语权和信息发布伦理的角度讲，硬性的行政手段却又与伦理规制的内化要求相违背。在涉及新闻报道的信息发布中，运用行政手段与新闻专业主义发展的路径是相违背的。

【思考】

1. 对表达自由限制的方式有哪些？

2. 技术赋能给新闻自由的实现途径带来了哪些改变？请结合案例进行分类说明。

【附录】

一　关于办理利用信息网络实施诽谤等刑事案件适用法律若干问题的解释

（2013年9月5日最高人民法院审判委员会
第1589次会议、2013年9月2日最高人民检察院
第十二届检察委员会第9次会议通过）

为保护公民、法人和其他组织的合法权益，维护社会秩序，根据《中华人民共和国刑法》《全国人民代表大会常务委员会关于维护互联网安全的决定》等规定，对办理利用信息网络实施诽谤、寻衅滋事、敲诈勒索、非法经营等刑事案件适用法律的若干问题解释如下：

第一条　具有下列情形之一的，应当认定为刑法第二百四十六条第一款规定的“捏造事实诽谤他人”：

（一）捏造损害他人名誉的事实，在信息网络上散布，或者组织、指使人员在信息网络上散布的；

（二）将信息网络上涉及他人的原始信息内容篡改为损害他人名誉的事实，在信息网络上散布，或者组织、指使人员在信息网络上散布的；

明知是捏造的损害他人名誉的事实，在信息网络上散布，情节恶劣的，以“捏造事实诽谤他人”论。

第二条　利用信息网络诽谤他人，具有下列情形之一的，应当认定为刑法第二百四十六条第一款规定的“情节严重”：

（一）同一诽谤信息实际被点击、浏览次数达到五千次以上，或者被转发次数达到五百次以上的；

（二）造成被害人或者其近亲属精神失常、自残、自杀等严重后果的；

（三）二年内曾因诽谤受过行政处罚，又诽谤他人的；

（四）其他情节严重的情形。

第三条　利用信息网络诽谤他人，具有下列情形之一的，应当认定为刑法

第二百四十六条第二款规定的“严重危害社会秩序和国家利益”：

（一）引发群体性事件的；

（二）引发公共秩序混乱的；

（三）引发民族、宗教冲突的；

（四）诽谤多人，造成恶劣社会影响的；

（五）损害国家形象，严重危害国家利益的；

（六）造成恶劣国际影响的；

（七）其他严重危害社会秩序和国家利益的情形。

第四条　一年内多次实施利用信息网络诽谤他人行为未经处理，诽谤信息实际被点击、浏览、转发次数累计计算构成犯罪的，应当依法定罪处罚。

第五条　利用信息网络辱骂、恐吓他人，情节恶劣，破坏社会秩序的，依照刑法第二百九十三条第一款第（二）项的规定，以寻衅滋事罪定罪处罚。

编造虚假信息，或者明知是编造的虚假信息，在信息网络上散布，或者组织、指使人员在信息网络上散布，起哄闹事，造成公共秩序严重混乱的，依照刑法第二百九十三条第一款第（四）项的规定，以寻衅滋事罪定罪处罚。

第六条　以在信息网络上发布、删除等方式处理网络信息为由，威胁、要挟他人，索取公私财物，数额较大，或者多次实施上述行为的，依照刑法第二百七十四条的规定，以敲诈勒索罪定罪处罚。

第七条　违反国家规定，以营利为目的，通过信息网络有偿提供删除信息服务，或者明知是虚假信息，通过信息网络有偿提供发布信息等服务，扰乱市场秩序，具有下列情形之一的，属于非法经营行为“情节严重”，依照刑法第二百二十五条第（四）项的规定，以非法经营罪定罪处罚：

（一）个人非法经营数额在五万元以上，或者违法所得数额在二万元以上的；

（二）单位非法经营数额在十五万元以上，或者违法所得数额在五万元以上的。

实施前款规定的行为，数额达到前款规定的数额五倍以上的，应当认定为刑法第二百二十五条规定的“情节特别严重”。

第八条 明知他人利用信息网络实施诽谤、寻衅滋事、敲诈勒索、非法经营等犯罪,为其提供资金、场所、技术支持等帮助的,以共同犯罪论处。

第九条 利用信息网络实施诽谤、寻衅滋事、敲诈勒索、非法经营犯罪,同时又构成刑法第二百二十一条规定的损害商业信誉、商品声誉罪,第二百七十八条规定的煽动暴力抗拒法律实施罪,第二百九十一条之一规定的编造、故意传播虚假恐怖信息罪等犯罪的,依照处罚较重的规定定罪处罚。

第十条 本解释所称信息网络,包括以计算机、电视机、固定电话机、移动电话机等电子设备为终端的计算机互联网、广播电视网、固定通信网、移动通信网等信息网络,以及向公众开放的局域网络。

(来源:中华人民共和国最高人民法院 2020-02-20 http://www.court.gov.cn/fabu-xiangqing-5680.html)

二　关于加强新闻采编人员网络活动管理的通知

国家新闻出版广电总局 新出字〔2013〕110 号

各省、自治区、直辖市新闻出版局,新疆生产建设兵团新闻出版局,解放军总政治部宣传部新闻出版局,中央和国家机关各部委、各民主党派、各人民团体报刊主管单位,中央主要新闻单位:

网络是媒体新闻采编人员联络读者、获取信息、拓展传播效应的重要渠道。为充分发挥网络的积极作用,推动形成健康的新闻秩序,现就加强新闻采编人员使用网络信息、开通个人微博等网络活动管理通知如下:

一、牢牢把握正确舆论导向。新闻采编人员要坚持马克思主义新闻观,牢牢把握正确舆论导向,坚持团结稳定鼓劲、正面宣传为主的方针,积极利用传统媒体、新闻网站、博客、微博等载体传播主流信息,引导社会舆论,自觉抵制有害信息的渗透和传播,不引用、不报道未通过权威渠道核实的网络信息,不传播、不转载网上流言、传言或猜测性信息。

二、进一步规范新闻采编行为。严格落实中央宣传部等五部门联合下发的《关于进一步规范新闻采编工作的意见》,严格新闻单位采编活动和编审流程的

管理，防止为片面追求轰动效应、发行数量、收听收视率而造成失实报道。未经批准，各类新闻单位均不得擅自使用境外媒体、境外网站的新闻信息产品。

三、进一步加强媒体新闻网站管理。新闻单位须加强新闻网站内容审核把关及新闻采编人员网络活动管理，要按照传统媒体刊发新闻报道的标准和流程，严格审核所属新闻网站发布的信息。禁止将网站及网站频道的新闻采编业务承包、出租或转让，禁止无新闻记者证人员以网站及网站频道名义采访或发稿。未经核实，新闻单位所办新闻网站不得擅自发布新闻线人、特约作者、民间组织、商业机构等提供的信息。

四、进一步加强博客和微博管理。新闻单位设立官方微博，须向其主管单位备案，并指定专人发布权威信息，及时删除有害信息。新闻采编人员设立职务微博须经所在单位批准，发布微博信息不得违反法律法规及所在媒体的管理规定，未经批准不得发布通过职务活动获得的各种信息。

五、加强和改进网络新闻舆论监督。新闻单位要不断加强和改进舆论监督，做到科学监督、依法监督、建设性监督，推动国家的方针政策落到实处，实现好、维护好、发展好基层和人民群众的切身利益。新闻采编人员不得利用舆论监督要挟基层单位和个人订阅报刊、投放广告、提供赞助。新闻采编人员不得在网络上发布虚假信息，未经所在新闻机构审核同意不得将职务采访获得的新闻信息刊发在境内外网站上。

各地新闻出版行政部门和各新闻媒体主管主办单位要切实履行属地管理、分级管理的职责，强化对本地媒体、所辖媒体和中央媒体在地方记者站、分支机构、新闻网站地方频道新闻采编人员及新闻业务的监管。对新闻采编人员以网络为平台牟取非法利益等行为，要坚决制止，依法严肃查处，并视情节限期或终身禁止其从事新闻采编工作。

（来源：陕西传媒网 2020-02-16 http://www.sxdaily.com.cn/n/2018/0907/c2158-6408576.html）

专题九　特殊新闻事件报道伦理

【理论概述】

媒体暴力是指媒体上的暴力内容，以及对现实生活中人们暴力行为的影响[①]。从传播学的角度说，媒体暴力是媒介效果论者经常使用的学术概念。它与现实暴力之间既有区别又有联系，媒体暴力在一定条件下可以转化为现实暴力。就媒体暴力的内涵而言，国内研究者从两个方面予以定义。一种观点认为媒体暴力是指包括电影、电视、电子游戏、报刊等在内的媒体含有或刊登暴力内容，并对人们正常生活造成某种不良影响的暴力现象。另一种观点认为“媒体暴力”是指媒体利用议程设置和话语霸权造成的对某些个体或群体的损害。这两种观点都是从较宏观的角度来进行分析。本专题针对具体的新闻报道，探讨就记者而言，在进行新闻报道的过程中怎样避免暴力，遵守职业伦理，体现人文关怀。

第一节　新闻报道暴力与人文关怀

一、新闻媒体暴力的演变

新闻媒体暴力是媒体暴力的一种具体表现，主要是针对新闻报道活动引发的暴力而言。新闻媒体暴力的提出其目的是促使新闻工作者对于实践中的暴力行为更为警惕，防止人文关怀的缺失。依据新闻传播环境不同，所引发的暴力往往呈现出不同的表现形态。本书按照媒体环境的发展过程，将新闻媒体暴力分为两个阶段。

1. 传统新闻媒体暴力阶段

传统新闻媒体的暴力按照出现的环节来说，主要出现在采访、拍摄和编辑

① 展江、彭桂兵：《媒体道德与伦理案例教学》，中国传媒大学出版社，2014 年版，第 309 页。

环节；从出现涉及的内容来说，主要在一些特殊事件的报道中，如医疗事件、悲剧事件、涉性事件、自杀事件、未成年人相关事件、司法事件等的报道中；从具体的表现形态看，主要有提问方式和态度暴力、图片和影像内容与角度等技术暴力、编辑环节的暴力内容的时长过度和运用细节展示暴力、语言措辞暴力等。

从传统新闻媒体暴力的发生看，虽然表现形态各异，但其主体基本上都是新闻媒体为追求新闻轰动效应，忽视当事人、相关人员和受众心理造成的，主体单一，可控性较强。

2. 新技术引起的暴力阶段

新技术所引发的新闻媒体的暴力主要是指源于移动终端和互联网相关技术的发展引发的新闻传播领域的便捷性和互动性加强。这些方面的变化使普通人能够随时加入传播主体的阵营，影响传播生态。在这个过程中出现了一些新的暴力形态，如人肉搜索、反转式传播、网络攻击等。

在特殊事件的报道中，因事件特点先天的吸引力，会引发普通公众借助微信、微博、短视频 App 等媒介参与到整个过程中，不仅可以自发地发布信息，还可以跟传统媒体的报道隔空对话，进行互动。因此，新技术引发的暴力其来势更加凶猛，主体更加多元，规制难度更大。

二、人文关怀的内涵及其在新闻报道中的意义

新闻活动因人的存在而存在，离开了人的这个因素，新闻传播活动就丧失了意义。一方面，新闻报道的主要对象是人类及其生活状况；另一方面，新闻信息传播的对象也是人。在新闻传播活动中，重视人文关怀是新闻报道的基本要求。

1. 人文关怀的内涵

人文关怀就是坚持以人为本的理念，坚持人道主义立场，理解人情、尊重人性。不同的研究者提出的人文主义的定义不同。左中甫在《关注人的存在　写出与人的关系》一文中讲道："人文精神是以人为本，尊重人、理解人、关心人，将人作为考虑一切事物的中心的价值取向。由于人是社会发展和历史进步的主体，人的生命状态、精神需要理应得到社会的关注和重视，这样才能促进人的自由均衡、协调地发展，避免人的异化。"俞吾金在《人文关怀：马克思哲学的另一

个维度》一文中讲道："人文关怀是对人的生存状况的关注、对人的尊严与符合人性的生活条件的肯定和对人类的解放与自由的追求。"孙通在《解读"五四"时期报刊的人文关怀》中讲道："人文关怀表现为对人的精神价值的重视以及对人生的根本关怀。"20世纪西方人文主义研究的权威人物阿伦·布洛克在《西方人文主义传统》一书中指出："尽管人文主义的范畴和内涵随着时代、地域的变化而不断发展，但始终坚持两个核心不变：一是以人和人的经验为关注对象；二是尊重人的尊严。"综观各研究者所提出的定义，虽侧重点不同，但以人为中心，关注人本身却是共识。

2. 新闻报道中人文关怀的意义

新闻媒体作为重要的社会主体之一，必须有强烈的责任意识、社会意识，倡导社会先进文化。在报道中坚持以人为本的信念，体现出人文关怀，对构建和谐社会、创造良好的舆论生态环境至关重要。

第一，新闻报道中体现人文关怀符合先进文化的方向。新闻传播活动是人类最主要的文化传播方式，始终处在社会文化最敏感的部位，对社会文化的变迁具有极强的敏感性。媒体的见证和记录，不可避免地需要体现这个时代的价值标准与道德认同，媒体不可避免地要成为这个时代进步精神的弘扬者和载体。

第二，富有人文关怀精神的新闻媒体能担负起疏导社会矛盾、纠正社会转型期失衡的价值观的责任。近些年来，随着社会主义市场经济体制的建立，社会转型期的问题日益凸显，社会矛盾日益复杂化、尖锐化，亟待大众传媒加以疏导，而传统的政治说教式的新闻报道显然已无法承担这样的责任。尤其是在当下的媒体生态中，受众的话语权因技术的发展越来越大，只有符合受众心理特点的传播才能促进传播生态良性健康发展。富于人文关怀的传媒可以在同理心的背景下以悲悯、同情的基调解读悲剧性事件，可以以感性、理解的态度报道冲突性事件，从而使事件呈现面目更加多元，使受众可以从多元的角度出发看待社会冲突，从而培养出更加宽容、善意的公众。

第三，新闻传播中的人文关怀精神体现出传媒"受众本位"的回归，折射出受传关系的平等化。新闻传播活动说到底反映的是人的存在，传递的是人的价

值观。人是传媒关照的主体，新闻报道理应反映人的命运、疾苦和欢乐。

第四，人文关怀精神的注入有利于新闻工作者自身品格的塑造。新闻工作者品格的塑造很大程度上取决于媒体的人文精神，取决于对人的关注度。新闻工作本身就是一种人道主义的事业，记者只有把对人的关注放在中心地位，吸引受众，才能被受众认可，得到受众的尊重，从而最大限度地实现自身的价值。

3. 我国新闻报道中人文关怀的现状

在新闻报道中体现人文关怀，即在新闻采访、写作、制作等一系列环节中，都要把人奉为主体，将每一个个体视为目的而非报道的手段，肯定人的价值，其核心是对人的生存状况及历史境遇的关注，对人的尊严、人的价值及符合人性的生活条件的肯定。

在我国，人文关怀理念开始深入到新闻从业者的意识并运用到新闻事件中，始于20世纪90年代，以2008年的新闻报道为代表。这一年几次较大的新闻事件报道都体现了媒体对人的关怀和关注。在2008年的冰雪灾害、汶川地震、北京奥运会等重大新闻事件中，各媒体纷纷推出了一个又一个“灾难无情人有情”的报道。温家宝总理“抢救生命，只要有一线希望就要做出百倍努力”的话语在媒体报道中多次出现；“一方有难、八方支援”的话语再次成为主题词；奥运会报道既注重比赛成绩，更注重对运动员本身的关怀等表现，都凸显着媒体的责任、爱心、人性和善良，体现了对人的重视和尊重。在新闻报道中努力体现人文关怀是媒体文明和成熟的重要标志，但是在不少新闻报道中，也存在着人文关怀缺失的现象，尤其是在灾难事件、涉性事件、自杀事件和医疗事件等特殊事件的报道中更是如此。

4. 新闻报道中人文关怀缺失的原因

(1)为追求轰动效果，使用刺激性素材

在特殊事件的报道中体现人文关怀，需要遵守一定的操作守则，不能一味追求轰动效应，使用刺激性素材。如对灾难照片的拍摄不要过度展现画面的细节以避免引起不必要的痛苦；对于电视而言，不应过多地在痛苦和受难的景象上拖延时间，而应把镜头缩短，把拍摄角度放大，并且不能把受害者血淋淋的镜头放大，应该把镜头从受害者身上挪开以示尊重。

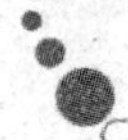

(2)采访和拍摄中忽略受害人心理和隐私,造成二次伤害

在悲剧事件中,无论是当事人还是亲属以及相关人,都是直接或间接的受害者,对于这些受访者,新闻从业者需要换位思考,需要有更多的体谅。在这样的新闻事件中,部分媒体为了追求真相,无视人文关怀,一味追求"猛料",毫不顾忌这些受访者的尊严和隐私,实际上已成为夹杂着愤怒的正义感的施暴者。

(3)媒体报道的片面性和主观性倾向严重

悲剧性事件往往是各媒体关注的热点,稍有不当就会伤害其他人,所以一个有良好修养的新闻从业者面对此类事件的报道应该更加小心谨慎,更需要体现出人文关怀。然而,部分新闻从业者更喜欢将悲剧性事件视为媒体之间竞争的筹码,从而挣脱新闻伦理准则的束缚,进行片面的、主观性的报道。如在"江歌案"和"重庆公交坠江案"中有些媒体的报道明显具有片面性和主观性,引导受众进行了"选择性注意"。

(4)网络空间的无组织性造成舆论暴力

网络空间中的自媒体、微博、微信以及短视频 App 等作为公众话语权的具体出口,在一些突发事件的传播中表现出巨大的能量,但这些由普通公众自发发布信息的渠道具有无组织、审核不严等特点。突发事件发生后,在权威媒体发布信息之前,参与者、旁观者就会在第一时间发布信息,并迅速传播,对当事人造成网络暴力。在重庆公交坠江事件中,关于轿车司机是肇事者的短视频在真相公布之前,早已迅速转发,对当事人造成了极大的伤害。

5. 新闻报道中人文关怀的对策建议

新闻媒体在报道时全方位、多层面渗透人文关怀的理念,需要从制度和自身内在努力多方面来实现。

(1)利用政策法规、新闻行业和媒介组织等多层面加强管理和自律

首先,政府和国家需要对新闻媒介进行治理,制定相应的法律法规来惩恶扬善。在不触犯和干预新闻媒介应具有的新闻舆论监督功能的前提下,政府可以通过制定政策法规,引导媒体态度。如十六大以来,党中央针对新闻工作提出了"三贴近"原则,即贴近实际、贴近生活、贴近群众。这要求新闻媒体需要在深入实际、深入生活的过程中反映实际、反映生活。

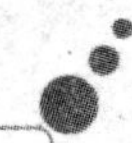

其次，新闻行业、媒体组织需要出台自律规范以及加强自律。媒体要做好“大众的引导者和教育者”，不辱职业使命，加强自身道德建设。

(2)新闻工作者的自律和提升人文素养是关键

外因通过内因起作用。作为人文关怀的根本性因素，新闻工作者的自律是防范新闻报道中人文关怀缺失现象发生的根本。

首先，新闻工作者需要不断加强自身学识及品行修养，提高人文素质，培育高尚的情操、敏锐的观察力，坚守良知正义。其次，新闻工作者应更多地关注普通人，注重新闻事件中人的感受，使报道充满思想感情，充分体现出新闻报道的人文关怀。最后，还要注意规避侵害个人隐私，防止语言暴力。

第二节　特殊事件报道暴力

关于特殊事件的报道，《中国新闻工作者职业道德准则》第六条规定：新闻工作者要维护采访对象的合法权益，尊重采访报道对象的正当要求，不揭个人隐私，不诽谤他人；保障妇女、儿童、老年人和残疾人的合法权益，注意保护其身心健康；维护司法尊严，依法做好案件报道，不干预依法进行的司法审判活动，在法庭审判前不做定性、定罪的报道和评论，不渲染凶杀、暴力、色情等。

不同国家、地区和媒体虽然在具体规定上有所差异，但基本上都提出了要避免新闻媒体报道暴力。

一、涉性案件的报道

涉性案件天然具有较强的新闻价值，又因其涉及当事人及其亲属的隐私、尊严，极容易造成二次伤害。因此，对于该类事件进行报道时，要防止隐私暴露并引导受众正确看待这类事件的受害者，一些具体操作规范对于指导新闻工作者在新闻报道中的实操具有较强的借鉴意义。以下是全球部分国家和地区新闻职业伦理中的一些代表性的规定。

1. 克罗地亚《新闻工作者荣誉准则》规定

在涉及性侵报道时，新闻工作者不能披露涉案儿童的具体信息，不管该儿童是作为目击者还是受害者。在报道性侵事件时，必须遵守如下原则：

儿童和未成年人不能被认出；

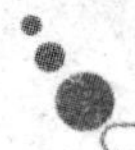

只有一个成人能直接或间接地被识别。

2. 立陶宛《新闻工作者和出版商的伦理规范》规定

如果(公众)可以从资料中辨识出这个人的身份，那么，在没有得到同意的情况下，禁止发布性虐待案中个人名字及其他资料。

3. 英国《编辑业务准则》规定

当16岁以下的儿童是性侵案件中的受害人或目击者时，媒体不能够透露儿童的身份，即使这在法律上是被允许的。

在涉及儿童的性侵犯报道时，应注意：

不能透露孩子的身份；

可以透露成年人的身份；

当孩子是受害人时，不能使用“乱伦”这个词；

必须注意不能在报道中暗示被告与儿童之间的关系。

4. 肯尼亚《新闻行为准则》规定

媒体不应该公开性侵犯案件的受害者的身份，或发布可能导致其被辨识出来的材料。对此类信息的公开不符合任何合理的新闻利益或公共利益，而且可能会给受害人带来社会责难和社交关系上的尴尬，也可能给其家庭、朋友、社区、宗教秩序及其所属的机构带来不便。

5. 南苏丹《印刷媒体的道德规范》规定

(1) 印刷媒体不能公布性侵犯的受害者或者发表可能暴露其身份的报道，除非被害人同意或者涉及公共利益时。

(2) 在任何涉及儿童性犯罪的案件报道中，无论是孩子还是成年人，媒体都不能公布姓名。这意味着必须注意，报道中不能有任何言词暗示被告与儿童之间的关系，特别是，必须避免使用“乱伦”这个词，因为这可能暴露儿童受害者的身份。

6. 坦桑尼亚《广播员伦理规范》规定

对性的描述不应该只通过展示相关人物的身体诱惑的方式进行。展示裸体和露骨的性行为都是不道德的。

不得描述成年人和儿童之间的性行为。

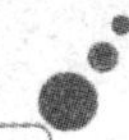

在新闻、纪录片和讨论类节目中，当与性有关的主题是重要的内容时，必须仔细计划并且慎重地将话题进行归类和标注。

7. 美国《专业记者守则》规定

小心处理或保护青少年及性犯罪案受害人的身份。

8. 阿根廷《新闻论坛伦理规范》规定

性侵事件的受害者的名字不应该被公开，除非得到明确的允许。

9. 中国《台湾报业道德规范》规定

一般的强暴案件，不得报道；对严重影响社会安全或重大刑案有关之强暴案，不得泄露被害人姓名、住址或足以辨认其身份之相关资料。

10. 日本《广播电视协会的广播电视节目播放标准》规定

在有关性的表现中，应注意不得给视听者带来困惑、厌恶的感觉。

在有关性感染症和生理卫生的表现中，必须以医学上、卫生学上的正确的知识为依据。

应注意在一般作品中，即使是艺术品中，也不能给人以过度的感官性刺激。

在表现性犯罪和性变态、性倒错的场面时，应注意不得给人以过度的刺激。

在表现有特殊性观念的少数人群时，应考虑对其人权的尊重。

原则上不得有全裸的人体表现。在表现肉体的一部分时，应特别注意不得给人以低级下流的感觉。

二、自杀事件的报道

近几年，明星自杀的新闻报道较多。因明星的知名度，其新闻价值本身较大，如果在报道中不能以事实为依据，进行有节度的报道，不仅会伤害自杀者的尊严和其亲属的情感，也会诱发模仿行为，成为社会的不稳定因素，难以发挥新闻媒体向善、向美的舆论导向。有关自杀事件的报道规范，有的国家或地区作为新闻职业规范的条款出现，而有的国家或地区有专门的自杀事件的报道规范。以下是部分国家和地区的相关规定：

1. 保加利亚《媒体伦理规范》规定

应避免公开自杀方式的细节，从而降低(其他人)效仿的风险。

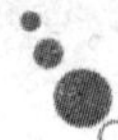

2. 丹麦《媒体行为规范》规定

自杀或企图自杀事件不应该被报道,除非存在明显的社会公共利益需要,或其他使该新闻合理化的理由。即使存在以上情况,这种报道也应该尽可能深思熟虑。

3. 爱莎尼亚《报业伦理规范》规定

严格推敲自杀和企图自杀类事件的新闻价值。

4. 德国《新闻工作伦理准则》规定

报道自杀事件时应保持克制,尤其是在公布自杀者姓名和对自杀情况的详细描述方面。只有当该自杀事件是当下历史的一部分或者与公共利益干系很大时才能成为例外。

5. 爱尔兰《报纸期刊实践准则》规定

应该避免过多报道关于自杀的手段和细节。

6. 立陶宛《新闻工作者和出版商的伦理规范》规定

如果报道可以让人辨析出当事人(尤其是未成年人),新闻工作者和公共信息的组织者就不应提到自杀或试图自杀者的名字或其他参与者的名字,这是为了尊重个人及其亲属的隐私。

当发布自杀或试图自杀的信息时,新闻工作者和公共信息的组织者在指出自杀或试图自杀的动机时应该特别小心,确保这样的信息不会激发社会的自杀行为。建议提供有帮助作用的心理方面的信息,以及上面提到的对社会有用的信息。

7. 挪威《媒体伦理规范》规定

谨慎报道自杀或试图自杀的行为。应避免报道没必要迎合(受众)一般信息需求的此类事件。避免对可能会引发进一步自杀行为的有关方法或其他事项的描述。

8. 英国《编辑业务准则》规定

在报道自杀事件时,为了防止效仿行为,在考虑到媒体报道法律诉讼权利的同时,应该注意避免对自杀方法进行过多的细节描述。

9. 中国香港报业评议会《处理自杀新闻守则》规定

基本原则

报章报道自杀新闻的手法，深受社会人士关注。我们认为，传媒应在公众利益、报道事实，与避免可能产生“模仿”“传染”效应两者之间求取平衡。

传媒若以血腥照片、煽情内容、夸张的表述手法报道自杀事件，是有违新闻专业及道德操守的，对公众及自杀者家属造成困扰与伤害。

报道手法

(1)编辑

除非涉及公众利益或重大公众关注的事件，避免将自杀新闻刊于头版或者传媒网站首页；

避免使用特大字体标题；

传媒网站避免在自杀新闻之间建立相关链接。反之，建议将自杀新闻链接到相关精神健康服务网站；

避免重刊过往的自杀个案；

处理知名人士案件更应特别小心，因为知名人士经常被大众市民，尤其是青少年视为偶像或英雄，其自杀或自我伤害的行为容易令人模仿。

(2)报道内容

避免详述自杀方式、过程；

避免美化、感性化、英雄化自杀行为；

避免将自杀描述为一种解决问题的方法；

避免揣测自杀原因或将自杀原因简单化。

(3)相片

避免刊登血腥、暴力、恶心、不雅和色情的图片；

谨慎处理自杀者或现场相片，宜采用“打格仔”方式淡化；

不应以设计对白及情节描述自杀过程或前因后果；

避免以设计图片及动画去描述自杀过程或前因后果；

避免放大现场企图自杀相片，例如危处高楼或跃下之连环相片。

尊重私隐

尊重自杀案件中事主家人的私隐，避免加添他们伤痛；

顾及死者亲友感受，避免过分追访，加重心理伤害。

教育及预防

报道时可考虑提及自杀的先兆，让人提高警觉，及时对有自杀倾向的人提供协助；

尽量提供解决方法及求助渠道，加入心理健康专家、社工、教师等专业人士意见；

尽量提供精神复康的信息或其他辅导服务及联络方法，助受困者及其家人应对困难。

（来源：香港报业评议会有限公司 2020-01-13 http://hk/a/64379-cht）

10. 中国《台湾报业道德规范》规定

报道犯罪、色情及自杀新闻，不得详述方法或细节。

11. 澳大利亚《自杀报道的具体规范》规定

这些标准是用来规范印刷媒介和网络媒体上关于自杀及其相关议题的报道。这包括报道个人自杀或企图自杀这种事件，也包括与自杀相关问题的评论及其他材料，如自杀的发生率、原因和影响。新闻评议会的所有出版商成员已经对这些规范以及委员会的其他行业规范做出了具有法律约束力的承诺。

报道自杀的规范是建立在新闻评议会《新闻一般准则的声明》和《新闻隐私信条的声明》基础之上的，也就是说，这些规范要求出版物采取以下合理措施：

避免侵犯个人对隐私的合理期待，除非这样做是完全为了公共利益；

避免引起他人或极大地造成他人遭受实质性侵害、痛苦、偏见，或者给他人带来健康方面和安全方面的风险，除非完全是为了公共利益；

只能为了公共利益搜集个人信息，不得过分地侵犯个人隐私。在采集新闻的过程中尊重其个人的尊严与敏感信息；

受害人或失去亲人的人有权在任何时候拒绝或终止采访或者拍摄，新闻工

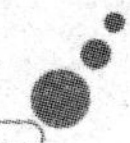

作者不能利用这些陷入有新闻价值事件中的人。

规范正文

一　总报告和讨论

(一)关于自杀的总报告和说明将会对社会有很大的好处。例如,它可能会有利于社会利益。比如,它也许可以帮助提高公众理解(自杀的)原因和发出警示,对于考虑自杀的人有阻遏效果,给受影响的亲属和朋友带去安慰,或者进一步促进公共或私人行为,以防止自杀。

(二)新闻评议会并不阻止对此类自杀事件的报道,但需要严格符合以下规范。当报道被特别脆弱(因为他们的年龄或者精神健康)的受众所阅读或看到时,而且报道的自杀者是他们的同龄人或名人时,新闻工作者需要特别注意。

二　对个人的报道

(一) 在决定是否要报道一个个人自杀的实例时,应当要考虑是否满足下列标准中的至少一项:

1.这位自杀者的亲戚或好友对采访报道给出了清晰的知情与同意;

2.报道自杀符合明确的公共利益。

(二)在决定是否要报道死于自杀的人的身份时,应该要考虑是否满足下列标准中的至少一项;

1.这位自杀者的亲戚或好友对采访报道给出了清晰的知情及同意;

2.明确身份是为了公共利益。

三　报道自杀的方法和地点

自杀的方法和地点不应该被详细描写(例如,某个具体的药物或悬崖),除非明显公共利益大于造成进一步自杀的风险时,才可以这样做。这条规范对于那些考虑自杀却不知道方法和地点的人们有保护作用。

四　责任和平衡

新闻工作者不应该以耸人听闻的手法处理自杀报道,不应该美化或轻视自杀。新闻工作者不应该不当地指责自杀或与自杀有关联的人。但这一要求并不妨碍其负责任的描述或讨论自杀的影响。即使它们是对人们、组织或社会十分不利的。应该在恰当的地方指出其潜在的原因,如精神疾病这种

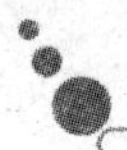

原因。

五　敏感性和适度

报道自杀不应该过分突出，特别是用不必要的标题和图片来突出。特别要注意，不要给企图自杀过的人或相关人、已受自杀影响或试图自杀影响的人造成不必要的伤害。这要求在采访和报道新闻中具有特别的敏感性和适度性。

六　获得援助的来源

与自杀相关的出版材料应该与24小时应急服务中心的信息或其他部门的信息相符合。报道中的特殊信息也需根据报道的性质和周围的环境而有所不同。

三、医疗事件的报道

医疗事件的特殊性在于病人的特殊性和医院工作的特殊性。因此，对于此类事件如果按照普通的新闻事件进行报道，有可能侵犯隐私，对病人及其亲属造成身体和心理上的伤害，也有可能影响医生的救治工作。对于此类事件应与普通新闻事件区别对待，遵守专门的新闻伦理规范。

1. 白俄罗斯《新闻工作者伦理守则》规定

新闻工作者在医院或其他医疗机构的领域进行采访报道时，应该得到该机构管理人员的允许。新闻工作者必须牢记身体缺陷或疾病的信息原则上属于私人秘密；

当发布医药主题的报道时，一方面应当避免使用使病人有快速治愈希望的材料，因为这样的报道对于病人来说是没有根据的、不合适的。另一方面，如果对某个特定疾病的治疗前景已有某种判断，那么在对其进行观点不同的定性式报道时，不应给病人造成困惑，以免消减其选择成功治疗方案的可能性。

2. 德国《新闻工作伦理准则》规定

关于医疗事务的报道不应该作一些不必要的煽情性描述，因为此举可能给一些读者造成毫无根据的希望或恐惧。

对仍处于初期阶段的研究发现，不应描述为已最终确认或几乎得到确认。

3. 意大利《全国新闻联合会及新闻记者委员会准则》规定

记者应保护残疾者的权利，应避免以煽情的方式发表可能带来恐惧或毫无

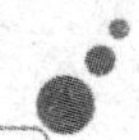

根据希望的医学争论性消息。

不得传播未被权威科学来源证实的新闻；

不得以促销为目的的报道商业药品和产品；

及时通告因损害公众健康而被撤销或停止流通的医药用品。

4. 英国《编辑业务准则》规定

为了获取信息，在进入非公立医院或者类似的机构之前，新闻工作者必须表明自己的身份，并且需要从负责的主管那里获得许可。

在医院或类似的机构进行采访，不得在询问个人情况时侵犯隐私。

5. 斯威士兰《全国记者协会道德规范》中关于艾滋病毒和艾滋病的报道伦理规定

众所周知，媒体的行动能影响人们的生活。媒体在艾滋病毒和艾滋病领域的报道更是如此，对相关人士有害的报道可能给其带来负面影响或使其遭受耻辱和歧视。对艾滋病毒和艾滋病的报道是一个特殊的领域，在报道疫情时需要得到专门性的指导。

6. 坦桑尼亚《媒体与新闻编辑伦理规范》规定

发布死者的照片时，确保事先征求死者亲属的同意。

7. 加拿大《亚伯达省媒体委员会业务守则》规定

记者在医院或者类似的机构做调查时，应该在进入之前向对方的负责官员表明身份。除非是在极少的一些场合，如果表明身份就无法获取理应被披露的信息时，可以隐瞒身份。

8. 中国《台湾报业道德规范》规定

采访医院或灾难新闻，应尊重院方规定或获得当事人同意，不得妨碍治疗或救难措施，尤不得强迫摄影。

9. 澳大利亚《采访病人具体规范》

引　言

制定此规范的目的是方便媒体采访医院及护理机构的病人，同时也可以确保对这些病人及其家属健康、尊严、隐私的尊重，以及对于澳大利亚新闻《一般准则的声明》中关于准则的呼应。基于以上目的，该规范旨在：

防止医院对记者的不合理排斥；

提升记者和医院之间的合作方式；

防止记者对弱势患者的不当采访；

防止记者对其他病人和医院工作人员造成不必要的侵扰。

该规范适用于记者采访医院和其他护理机构的人员。本规范不适用于对于其他人员的采访。评议会的所有成员做出了具有法律效力的承诺，并遵守这些规范，以及评议会的其他实践标准。

该规范是以评议会的一般原则和保密原则为基础的，即出版刊物需要按照以下合理的步骤：

避免侵犯个人对隐私的合理期待。除非这么做是完全为了公共利益；

避免引起他人或极大地造成他人遭受实质性侵犯、痛苦、偏见，或者给他人带来健康方面和安全方面的风险。除非完全是为了公共利益；

避免发布那些用欺骗或不正当手段获取的信息，除非完全是为了公共利益。在采集新闻的过程中尊重人的尊严和敏感信息。

受害人或失去亲人的人，有权在任何时候拒绝或终止采访或拍摄。并且不得对卷入报道事件的人进行人肉搜索。

规范的正文

一　病人知情与同意

（一）在进行任何涉及医院病人的采访时，新闻工作者应取得患者的知情与同意，除非有以下情况之一，则不需要病人的知情与同意。

1.该采访活动是在医院外面，为了让病人同意采访而进行的最初的交流。

2.负责人确认已经得到了患者的知情同意书。

3.负责人批准的此类采访，即病人的身份不会在任何已发布的材料中被辨识出来的采访。

（二）新闻工作者对告知病人知情同意原则这一行为负责，这可能是很难达到的，除非医生或其他专家关于此事的建议已经记录在案。

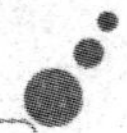

二　访问病人的权限

（一）在对医院的病患护理区的病人进行采访之前，记者必须向有关负责人出示身份证明及采访许可证明。然而，如果采访活动是关系重要的公共利益，并且在媒体高级编辑层面都同意该采访，那么没有获得授权许可的采访是允许的。

（二）新闻工作者要对自己发出的要求负责。

1.新闻工作者确保是从有资格授权的人那里获得医院采访的授权许可。

2.而且，新闻工作者需要将自己的身份以及进入医院的采访目的完全地告诉给医院发放授权许可的负责人。

在医院同意新闻工作者去采访病人时，新闻工作者需要确保病人所处的病患状态是能够被告知知情同意原则的。并且当采访病人时，新闻工作者必须解释希望从病人那里所获得的信息是什么，以及获得病人的知情及同意。

三　中断对病人采访的情况

在以下情况下，记者应该立即停止采访：

（一）病人要求停止采访，或者授权负责人有正当的理由要求新闻工作者停止采访时。

（二）或者出现一种非常清楚的情况时，即病人没有清楚地意识到采访所包含的内容以及可能产生的后果。

四、未成年人相关事件的报道

对于未成年人的保护是全球范围内各个国家和地区在新闻职业道德和职业伦理规范中都重点规定的内容，条款最多，保护级别最高。主要内容是对未成年人隐私的保护，不论是在普通的新闻事件中，还是在特殊新闻事件中，也不论未成年人在案件中是受害者还是施害者，都要保障未成年人的信息不被随意曝光，保障未成年人的采访须有监护人在场等。有些国家和地区的规范中还具体规定了如何操作、如何表述等实操性较强的处理步骤和方法。

1. 奥地利《媒体伦理规范》规定

对儿童隐私的保护应优先于新闻价值；

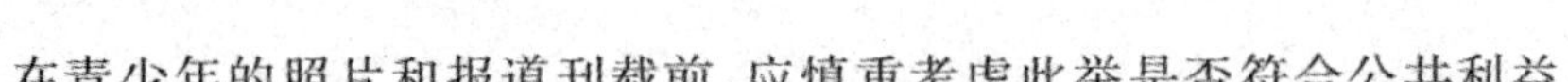

在青少年的照片和报道刊载前,应慎重考虑此举是否符合公共利益;

对刑事犯罪或青少年的不端行为的报道,不得披露个人的全名,不得影响他们重返社会;

新闻工作者在采访和拍摄儿童时,或在报道对其未来可能产生消极影响的事件时,应保持高度警惕;

对私人图片的发布应事先获得当事人的允许,当当事人是未成年人时,应获得其父母或监护人的允许,除非对该图片的公布符合公共利益。

2. 白俄罗斯《新闻工作者伦理守则》规定

在报道家庭冲突、法院及其他机构正在处理的案件时,建议不要提及未成年人姓名。

当犯罪者是未成年人时,不应该公开可以辨识他们的姓名和照片,除非该犯罪事件中的罪行是重大的。

不能公开 16 岁以下的性犯罪受害者或目击者的身份。

3. 保加利亚《媒体伦理规范》规定

应该对尊重儿童权利有着特殊的责任,包括其申辩权;

不应该利用儿童的纯真与信任;

只有在符合公共利益的情况下,才能被允许公布儿童的私人生活信息与照片;

在与儿童相关的悲剧和犯罪活动中,应隐藏儿童的身份信息,否则会对儿童造成有害影响;

应设法避免在没有适当成年人陪伴的情况下采访儿童。

4. 克罗地亚《新闻工作者荣誉准则》规定

当报道与儿童相关时,新闻工作者禁止拍摄或采访没有家人或其他负责人陪同的儿童(14 岁以下)。

未经学校同意,新闻工作者不允许和学生交流或拍照。不允许支付给儿童和青少年(14～16 岁)以及儿童父母或监护人报酬以获得信息,除非这则报道与儿童的利益相关。

5. 爱莎尼亚《报业伦理规范》规定

一般情况下，未成年人只有在其家长或其监护人出席或同意的情况下才能接受采访。如果这个采访是为了保护该未成年人权益，或该未成年人已经处于近距离公共关注下，则可免于此规定。

将“不应该报道未成年人的监护权争夺”作为一条规则。

6. 爱尔兰《报纸期刊实践准则》规定

在寻找和发布 16 岁以下孩子的信息或评论时，印刷媒体和在线媒体应当特别小心。

新闻工作者和编辑应该考虑到儿童的脆弱性；在处理与儿童相关的新闻时，无论是否得到了父母或其他监护人的许可，都应该考虑孩子的年龄、话题的敏感性以及一旦这个故事为公众获知的后果等。在校青少年学生享有不受不必要打扰的自由。父母或其他监护人的名声、恶名或立场不能作为详细发布儿童私生活的唯一理由。

7. 意大利《全国新闻联合会及新闻记者委员会准则》规定

记者需遵守 1989 年签订的有关儿童权利的《联合国公约》和《特雷维索伦理准则》所确定的所有原则，以保护儿童的个性和人格，无论他们是作为普通法违法行为的参与者还是受害者。特别要注意：

记者不得公布其姓名或其他可能导致其在日常生活中被辨识出来的信息；

记者必须避免沦为成年人的利用工具，避免成为其专属利益的代表；

但是，如果传播某些有关儿童的消息会给他们带来实际利益，那么记者应对此给予重视。

8. 立陶宛《新闻工作者和出版商的伦理规范》规定

新闻工作者和公共信息的组织者应当考虑到儿童的安宁，不得发布给孩子带来悲伤和恐惧的信息。所提出的问题应认真考虑并适合孩子的年龄。禁止强迫孩子谈论与他们的父母、家庭生活、冲突等相关的问题。

如果（公众）可以从这些资料中辨识出未成年人的身份，那么，新闻工作者和公共信息的组织者不得发布任何与犯罪行为或其他违法行为有关的未成年人的个人资料，除非他/她正试图逃避司法机构或法庭的追责。

9. 挪威《媒体伦理规范》规定

当报道儿童时，好的媒体应该去评估每次报道可能带来的影响。这也适用于监护人或父母同意的儿童报道。在报道有关家庭纠纷的案件中，依儿童保护机构或者法庭的要求，媒体不能曝光儿童的身份。

10. 英国《编辑业务准则》规定

所有学生在学校的时间是自由自在的，不能受到没有必要的干扰。

没有得到校方的许可，不允许接近或拍摄学生。

16 岁以下的儿童不能就与他自身或其他孩子的健康、安全等相关的话题接受采访或拍照，除非得到监护父母或其他监护人的同意。

16 岁以下的儿童不能因涉及儿童健康、安全等的材料而获得报酬，家长和其他监护人也不能就他们的孩子的信息而获得报酬，除非在儿童利益方面写得很清楚。

编辑不能用其父母或其他监护人的姓名、名气或地位作为曝光儿童私生活细节的理由。

11. 南苏丹《印刷媒体的道德规范》规定

(1)在任何时候，印刷媒体应当尊重儿童的成长环境免受不必要的入侵的要求。

(2)除了涉及公共利益，比如虐待儿童、忽视或遗弃儿童时，在未征得家长或其监护人同意的前提下，在涉及儿童利益的报道中，印刷媒体不得对儿童进行采访或拍照。

(3)在性犯罪案件中，禁止印刷媒体对作为受害者或目击者的儿童进行报道。

12. 斯威士兰《全国记者协会道德规范》规定

记者应保护未成年人的权益。在采访或拍摄涉罪未成年人之前，应征得父母或监护人的同意。

记者应当：

维护弱势儿童的权益；

在报道儿童时采取最高的道德标准；

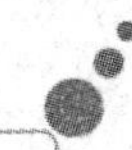

敏感而准确地报道涉及儿童的问题；

充分考虑任何与儿童相关的报道的后果；

避免通过图像或其他方式曝光儿童，除非此举有利于该孩童的权益；

对儿童提供的信息和线索应进行核实以确保真实性，同时避免将其置于危险之中；

努力避免对儿童图像进行情色化的使用。

13. 阿根廷《新闻论坛伦理规范》规定

在任何情况下都不得公开涉及犯罪行为的儿童或者青少年的名字或图像，即使是姓、别名或者昵称也不可以。

14. 加拿大《亚伯达省媒体委员会业务守则》规定

在采访未满18岁的未成年人或无自理能力的成年人时，在父母或监护人缺席或不同意的情况下，记者应持谨慎的态度。

除特殊情况以外，即使是在法律允许的情况下，报纸也不应该曝光性侵犯案件中未满18岁的受害者、目击证人或者被告。

【案例与评析】

案例9-1　姚贝娜去世

2015年1月16日16时55分，知名歌手姚贝娜在北京大学深圳医院去世。《深圳晚报》采访姚贝娜眼角膜捐献一事，引发了网络舆论风暴。此风暴先是在自媒体发酵，后引发互联网营销账号和网络水军大规模持续恶意炒作和攻击，以夸张言辞、虚假信息和语言暴力误导舆论。

此后，有关“歌手姚贝娜病逝”与“报道姚贝娜去世的记者挨骂”的消息先后在广大受众中迅速传播。同时刷爆微信朋友圈的还有两篇文章：《记者们在病房外，焦急地等待着她的死亡》《每人都有15分钟站上道德高地骂记者》，直指新闻媒体的伦理道德。

《深圳晚报》三名记者进入临时手术室拍摄角膜手术过程，在现场引起了争执。记者的这种行为触痛了受众的神经，“时至今日，那只贪婪的秃鹫还未离开，它变成了一个个记者，虎视眈眈地盯着你，我，他，所有人。有人说，世界总有人不幸，记者只是记录不幸。但是我觉得，有些时候，记者在记录不幸的同时，也在制造新的不幸"，被疯传的《记者们在病房外，焦急地等待着她的死亡》一文中的这段话，似乎代表着公众对新闻从业者的质疑和指责。

评析：

作为医疗事件，新闻报道过程中应如何操作是新闻报道伦理的重要内容。在这个事件发生后，有些问题成为辩论的焦点，也将新闻伦理的实践与建设再次摆在我们面前。如：如何报道名人死亡？面对姚贝娜病重的消息，记者守候在医院打探消息的做法是否合理？应当用怎样的方式采访陷于悲痛的家属？

之后《深圳晚报》针对公众质疑的几个问题进行了回应：没有偷拍遗体；没有"穿白大褂伪装医护人员"；手术前后各方克制；"推倒贝娜母亲"子虚乌有；所拍照片现场全部删除，无一张见报。本案例中舆论的焦点方面也是全球各国在涉及医疗事件报道中探讨的伦理问题的重要方面。

案例9-2　一只猫的非常死亡

央视《新闻调查》2006年4月25日播出由柴静主持的节目《一只猫的非常死亡》。这期节目以网络上热传的一段猫咪被高跟鞋踩踏的视频开始，逐渐引起了社会各界人士的广泛关注，并通过网络手段寻找踩猫事件的当事人。事件发生后，许多传统媒体对此事进行了跟踪报道，与网络媒体的人肉追踪相互作用。有些媒体简单地将事件的基调定为对动物的残忍是应该被谴责的。事件发生后，网络媒体的人肉搜索和传统媒体的相关报道及舆论的压力对当事人的生活造成了极大的困扰。《一只猫的非常死亡》这期节目将报道的深度进一步推进，不仅揭示了停留在表面的真相，而且关注到了真相背后的深层原因，体现了人文关怀。

因这次虐猫事件，网络人肉搜索显露出了其强大的攻势和杀伤力而成为热词。行业内将包括"人肉搜索"在内的这类源于网络技术的虚拟与现实交织的暴力称为网络暴力。

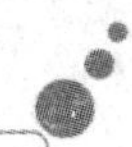

评析：

自网络暴力出现后，其具体表现形态随着网络技术的升级不断变化。基于网络的快捷性、匿名性和互动性等特点，网络暴力比起现实暴力，影响范围更大，危害也更大。现实中，虚拟暴力与现实暴力相互作用，成为媒介暴力在当下媒介环境中的主要表现。规制层面上，近几年从职业道德规范到各级各类的法律法规越来越重视网络环境的治理，网络不再是法外之地。

案例9-3 杨武案

2011年11月8日，《南方都市报》的记者成希发表了一篇独家报道，题为《妻子遭联防队员毒打强奸 丈夫躲隔壁“忍辱”一小时》，占整版。报道称，31岁的安徽阜阳人杨武与妻子王娟（均系化名）在深圳宝安区西乡街道租房开了间修电器的小店，10月23日晚，杨武的同乡、西乡街道社区治安联防队员杨喜利来到他们家，毒打并强奸了王娟，杨武出于恐惧，在杨喜利对妻子施暴的过程中始终躲在杂物间，未敢出来制止。事发后，王娟多次自杀未遂。

自《南方都市报》率先对此事进行报道后，各路媒体蜂拥而至，在深圳宝安区西乡街道的杨武家进行采访。这其中，不仅有深圳和广东本地的媒体，甚至连成都电视台等离深圳有千里之遥的新闻单位也派出了记者。至于“采访盛况”，正如《齐鲁晚报》所称：“他们从杨武家狭小的卷帘门直闯而入，将不足8平方米的小屋围堵得满满当当。”

有一张照片和一段视频在网络上疯传。照片的背景很杂乱，堆满了衣物和传单。照片右侧，杨武的妻子，也就是这起强奸案的受害人王娟向里侧卧在床上，两手抓着床单，将脸捂得严严实实。左侧，有好几只指甲涂得鲜红的手握着话筒，将它们凑到女子的头边。话筒上，南方电视、广东卫视《今日关注》栏目、深圳电视台“公共频道”的标识清晰可见。视频中，也是一群手持话筒的人走进了一间堆满废旧电视机的房子里，他们围着身材瘦小的杨武要求采访。杨武跪在地上，头深深地埋了下去，用带着哭腔的声音说：“我忍受的是所有男人不能忍受的耻辱和压力，我不愿意回忆，求求你们了，出去好吗？”

电视媒体8日当天也作了报道，南方电视台在8日晚间播出的节目，引用

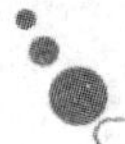

警方通报称犯罪嫌疑人杨喜利不承认有强奸行为，却表示和王娟之前就存在“通奸”的行为。9日，有媒体称，由于不堪络绎不绝的记者上门采访的要求，且无法忍受“通奸”的说法，王娟再次割腕试图自杀，被杨武救下后，不堪其扰的这一家人选择了搬家躲避，但仍有记者找到了治疗王娟的医院，要求采访。

评析：

这次事件的文字、图片以及视频被集中传上网络，再加上微博转发，杨武、他的妻子王娟甚至年幼的女儿，都清晰地出现在公众面前。此事件的披露立刻引发了社会舆论的强烈关注。许多网站的编辑都在8日这天将此报道放在了首页的显眼位置，人际传播速度更快的微博则形成了疯转的态势，从而使“杨武事件”成了8日当天最主要的全国性话题。

“杨武事件”发生之时，对媒体伦理的反思就开始了，该事件成为审视中国媒体道德表现的一面镜子。但单纯的指责和重申伦理规范并不能反映事件本质，其间所折射出来的社会环境和情绪、媒体及媒体人的行为逻辑以及媒介生态更值得人们深思。

就具体操作层面而言，对媒体的行为探讨的重点主要在采访的方式和报道内容的处理上。

采访中冰冷的追问是最主要的不当之处，充分暴露出媒体从业人员缺乏对悲剧事件当事人的人文关怀，如直接对杨武说“你太懦弱了”以及追问王娟“谈谈当时的情况”“你有什么感受”等。报道内容方面主要表现为对当事人身份的泄露以及不当的镜头。如对杨武家的环境和杨武家人的身份的直接曝光，对杨武下跪镜头的放大及凸显处理等。

该事件引发了国内许多媒体和新闻从业者对此类新闻报道伦理的反思，其中对隐私的保护、避免二次伤害等方面的伦理规范引发业界高度关注。

案例9-4　乔任梁事件

2016年9月16日晚，微博网友爆料在上海普陀区某别墅内有一男子死亡。随后上海市公安官方微博证实了消息的真实性。此事一出便引来网友的广泛关注与热议，也由此引发了对死亡男子的身份和死因的大量猜测。9月17日，

乔任梁的经纪公司发表正式声明，承认该男子为乔任梁本人，并就其死因作出声明。声明中提到，乔任梁从2015年开始患上抑郁症，并对外隐瞒了病情，受到病痛的痛苦折磨之后，选择用自杀的方式结束自己的生命。但是，乔任梁自杀事件及死因的公布并未能使整个事件画上一个句号，而是引发了一波又一波的舆论风潮。

影星乔任梁死亡消息被曝出后，知名博主"八卦_我实在是太CJ"爆料称，乔任梁并不是死于所传的SM，而是"抑郁症自杀，并且是头套着塑料袋把自己闷死的"。"圈教主"则在微博曝出了一张微信截图，上面称乔任梁在"浴缸里割腕，很多刀，头上套了个塑料袋"，以及其他网站播放的"血腥图"等。

围绕乔任梁自杀事件所引发的舆论，主要发生在新媒体上，针对的主要是乔任梁的死因和具体死亡方式、追悼会风波及对相关好友的舆论攻击。主要表现为发表具有煽动性、伤害性、侮辱性的言论、视频、语音等。

评析：

对于自杀事件，不论传统新闻媒体还是新媒体，在进行报道时都要遵守该类事件的报道伦理。在全球许多国家和地区的新闻职业伦理规范中都有专门对于自杀事件报道的明确规范。其中大部分国家和地区都明确规定，不能详细报道自杀方式和原因，不能曝光死者遗容，不能无端揣测自杀原因。同时对自杀者亲属的感受也要充分考虑到，不得强制采访。

【思考】

1.涉性事件报道规范有哪些？

2.国际上关于自杀事件的报道伦理有哪些共性规定？

3.医疗和医院相关事件报道规范有哪些？

4.国际上各国基本都将未成年人的报道伦理设定为最高级别，其出发点是什么？请结合实例分析新闻报道对未成年人保护的具体做法。

专题十　新闻报道与公民人格权

【理论概述】

第一节　人格权与新闻侵权

一、人格权

我国《宪法》(2018 年修订)第三十八条规定:“中华人民共和国公民的人格尊严不受侵犯。禁止用任何方法对公民进行侮辱、诽谤和诬告陷害。”我国法律对身体性人格权如生命权、健康权和人身自由等一向予以明文保护。而对名誉权和人格尊严等精神性人格权在 20 世纪 70 年代和 80 年代之交才立法保护。

人格权的概念要先从人身权说起。人身权乃人格权与身份权的综合,又称人身非财产权,指民事主体依法享有的与其自身不可分离亦不可转让的没有直接财产内容的法定民事权利。身份权指民事主体以特定身份为客体而享有的维护一定社会关系的权利,确切地说,身份权实为权利义务的集合体,它包括亲权、亲属权、配偶权。

人格权是指民事主体依法固有的,为维护自身独立人格所必备的,以人格利益为客体的权利。其含义有三:首先,人格权是民事主体依法固有的,指从自然人出生,非自然人成立之日起,他(它)们就享有人格权;其次,人格权是民事主体维护人格独立所必需的;最后,人格权以人格利益为客体,人格利益是民事主体就其人身自由和人格尊严、生命、健康、姓名或者名称、名誉、隐私、肖像等所享有的利益的总和。人格权分为一般人格权和具体人格权,一般人格权是法律赋予民事主体享有的具有权利集合性特点的人格权,是关于人的存在价值和尊严的权利;具体人格权是指民事主体依法对其特定的人格利益享有的权利。具体人格权包括:生命权、健康权、身体权、姓名权、肖像权、名誉权、荣誉权、信

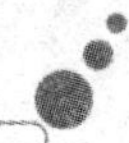

用权、人身自由权、隐私权、性自主权。

本部分内容要探讨的是新闻侵权与具体人格权之间的关系，即新闻机构及新闻工作者在采写或发表作品时，由于一些不法行为对民事主体的具体人格权构成的侵害。

二、新闻侵权

1. 侵权行为

根据我国《民法通则》第一百零六条第二款、第三款的规定："公民、法人由于过错侵害国家的、集体的财产，侵害他人财产、人身的，应该承担民事责任"，"没有过错，但法律规定应当承担民事责任的，应当承担民事责任"。可见，侵权行为就是指行为人由于过错侵害他人的财产和人身，依法应当承担民事责任的行为，以及依法律特别规定应当承担民事责任的其他损害行为。

2. 新闻侵权

新闻侵权与一般侵权行为有很多共同之处，但也有其特殊性。首先，新闻侵权行为的特殊性是其行为的特定范围，即指新闻传播活动；其次，其特殊性在于侵权的主体为新闻机构及新闻工作者。新闻侵权的客体是人格权。侵权行为的内容是公开发表的新闻作品，对于公民、法人的人格权造成了损害。

有的学者在提出新闻侵权的概念时，凸显了其发生的特殊环境带来的特殊性，而有的学者则认为它与一般的侵权行为一样，都是指不法行为人因其过错侵犯了侵权法所保护的合法权益。如，王利明认为："新闻侵权行为是指新闻单位或个人利用大众传播媒介，以故意捏造事实和过失报道等形式向公众传播内容不当或法律禁止的内容，从而侵害了公民和法人的人格权的行为。"[①]魏永征认为："在新闻传播活动中发生的侵害人格权行为应当依照法律规定承担法律责任的行为。"[②]孙旭培认为："所谓新闻侵权，一般是指通过新闻手段对于公民法人和其他组织的名誉权、荣誉权、姓名权、名称权及其他合法权益造成不法侵害。"[③]顾理平认为："所谓新闻侵权行为是指新闻媒体和新闻作者利用新闻传播

① 王利明、杨立新：《人格权与新闻侵权》，中国方正出版社，2010年版，第447页。

② 魏永征：《新闻传播法教程》，中国人民大学出版社，2002年版，第131页。

③ 孙旭培主编：《新闻侵权与法律责任》，人民日报出版社，1994年版，第1页。

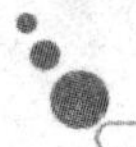

工具，对公民、法人和其他组织造成不法侵害的行为。”[①]

3. 新闻侵权责任的构成

按民法理论，承担民事侵权责任必须同时具备四个要件：一是损害事实的客观存在；二是致害行为的违法性；三是致害行为与损害事实和后果之间具有因果关系；四是侵害人主观上有过错。结合新闻传播活动中的侵权责任，具体可以归纳为以下四个方面：

(1) 侵权言论已经发表

大众传播的影响力是公认的，所以对于自然人来说，侵权言论为公众所知，就足以表明损害事实已经发生，而无须再提出侵权言论造成受害人评价降低等其他的损害事实。侵权言论发表后，社会公众对受害人的贬损性议论，以及周围人对受害人的疏远、排斥、误解、歧视等表现，是新闻侵权行为的损害事实引起的后果之一。但有的侵权言论发表后可能没有发现公众有什么反应，并不足以否定损害事实的存在。大众传播具有向全社会公开传播快、覆盖面广等特点，出版物又可以长久保存，网络信息也很难清除，因此侵权言论对受害人的不利影响总是客观存在的。公众贬损反应的有无只是新闻侵权损害程度的一种参照。受害人精神痛苦是侵权损害的另一种后果。但这种损害后果的认定也有很大的不确定性，在法院审判中对损害程度的确认较难。

(2) 言论有侵害他人人格权的违法性质

言论是否具有损害他人人格权的性质是侵权责任的又一要件。按照法律规定，侵害名誉权行为，包括诽谤和侮辱；侵害隐私权行为，包括非法获取和宣扬散布他人隐私；侵犯肖像权行为，包括未经同意而以营利为目的使用他人肖像。

(3) 言论具有特定指向

言论有特定指向，是指致害行为与损害事实和后果之间具有因果关系，也就是说根据新闻媒体发表的作品中提供的信息可以辨识出特定对象。在新闻侵权行为中有一个特殊问题，就是必须确认言论的有关内容与特定人存在直接

---

① 顾理平：《新闻法学》，中国广播电视出版社，2005年版，第282页。

关联，这就是言论必须是可以识别为针对某个特定人的。

(4) 行为人主观上有过错

《侵权责任法》第六条规定："行为人因过错侵害他人民事权益，应当承担侵权责任。"这是侵权行为的基本归责原则：主观上有过错的承担责任，没有过错的不承担责任。

过错包括故意和过失。故意有直接故意和间接故意。过失包括疏忽大意的过失和过于自信的过失。

确保新闻的真实、准确是新闻单位、新闻工作者在新闻报道活动中的基本要求，新闻发生失实或其他差错一般都可发现行为人主观上具有过错或过失。新闻单位对于社会来稿、读者来信、来电以及互联网上的微博、博客等信息等都必须调查核实后方可报道，因核实把关不严造成损害即可认为主观上有过错而需承担责任。

第二节　名誉权

一、名誉权

1. 名誉及名誉权

名誉，是对特定人(包括自然人、法人和非法人组织)品德、声望、才能、信用等的社会评价。

名誉权就是自然人、法人和非法人组织享有应该受到社会公正评价和要求他人不得非法损害这种公正评价的权利。

2. 名誉的提升或损害

传播学认为大众传播具有授予地位的功能，即被传播者的声望和地位可以通过传播得到提高，反过来也可能给他带来负面的影响。

在大众传播场合，非法贬低特定人的正常社会评价、损害其人格尊严，是常见的侵权行为。

二、侵害名誉权的对象

《民法通则》第一百零一条规定："公民、法人享有名誉权"。《民法总则》把名誉权主体规定为自然人、法人、非法人组织。

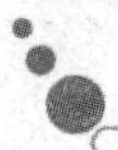

1. 自然人(公民)

每个人从出生起到死亡止,无论性别、年龄、种族、财产、职业、社会经历、社会地位等等,所享有的名誉权都是平等的。

2. 法人

法人包括营利法人、非营利法人和特别法人。法人是具有民事权利能力和民事行为能力,依法独立享有民事权利和承担民事义务的组织,依法享有名誉权。法人没有自然人所特有的精神活动,所以法人名誉权也不同于自然人纯粹的精神权利,在实质上是一种具有财产内容的权利。

3. 非法人组织

个人独资企业、合伙企业和不具备法人资格的专业服务机构等也拥有法律规定的名誉权等人格权。其中,经营者在经营活动中形成的商业信誉、商业声誉也受到法律的保护。

4. 死者

人格权始于出生,终于死亡,自然人死亡后不再享有名誉权等人格权,但是死者在世时的人格利益还有现实影响,死者名誉等人格权受到非法损害会直接影响其近亲属,造成近亲属精神痛苦甚至利益损失。1993 年《最高人民法院关于审理名誉权案件若干问题的解答》规定:"死者名誉受到损害的,其近亲属有权向人民法院起诉。"这条规定肯定死者名誉等人格权是近亲属的一项权益,既符合实际情况,又通过赋予死者近亲属诉权的方式限定了对死者人格利益保护的期限,即死者近亲属(配偶、父母、子女、兄弟姐妹、祖父母、外祖父母、孙子女、外孙子女)的存活年限。

5. 英雄烈士

《民法总则》首次对"英雄烈士"的人格利益作了专门规定。其第一百八十五条规定:"侵害英雄烈士等的姓名、肖像、名誉、荣誉,损害社会公共利益的,应当承担民事责任。"俗称"英烈条款"。

三、侵害名誉权的方式

我国《宪法》《民法通则》《刑法》《民法典》中都有禁止诽谤侮辱的条款,故有民事和刑事之分。民事诽谤和侮辱通称侵害名誉权行为,1993 年《最高人民法

院关于审理名誉权案件若干问题的解答》有如下界定："新闻报道严重失实，致他人名誉受到损害的，应按照侵害他人名誉权处理。"

对因撰写、发表批评文章引起的名誉权纠纷区分为三种情况：

一是"文章反映的问题基本真实，没有侮辱他人人格的内容的，不应认定为侵害他人名誉权"。

二是"文章反映的问题虽基本属实，但有侮辱他人人格的内容，使他人名誉受到损害的，应认定为侵害他人名誉权"。

三是"文章的基本内容失实，使他人名誉受到损害的，应认定为侵害他人名誉权"。

2020 年颁布的《民法典》规定："行为人为公共利益实施新闻报道、舆论监督等行为，影响他人名誉的，不承担民事责任，但是有下列情形之一的除外：（一）捏造、歪曲事实；（二）对他人提供的严重失实内容未尽到合理核实义务；（三）使用侮辱性言辞等贬损他人名誉。"

《民法典》还规定了认定行为人是否尽到前条第二项规定的合理核实义务，应当考虑下列因素：（一）内容来源的可信度；（二）对明显可能引发争议的内容是否进行了必要的调查；（三）内容的时限性；（四）内容与公序良俗的关联性；（五）受害人名誉受贬损的可能性；（六）核实能力和核实成本。

就新闻报道而言，具体的侵害方式一般有以下几种情形：

1. 诽谤

诽谤，往往特指故意捏造和散布虚假事实损害他人名誉的行为。具体而言，新闻诽谤分为以下几种情况：

第一，事实虚假。

诽谤的表现形式是对事实的虚假陈述。在传播内容中仅仅是表达某种意见、情感或者情绪，而不涉及任何事实的，如果造成损害他人的情况，那不是诽谤，而可能是侮辱。新闻报道陈述事实的主要方式是语言和文字。事实虚假的判断需根据陈述的意思与实际情况的符合程度来判定事实是否真实。

第二，评价不客观。

名誉是社会评价。对于自然人来说，主要是涉及他人的品德、思想、才能、

信誉等方面的评价。对于法人来说,主要是对法人行为的评价,包括对法人工作人员职务行为的评价。对于企业法人,主要是对其资产、实力、商业信用、生产能力、产品和服务质量、经营状况等方面的评价。

第三,严重失实或基本内容失实。

鉴于新闻采访不同于国家机关的调查活动,手段局限,而且新闻报道又有时效性,要求新闻一点差错也不能出,这对于新闻媒体来说难度很大,不利于新闻报道和新闻批评工作的开展。鉴于此,有关司法解释对构成侵害名誉权的虚假承受的程度作了进一步界定,把非法侵权的界限划在新闻和批评文章严重失实和基本内容失实上,而把局部的、轻微的失实划入法律可以宽容的范围内,也就是主张“微罪不举”。

2. 侮辱

侮辱是又一种侵害名誉权的方式。侮辱的主要方式是暴力、言辞等。就新闻传播而言,一般是言辞。

侮辱和诽谤的侵害客体不同。诽谤是贬低他人某一方面或若干方面的社会评价造成名誉减损,侮辱则是贬低他人的整体人格和人格尊严。如果说诽谤是通过传播虚假事实来造成他人对被侵害人某种不正确的认识,而使之受到社会不应有的贬低和疏远;侮辱则是宣扬某些有辱人格的言辞,发泄某种轻蔑或仇视的情绪来鼓动人们对被侵权人的歧视,影响社会与他人的平等交往。简言之,诽谤所作用的是人的认知,侮辱作用的则是人的情绪。

侮辱性言辞是一种语言暴力,其特征是:一不说事,二不讲理;具体表现为辱骂和丑化。

辱骂不需要任何陈述事实的形式。如公然用非人的语词詈骂他人。

丑化,就是通过夸张和歪曲的文字或图像手段,把相对人描写得可憎、可恶、可鄙。看起来具有描述某些事实的形式,其实同事实本身无关。对图像(主要是肖像)的歪曲表现,也是一种较常见的丑化。拍摄的角度、用光以及剪裁的不当也可能造成丑化的效果。对法人的言辞性侮辱或诋毁,指使用贬损性语词来鼓动人们对特定企业等法人的蔑视和憎恶,损害公众对它的信赖。

四、新闻报道侵害名誉权的抗辩事由及非物质救济

1. 事实的真实性之抗辩

真实性抗辩在传统英美诽谤法中称为“正当理由”抗辩。根据英国判例确定的规则，真实性抗辩是指对于诽谤指控，被告如能在可能性较高的情况下证明所涉的文字在实质意义上是真实的，则得以免责。我国学者称之为传播内容真实，是指“证明作品的基本事实真实，即作品中关系到特定人名誉评价的部分基本准确”。

(1) 基本事实真实

所谓真实，就是新闻或其他传播内容同实际情况相符合。关于新闻和其他言辞内容真实的证明是最有效的排除侵权的抗辩理由。严重失实和基本内容失实是构成名誉侵权的一个要件，内容真实得到证明，侵权自然不存在。报道真实新闻是新闻媒介的职责。有的批评性新闻或负面新闻会降低相对人的社会评价，但是只要符合事实，这种影响便是正当的、合理的。言辞真实抗辩属于正当理由。

为了确保新闻的真实性，新闻专业规范要求开展批评性报道至少要有两个以上不同的新闻来源，并在认真核实后保存各方相关证据。新闻单位或作者只要掌握了确凿可靠的证据，就可以立于不败之地。如果内容不真实，那么可以尝试以并非严重失实或非基本内容失实作抗辩。不过如何界定，严重还是不严重，法院有相当的自由裁量空间。

(2) 细节真实

有学者指出细节也可能具有诽谤性。在司法实践中，实质真实才是判断新闻报道是否真实的关键。报道中的涉诉文字对于报道的主旨有何影响，必须结合全文的整体来判断。如果对全文的主旨有影响，那么即便是微小的细节也可能是诽谤性的，反之，即便错误程度较大，但如果与全文主旨关系不大，则一般不会具有诽谤性。

这种现象在我们对于语言文字与其背后的语意的理解方面的确是存在的。语言文字作为传递信息的载体不仅有基本的内涵，细节、用词、有声副语言等方面的影响也不可忽视。

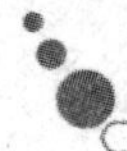

（3）记者的主观意图与一般读者的理解

对于自然人而言，名誉侵权更多造成的是精神上的痛苦或者社会地位的降低。这些非物质化的评价，不同的人在理解上会存在偏差。由于受众个体特征（如学历、性格、职业、阅历等）的不同，对于同一内容可能有的人认为造成了名誉的损害，而有的人却认为没有。新闻报道所报道的内容是否侵权究竟应该以何种程度的受众的理解为标准呢？这里我们引入了"一般人"概念。法院根据"一般人"可能具有的理解与查明的事实真相进行对比来判断。

2. 公正评论之抗辩

新闻报道的内容主要是由事实和评论两部分组成的。事实是神圣的，评论是自由的，但自由的标准是公正。评论是否公正在名誉侵权中是衡量评论内容是否造成侵权的关键。公正评论是指真实、说理、善意、内容合法的评论。公正评论之抗辩原则指的是以意见形式表达的对公益事务的批评是建立在真实或者可免责的事实陈述基础上，且评论者确信事实真实，在主观上没有恶意。一般认为公正评论即使对被评论者或者第三人的权益造成侵害，评论者仍然能够得以免责，这体现了在舆论监督和公民人格权之间，应对与社会公益有关的评论予以优先保护的原则。换句话说，与社会公益有关，构成了评论人排除其行为违法性的正当理由。

公正评论抗辩原则是由英美法系的判例积累形成的规则，根据英美诽谤法的一般实践，评论者欲证明其评论符合公正的要求而得以免责需证明以下四点：第一，新闻评论所表达的是对于某事实的意见；第二，评论所依据的事实是真实的；第三，评论的对象必须与公共利益有关；第四，评论者无恶意。

3. 非物质救济措施

（1）证明真实

证明事实真实除了证明事实本身与实际情况相符合外，还可从新闻制作的角度进行专业的非物质救济。如证明信息来源的权威性和可靠性，以及新闻工作者已尽到了应尽的核查义务。有关新闻专业规范规定："新闻报道必须坚持实地采访，采用权威渠道消息或者可证实的事实"，"不得直接使用未经核实的网络信息和手机信息，不得直接采用未经核实的社会自由来稿。对于通过电

话、邮件、微信、博客等传播渠道获得的信息必须派出自己的编辑、记者逐一核实，无误后方可使用”。

(2) 连续报道

有的新闻事件的发展历时较长，就某个时间节点而言，报道是不全面的，甚至有时是失实的。这也是反转新闻出现反转的一种情况。这样的新闻事件的报道不可能是一次完成的。连续报道才能从整体上追求真实。如果新闻最初报道的事实不够准确，但是连续报道了事件的全过程，那么全部报道已涵盖先前的不确报道，所以可以将连续报道作为新闻媒体侵权的非物质救济方式。

(3) 更正报道

对于名誉侵权已形成的情况，使用更正报道是媒体常见的做法。我国新闻出版署 1999 年发布的《报刊刊载虚假失实报道处理办法》要求新闻出版单位在其出版的报纸、期刊上进行公开更正、消除影响。当事人有权要求更正或答辩。更正答辩自发现之日起，在最近一期报纸期刊的同等版位上发表。从效果上讲，如果新闻媒体在发现差错后，能在较短的时间内进行及时更正报道，就可以减弱错误新闻产生的损害程度、负面影响。因此，更正报道既是对先前错误报道的补正措施，又是一种法律上的非物质救济方式。

更正报道可以恢复名誉、消除影响，挽回新闻机构在公众中的信誉，减少侵权诉讼。

就更正内容而言，文章首先要明确指出原报道的错误之处，对整篇报道错误的情形也要有简短的说明，使得没看过原文的读者也知道原报道在何处存在错误。其次，用准确的语言表述真实的事实和公正的评论。注意避免事实真实但整体意思存在误导的情况。最后，由于原报道的错误侵犯了公众的知悉真情权，又无法逐一向读者赔礼道歉，因此，更正文章应在尾段对公众表示真诚的歉意。

就更正报道刊登的位置而言，应刊登在原报道相同媒体的突出位置。更正报道要达到更正错误报道的效果，必须能够吸引读者的注意力。所以固定更正栏的格式设置，有助于提升更正内容的专业性和关注度，取得较好的传播效果。

第三节 隐私权

一、隐私和隐私权

隐私是自然人的私人生活安宁和不愿为他人知晓的秘密空间、私密活动、秘密信息。

隐私权就是个人有依照法律规定保护自己的隐私不受侵害的权利。这包括两个方面：一是公民对于自己与社会公共生活无关的私人事项和个人信息，有权要求他人不打听、不收集、不传播，也有权要求新闻媒体不报道、不评论以及不非法获取；二是公民对于自己与社会公共生活无关的私生活，有权要求他人不得任意干扰，包括自己的身体不受搜查，自己的住宅和其他私生活区域不受侵入、窥探、窃取、利用、歪曲等。即使负有特殊职务的国家机关，如公安机关、检察机关和审判机关，也必须具有合理的理由，依照法定的程序方可介入调查公民的隐私，如依法监听、搜集、获取证词等，但掌握他人隐私者仍有守密的义务。

2020年颁布的《民法典》对于侵害自然人隐私权的行为进行了具体规定：(一)以电话、短信、即时通讯工具、电子邮件、传单等方式侵扰他人的私人生活安宁；(二)进入、拍摄、窥视他人的住宅、宾馆房间等私密空间；(三)拍摄、窥视、窃听、公开他人的私密活动；(四)拍摄、窥视他人身体的私密部位；(五)处理他人的私密信息；(六)以其他方式侵害他人的隐私权。

除此之外，《民法典》还规定了自然人的个人信息受法律保护。个人信息是以电子或者其他方式记录的能够单独或者与其他信息结合识别特定自然人的各种信息，包括自然人的姓名、出生日期、身份证件号码、生物识别信息、住址、电话号码、电子邮箱、健康信息、行踪信息等。个人信息中的私密信息，适用有关隐私权的规定；没有规定的，适用有关个人信息保护的规定。

二、侵害隐私权的方式

在新闻传播活动中，新闻侵害隐私权行为是指新闻单位和新闻从业人员在新闻作品的采访报道过程中，未经他人同意侵扰他人居住安宁和人身自由，披露他人与社会公共生活无关的个人信息和个人事务，造成损害他人的行为。就

新闻侵权而言，主要发生在采访和报道两个环节。

1. 侵入私人空间

在采访过程中造成侵权的具体表现一般有：窃听电话、监视、侵入住宅、私拆信件以及偷窥他人的文件资料等侵入私人空间的行为。

2. 公布、宣扬

新闻报道过程中侵犯隐私权的行为主要表现为公布和宣扬了属于隐私权保护的不该公布的内容。一般有以下几种情况：第一，未经当事人同意，公布强奸等性犯罪案件受害人的姓名、地址和其他足以使人辨别的特征。新闻媒介对性犯罪案件受害人姓名、地址的保密是各国新闻界公认的一条准则，在职业道德规范中作了明文规定。对于此类事件不仅不能报道个人信息，法院在审理时一般也实行不公开审理的制度。第二，未经许可，公开当事人的违法犯罪历史及其他不光彩的历史。公民的违法犯罪行为已经受到法律制裁，社会及公众应该给其改过自新的机会。这些经历属于隐私，未经同意，不得报道。第三，不当公开他人的财产状况、家庭生活、婚恋情况、生理缺陷、疾病史等个人隐私。

三、侵害隐私权的抗辩

1. 社会公共利益、社会公德

2001 年《关于确定侵权精神损害赔偿责任若干问题的解释》把“违反社会公共利益、社会公德”作为“侵害他人隐私”的前提。表明社会公共利益、社会公德是侵犯隐私权的法定免责事由。

所谓公共利益的原则，是指凡是与公共利益有关的事项，或者出于公共利益需要必须公开的事项，不属于隐私。

社会公德是指社会公认的道德规范，虽然公德并无成文的规定，但是社会可以承认和容忍的行为底线是客观存在的，对此法官有一定的自由裁量权。

新闻媒介不应披露与社会生活和政治生活无关的个人私事。如果这种个人私事涉及或妨碍了政治生活，或者报道对象处于政治生活之中，那么就不属于不应该公开的个人私事，而成为新闻报道的对象。

2. 当事人同意

保护个人隐私权，并不是说私生活一律不许公开。隐私权具有自主性的特

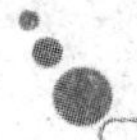

征，当事人只要自愿或者亲自将自己的某一私事公之于众，这一私事就成为非隐私，他就不能再对传播此事的行为主张隐私权。征得当事人同意，体现对个人权利的尊重，可以认为是对抗辩理由的延伸。

3. 隐私不具有“可识别性”

有些私人事项虽具有较高的新闻价值，但属于隐私，当事人不可能同意公布。这些涉及的隐私一般是私生活中某些应当批评的现象、某些有教育意义或公众感兴趣的事情及其他需要报道或披露的事情。对于此类内容，新闻媒体通常的做法是经过一定的技术性处理，使公众不可能从新闻中识别或者推断有关当事人，如略去姓名（使用化名）、模糊身份等。对于某些违法犯罪人及受害人，尤其是青少年违法犯罪人和涉及性问题的违法犯罪人及受害人，某些疾病患者需要刊登照片时，往往遮盖局部，电视或视频则打上马赛克，有时连声音也要予以处理，都是出于这一考虑。

4. 公共人物应容忍的范围

就隐私保护而言，隐私权的范围因人而异的情况通常是存在的。由于人们在社会公共生活中所处地位不同，以及他们与社会公共利益相关程度不同，隐私范围也有所不同。隐私范围的伸缩尺度以当事人参与社会公共事务的程度为基准。参与公共事务越多，隐私范围越小，反之，参与公共事务越少，隐私范围越大。从这个角度来说，公众人物（包括政府官员和社会知名人士），由于他们的行为与社会公共事务密切相关，其隐私范围就要小于普通人。因此，对于其涉及公共利益的行为可作为侵犯隐私权的抗辩理由。

第四节　肖像权

一、新闻报道对肖像的使用

在新闻报道中使用他人的肖像是国际公认的对肖像的合理使用，可以无须征得肖像人的同意。

新闻报道中对肖像的合理使用主要有以下情况：使用具有新闻价值的人物的肖像；使用参加具有报道价值的活动的人的肖像；为行使正当舆论监督而使用他人肖像等。

使用的形式为:在新闻图片、录像中出现的他人肖像;有时为新闻报道或者评论配发一些不具有新闻性的含有肖像的图片、录像。

新闻报道对肖像合理使用的理由有以下几个方面:

1. 公共利益需要

新闻传播蕴含着重大公共利益是国际共识。以图像方式报道各种有新闻价值的经济、政治、文化活动和社会事件、公众关注的突发事件,不可避免要出现各种人物的肖像。在公共利益面前个人的肖像权应有合理的退缩。有些批评性的新闻报道,照片上披露某些从事违反公德或违法犯罪活动的人的形象,显然违背了肖像人的意愿;公众人物因参与到更多的公共事务中,其肖像会更多地被媒体使用,但这些是符合社会公共利益的,只要不是宣扬隐私或带有损害人格尊严的性质,肖像人不得主张肖像权。

2. 肖像人默示同意

许多新闻报道的人物属于官员、企业家、艺人、学者等公众人物。新闻媒介报道他们的职业职务活动和在公共场合的形象一方面是因为公众关注,具有新闻价值;另一方面,媒体的公开报道也有利于他们的工作和事业,有利于提升他们的社会地位和扩大他们的社会影响,符合他们的愿望。大多数被新闻报道的事实是在公共场合发生的,是具有一定影响的事件或场面(例如公开举行的会议、公众集会游行、公开的生产和服务活动等)。以上情况应该推定为肖像人默示,同意在新闻报道中使用他们的肖像。

3. 肖像主体淡化

有些新闻图片、录像是对大型公开场面的记录。图像上出现的个人只是群体的一部分或是某个场景的点缀,并不是刻意表现某个特定的个人形象,而人们所看见的也只是某些抽象的人,很少会注意到这是某个特定的个人。这里单个人的形象即使可辨认,其肖像功能也已经被大大淡化了。肖像人一般不会也不应主张肖像权。

二、新闻报道中常见的侵犯肖像权的行为

肖像权是指自然人对自己的肖像享有再现、使用并排斥他人侵害的权利。我国《民法通则》第一百条将未经本人同意,以营利为目的的使用公民的肖像视

为侵害肖像权行为,即侵害肖像权行为的构成,必须同时具备未经本人同意和以营利为目的的使用,这两个条件缺一不可。

在新闻报道中使用他人的肖像,是国际公认的对肖像的合理使用。其中,对肖像权的侵害的情况主要有:

1. 未经本人同意非法拍摄并使用其肖像

新闻传播的新闻信息必须合乎法律规范,具体到肖像权来说,有些通过非法途径获取的肖像不宜作为新闻信息来传播。比如新闻记者经常会通过秘密采访获知新闻信息,但他们不应该通过秘密采访去拍摄他人在家庭或私人生活中的镜头来加以发表。这样会对当事人构成伤害,这时当事人肖像权和隐私权会竞合。新闻工作者不仅侵害了当事人的肖像权,也侵害了当事人的隐私权。

2. 歪曲使用他人肖像

在一般情况下,为新闻报道而使用他人肖像属于合理使用,不视作侵害肖像权,但如果在新闻报道中对他人肖像有歪曲、丑化、侮辱等情节,即使是出于新闻报道的目的,也可以视作侵害肖像权的行为,这点在本书新闻图像伦理专题中已作过介绍。

3. 其他使用

利用某人肖像作为插图、封面等,这也是新闻报道中使用肖像的常见行为。新闻报道中使用他人肖像作插图或封面是媒体记者为配合报道而使用的,需与报道内容相关,这样一般不会发生肖像权问题。如果同期刊内容无关,则可能会引起肖像权纠纷。

【案例与评析】

案例 10-1　汪峰诉卓伟名誉侵权案

2016 年 5 月 11 日,北京朝阳法院对著名歌手汪峰以名誉侵权起诉“内地第一狗仔”韩炳江(笔名“卓伟”)并索赔 200 万元人民币一案一审宣判,汪峰败诉。法院认定评论者将汪峰与赌博者相联系,并非无中生有,且“赌坛先锋”一词难以认定构成对原告的侮辱和诽谤;未认定名誉侵权,驳回了汪峰的全部诉讼

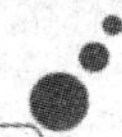

请求。

2015 年 4 月 17 日，一篇关于“汪峰参与扑克锦标赛涉赌被叫停”的消息在网上传播，并被媒体反复转载。4 月 20 日，卓伟在其新浪微博分享了“全民星探”发布的题为“章子怡汪峰领证蜜月会友妇唱夫随”的文章，并附上评论“赌坛先锋我无罪，影坛后妈君有情”。

对此，汪峰认为卓伟称其为“赌坛先锋”是一种侮辱诽谤，使得自身名誉权受损。随后，汪峰在微博发出一份工作室的声明，对“汪峰涉赌”等相关传闻进行辟谣，并警告部分无良媒体和个人，停止传播不实消息，并将卓伟等告上法庭。

原告认为被告未经调查、核实，随意在其个人微博上以“赌坛先锋”对原告进行侮辱诽谤，公然损害原告的人格和形象，误导社会公众对原告的评价，已经严重侵犯了原告的名誉权，并对原告身心和声誉造成了很大伤害。要求：1. 停止侵权行为，删除微博；2. 在个人微博上发表致歉声明，置顶至少保留 90 天以上；在相关网站显著位置连续 15 天发表致歉声明；公开向原告赔礼道歉、消除影响、恢复名誉；3. 赔偿原告精神损害抚慰金 200 万元。

双方争论的焦点是“赌坛先锋”一词是否构成对原告的侮辱或诽谤，对原告名誉权构成侵犯。法院组中认定“坛”一词是指从事特定社会行为的社会群体，“赌”字更应理解为对特定社会行为的客观描述，不应理解为对该行为的法律性质作出判断，并不意味着给予原告法律意义上的否定评价。“先锋”的表达有一定夸大的成分，但本身并无侮辱或诽谤的内容。原告曾有过多次涉赌报道，影响了社会对于该问题的一般评价，被告的言论内容并未超出以上范围，故从后果分析，未造成对原告社会评价的降低。

虽然被告创办的风行工作室主要运用偷拍、跟踪方式拍摄明星，被告本人也长期从事娱乐新闻报道，但仅以身份不能推断出被告在主观上存在侵犯名誉权的故意。

评析：

本案中，被告和原告争论的焦点在于“赌坛先锋”的评论是否客观公正，这也是名誉侵权案纠纷中对于认定是否侵权的关键。新闻报道的内容分为两大

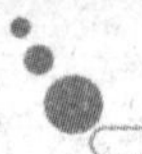

部分，一部分是事实，另一部分是评论。就事实而言，是否侵权的关键在于是否虚假和严重失实；就评论而言，是否公正客观。因此，本案中，认定评论是否存在侮辱和诽谤就十分重要了。

案例10-2　狼牙山五壮士系列名誉侵权案

1941年9月25日，在易县狼牙山发生了著名的狼牙山战斗。在这场战斗中，狼牙山五壮士英勇抗敌的基本事实和舍生取义的伟大精神，赢得了全中国人民的高度认同和广泛赞扬。新中国成立后，五壮士的事迹被编入义务教育教科书，五壮士被视为当代中华民族抗击外敌入侵的民族英雄。

2013年9月9日，时任《炎黄春秋》杂志社执行主编的洪振快在财经网发表《小学课本〈狼牙山五壮士〉有多处不实》（以下简称《不实》）一文。文中写道：据《南方都市报》2013年8月31日报道，广州越秀警方于8月29日晚间将一位在新浪微博上“污蔑狼牙山五壮士”的网民抓获，以虚构信息、散布谣言的罪名予以行政拘留7日。据媒体报道，该网友实际上是传播了2011年12月14日百度贴吧里一篇名为《狼牙山五壮士真相原来是这样！》的帖子的内容，该帖子说五壮士“5个人中有3个是当场被打死的，后来清理战场把尸体丢下悬崖。另两个当场被活捉，只是后来不知道什么原因又从日本人手上逃了出来”。2013年第11期《炎黄春秋》杂志刊发了洪振快撰写的《“狼牙山五壮士”的细节分歧》（以下简称《细节》）一文，该文亦发表于《炎黄春秋》杂志网站。该文分为“在何处跳崖”“跳崖是怎么跳的”“敌我双方战斗伤亡”“‘五壮士’是否拔了群众的萝卜”等部分。文章通过援引不同来源、不同内容、不同时期的报刊资料等，对狼牙山五壮士事迹中的细节提出质疑。

2015年8月，狼牙山五壮士中的葛振林之子葛长生起诉至北京市西城区人民法院，认为《不实》《细节》以历史细节考据、学术研究为幌子，以细节否定英雄，企图达到抹黑狼牙山五壮士英雄形象和名誉的目的，请求判令洪振快停止侵权、公开道歉、消除影响。

洪振快辩称，涉案文章是学术文章，没有侮辱性的言辞，关于事实的表述有相应的根据，不是凭空捏造或者歪曲，不构成侮辱和诽谤，不构成名誉权的侵

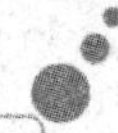

害。进行历史研究的目的是探求历史真相，行使的是宪法赋予公民的思想自由、学术自由、言论自由权利。不同意葛长生的全部诉讼请求。

北京市西城区人民法院于2016年6月27日作出(2015)西民初字第27841号民事判决：洪振快立即停止侵害葛振林名誉、荣誉的行为；判决生效后三日内，洪振快公开发布赔礼道歉公告，向葛长生赔礼道歉，消除影响。该公告须连续刊登五日，公告刊登媒体及内容需经法院审核，逾期不执行，法院将在相关媒体上刊登判决书的主要内容，所需费用由洪振快承担。宣判后，洪振快向北京市第二中级人民法院提起上诉，北京市第二中级人民法院于2016年8月15日作出(2016)京02民终6272号民事判决：驳回上诉，维持原判。(来源：110法律咨询网 2020-02-15 http://www.110.com/ziliao/article-821232.html)

评析：

"起源于狼牙山五壮士名誉纠纷系列案和邱少云名誉纠纷案，由人民代表提出，体现了人民的呼声。"《民法总则(草案)》三审稿提交全国人大常委会审议时增入了"英烈条款"，对"英雄烈士"的人格利益作了专门规定。在《民法通则》第一百八十五条中规定："侵害英雄烈士等的姓名、肖像、名誉、荣誉，损害社会公共利益的，应当承担民事责任。"

对侵害英雄烈士名誉、荣誉的行为，英雄烈士的近亲属可以依法向人民法院提起诉讼。人民法院根据英雄烈士获得个人名誉及荣誉的历史事实、英雄烈士在历史上发挥的作用，可以将其事迹和精神认定为民族精神和社会主义核心价值观的重要体现，因而构成社会公共利益的一部分。歪曲、丑化、亵渎、否定英雄烈士的事迹和精神，不仅侵害英雄烈士个人的名誉及荣誉，也损害了社会公共利益，应当承担法律责任。

案例10-3　戴安娜王妃之死

1997年8月30日，英国威尔士王妃戴安娜与她的新男友、埃及百万富翁多迪·法耶兹所坐的梅赛德斯-奔驰600房车午夜(格林尼治时间22点)在巴黎塞纳河北岸的阿尔玛桥下的隧道突发车祸，戴安娜本人和她的保镖被撞成重伤，住进了附近的比基-萨尔贝特里医院，经紧急抢救，终因肺部大出血而不治身亡。法耶兹和司机当场死亡。

据悉，戴安娜乘坐的房车经过桥下隧道时，几位专门偷拍名人照片的摄影记者驾驶摩托车在一旁紧追不舍。司机为摆脱他们的追逐，掉转车头，慌乱中不幸撞上了路边的一根水泥柱，最后碰在了隧道内的一堵墙上，车身几乎解体。法国警方当即拘留五名肇事的摄影记者，并没收了三辆摩托车。

这一事件发生后，西方舆论开始了一场有关“帕帕拉奇”及公民隐私权问题的争论。

评析：

新闻报道侵犯公民隐私权容易发生在采访环节，混淆了公共利益和私人空间的边界，造成隐私权的侵犯。这种情况在普通人身上会发生，在公众人物身上更容易发生。2013 年 9 月 13 日 19 点 27 分，知名歌手王菲发布微博：“这一世，夫妻缘尽至此，我还好，你也保重”，透露出王菲与李亚鹏离婚的线索。二人于 12 日早七点半飞往乌鲁木齐办理离婚手续。随后，有媒体指出王菲会在 13 日晚 11 点前后飞回北京。有媒体为了拍到王菲离婚后的照片对王菲所乘坐的汽车进行追逐。《南方周刊》总编辑谢晓事后撰文称，当时的情况是：“王菲离婚回京，被一百多家媒体围堵在机场，当时只有经验丰富的三队狗仔记者在贵宾通道外候着。本来抢着了报道先机，以为胜利在握，可王菲从贵宾通道出来时以一晃眼的速度从眼前经过，狗仔队只拍到了车身照。”三队狗仔在机场的辅路上与王菲乘坐的汽车展开了追逐。这种情况吓到了王菲车上的朋友，决定停车让记者们拍照，于是记者们欢呼雀跃拍到了那张隔着车窗王菲眼噙泪花的独家照片。在这个事件中，王菲虽为公众人物，但离婚事件属于私人事件。公众虽有知悉的兴趣，但采访方式和拍照行为显然已侵犯王菲的隐私权，王菲停车虽可视为对拍照的默认许可，但记者采访中不顾采访对象生命权的做法仍然会遭到公众的唾弃。

案例 10-4　刘翔诉《精品购物指南》等侵害肖像权

2004 年 10 月 21 日，北京《精品购物指南》报社未经同意将刘翔的肖像用作 2004 年第 80 期(总第 1003 期)《精品购物指南》的封面，并为中友公司第 6 届购

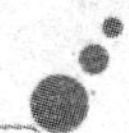

物节作封面广告。卓越公司于同日将该期专刊的全部内容上传到精品网和精品购物指南网，作为网络电子版。《精品购物指南》面向全国发行，单本传阅率达 4.2 人；精品网的日均访问达到 200 万人次。刘翔认为，《精品购物指南》报社、卓越公司、中友公司的行为共同侵犯了自己的肖像权。故请求法院判令被告《精品购物指南》报社、卓越公司、中友公司停止侵权行为，停止使用其肖像。

原告诉称：《精品购物指南》报社未经同意将我的肖像用作 2004 年第 80 期（总第 1003 期）《精品购物指南》（以下简称千期专刊）的封面，并为中友公司第 6 届购物节作封面广告。卓越公司于同日将千期专刊的全部内容上传到精品网和《精品购物指南》网。《精品购物指南》报社、卓越公司、中友公司的行为共同侵犯了我的肖像权。请求判令《精品购物指南》报社等停止使用肖像、公开赔礼道歉、赔偿经济损失 100 万元和精神损害抚慰金 25 万元。

被告卓越公司辩称：我公司在网站上发布《精品购物指南》是一种合法的合同行为，并未构成侵权，不同意刘翔的诉讼请求。被告中友公司辩称：我公司的广告不是因为千期专刊上有刘翔的肖像而发布，而是一种连续性的广告发布行为。《精品购物指南》的版面安排与我公司无关，刘翔肖像不是我公司广告的组成部分，二者之间没有任何关联性。不同意刘翔的诉讼请求。被告《精品购物指南》报社辩称：我报社使用刘翔肖像属于正常的新闻报道，属于对公众人物肖像的合理使用。将刘翔肖像作为封面与中友公司的广告没有关系。不同意刘翔的诉讼请求。

一审判决：认定《精品购物指南》报社、卓越公司、中友公司的行为不构成对刘翔肖像权的侵犯，对刘翔的请求不予支持。最终二审判决：卓越公司与中友公司均不构成侵权；《精品购物指南》报社在使用肖像的过程中，因过错造成刘翔人格受商业化侵害，构成侵犯肖像权。令《精品购物指南》报社于 30 日内在《精品购物指南》上登报道歉，并赔偿刘翔精神损害抚慰金两万元人民币。刘翔的其他诉讼请求被驳回。

图 10-1　刘翔比赛现场图(左)　精品购物指南封面图(右)

评析：

新闻媒体封面肖像的使用有明确规定：封面图片需与报道内容相关。在本案中，封面图片与杂志内容无关，而与期刊的经营有关。除此之外，该案被告《精品购物指南》报社在将新闻图片用作封面图片时，对图片作了三处修改：一是跨栏不同，该专刊封面图片显示整幅跨栏，包括两个竖脚；二是跨栏上没有"ATHENS2004"和五环标志；三是背景悬挂了中友百货购物节广告。这些修改使新闻人物肖像脱离了原新闻图片的语境，基于以上两点原因，该封面不能认定为是新闻报道，为明显的侵犯公民肖像权的行为。

【思考】

1. 新闻报道侵犯公民人格权常见的侵权行为和原因分别是什么？

2. 新闻侵犯名誉权的抗辩理由有哪些？

3. 新闻报道发生侵权行为后，有哪些非物质救济的方式？

专题十一　新闻报道与司法公开

【理论概述】

第一节　我国的司法公开制度

司法公开是指我国司法部门按照法律程序和基本原则就司法审判相关工作进行面向媒体和社会的公布制度。司法公开既是建设公正、高效、权威的司法制度的迫切需要,也是构建社会主义和谐社会的内在要求。

我国司法公开依照2007年最高人民法院公布和正式实施的《关于加强人民法院审判公开工作的若干意见》,2009年最高人民法院公布的《关于司法公开的六项规定》和《关于人民法院接受新闻媒体舆论监督的若干规定》,2013年最高人民法院公布的《关于推进司法公开三大平台建设的若干意见》和《关于人民法院在互联网公布裁判文书的规定》等规定进行公开。

一、司法公开与司法独立

司法公开就其对和谐社会建设的角度而言,是与公民的知情权和舆论监督权密切联系在一起的,同时也是实现新闻自由和媒体报道权利的根本途径。公民的言论自由是公民政治权利中最重要的权利,由此生发的媒体的舆论监督权利是法治社会的一种重要的制衡力量。

根据《中华人民共和国宪法》第一百二十六条,“人民法院依照法律规定独立行使审判权,不受行政机关、社会团体和个人的干涉”。这是我国宪法关于确保人民法院依法独立公正审判的制度保障。司法独立从制度层面讲是为了保证司法审判不受外界干涉,能够仅仅依靠证据作出公正的审判。

司法公开和独立审判虽都是源于共同的社会价值,但媒体过度的公开报道和对司法程序过度的保护都会造成结果与社会价值的偏离。因此,媒体报道与司法独立的平衡是传媒和司法两个领域都应研究的课题。

二、司法公开原则

1. 依法公开

要严格履行法律规定的公开审判职责，切实保障当事人依法参与审判活动、知悉审判工作信息的权利。要严格执行法律规定的公开范围，在审判工作中严守国家秘密和审判工作秘密，依法保护当事人的隐私和商业秘密。

2. 及时公开

法律规定了公开时限的，要严格遵守法律规定的时限，在法定时限内快速、完整地依法公开审判工作信息。法律没有规定公开时限的，要在合理时间内快速、完整地依法公开审判工作信息。

3. 全面公开

要按照法律规定，在案件审理过程中做到公开开庭，公开举证、质证，公开审判；根据审判工作需要，公开与保护当事人权利有关的人民法院审判工作各重要环节的有效信息。

三、新闻发布制度

2006 年，最高人民法院和高级人民法院两级新闻发布体制正式建立。最高人民法院自 2006 年 9 月开始设立新闻发言人，自 2009 年 5 月开始实施新闻发布月度例会制度。全国各高级人民法院都已设立新闻发言人，法院新闻宣传工作由被动转变为主动，由封闭式转变为开放式。这项制度的建立也改变了法院宣传部门的工作方式和媒体的报道方式，有利于提升司法公信，有利于保障公民知情权。

1. 法院发布的内容规定

介绍人民法院的有关工作，包括法院制定的重要司法文件和各种政策规定，有关法律法规、司法政策的执行情况及进展；人民法院的重大先进典型事迹、重大工作部署和重要举措；各类大案要案及社会关注案件的审理情况；针对外界对法院工作所产生的误解、疑虑，以及歪曲和谣言，通过及时发布权威信息，解疑释惑，澄清事实，驳斥谣言；其他需向社会公布的法院信息等。

2. 发布主体

司法个案原则上按照属地原则发布，重大的、特殊的案件或在全国有影响

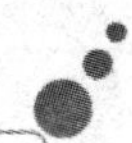

的案件，由最高人民法院发布。高级法院在重大事项发布新闻前，应将要发布的新闻及发布口径报最高人民法院备案，以保持在重大事项上全国法院的协调一致。地方法院发布的重大新闻，必要时也可商请中央新闻媒体及时转发。重大事项统一由新闻发言人发布，并接受记者采访。法院其他工作人员因工作需要接受新闻媒体采访的，应由新闻宣传部门统一管理，严格履行审批手续。未经批准，人民法院的法官和其他工作人员一律不应擅自接受记者采访，或在新闻媒体上对重大敏感问题发表议论。

3．发布形式

(1) 召开现场新闻发布会

按照常规会议的流程进行策划安排后，进行面对面的新闻发布会。

(2) 运用全媒体直播发布新闻

2019 年 5 月 3 日，最高法首次利用全媒体对“两高”办理食品安全刑事案件司法解释新闻发布会进行直播报道。中央电视台进行了一个半小时直播，央视主要新闻频道的重点栏目播出有关司法解释新闻近 30 条。《人民日报》、新华社、《法制日报》等媒体均在重要版面进行报道。人民网、新华网、新浪网等新闻网站都在首页有推荐报道。@人民日报、@新华视点、@豫法阳光、@广东省高级人民法院等 9 家微博同步直播或报道。用百度搜索该发布会相关新闻达到 3000 条，相关网页 100 多万个。

除直播外，最高院还探索其他全媒体信息发布形式。如面向未成年人的主题公众开放日活动、特大“地沟油”案件开庭审理等，努力满足不同媒体受众对信息传播的多样化需求，用基层群众特别是网民乐于接受、易于认同的方式开展法制宣传教育，拉近人民法院与人民群众的距离，全面提升了新闻发布的传播力和影响力，形成了良好的社会反响。

近年来，最高法积极探索重大会议宣传报道工作，摒弃“一篇通稿打天下”的传统做法，采用“自由撰稿，严格把关”的模式，进一步扩大了会议宣传报道的影响力。在中国法院网的首页右下方可以看到发稿排行和点击排行的专栏，使全国法院的公开效果透明化。（如图 11-1）

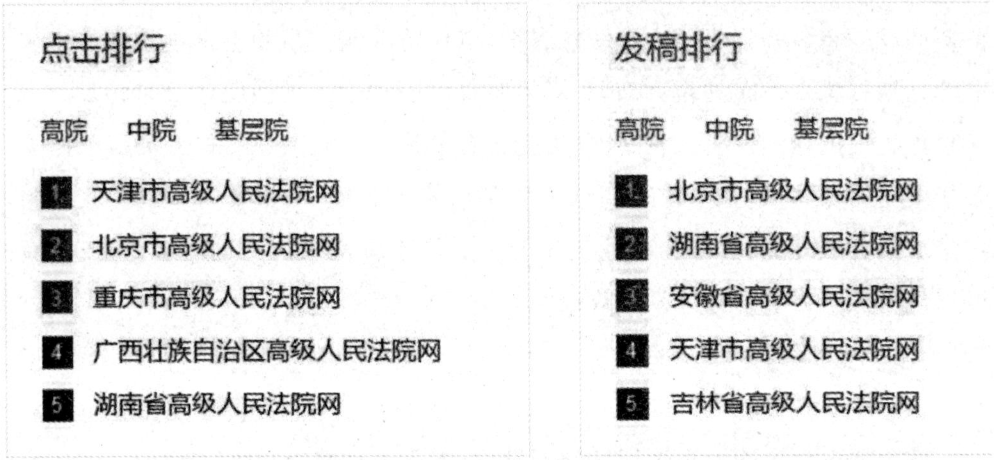

点击排行

高院 中院 基层院

1 天津市高级人民法院网
2 北京市高级人民法院网
3 重庆市高级人民法院网
4 广西壮族自治区高级人民法院网
5 湖南省高级人民法院网

发稿排行

高院 中院 基层院

1 北京市高级人民法院网
2 湖南省高级人民法院网
3 安徽省高级人民法院网
4 天津市高级人民法院网
5 吉林省高级人民法院网

图 11-1 发稿排行和点击排行的专栏

（来源：中国法院网网页截图 2020-02-21 https://www.chinacourt.org/index.shtml）

(3) 设立媒体采访区发布新闻

设立专门的媒体采访区，加强法院与媒体的沟通，提升司法公开的内容传播效果成为法院司法公开的新亮点。

2019 年 7 月 4 日至 5 日召开的全国高级法院院长座谈会期间，最高法设立专门的媒体采访区，组织三次集中采访活动，首席大法官周强亲自参加第一次媒体集中采访活动，围绕保障民生、公正司法、法官与律师关系、法院与媒体关系等公众关注的热点话题，回答了记者们的提问。这一形式受到媒体记者普遍欢迎，中央媒体、吉林省内媒体、都市类媒体、网络媒体和电视、广播、微博等 40 余位记者在媒体采访区进行集中采访，大法官与媒体记者就公众关注的话题进行了坦诚互动交流，有效回应了社会关切的问题，展示了人民法官的良好形象。

(4) 采用“走出去”方式发布新闻

“走出去”是指探索在外地举办新闻发布会。2011 年至 2013 年，最高法连续 3 年在苏州召开知识产权司法保护现场新闻发布会，公布上一年度的中国法院知识产权司法保护十大案件和 50 个典型案例，全面介绍人民法院依法保障创新、服务经济发展等方面的具体做法和成效。

第二节 司法新闻报道

一、司法新闻报道与司法独立的关系

一方面，新闻报道作为舆论监督的主要形式，是代表人民对司法活动进行监督；另一方面，新闻报道因为报道方式不当，时效把握不当容易造成媒介审判。媒体秉承新闻真实性、新闻客观性的原则进行司法报道，有利于监督司法活动公正公平程序化地进行，对司法活动有着积极的影响。但如果媒体角色越位，出现媒介审判，就会影响司法独立与公正，容易造成"新闻侵权"。

二、媒介审判现象的危害

"媒介审判""新闻审判"原是西方新闻专业规范中的一个术语，意指新闻媒介在报道进入司法程序的案件时超越法律规定，侵犯人权，影响审判独立和公正的现象。这种现象多发生在刑事案件报道中，是对司法权力和诉讼当事人人权的双重侵犯，是一种违背新闻职业伦理的做法。

媒介审判的主要特征是："媒体超越司法程序抢先对案情做出判断，对涉案人员做出定性、定罪、定量刑以及胜诉或败诉等结论。这类报道在事实选择方面往往是片面的，并以煽情式表达力图激起公众对当事人憎恨或者同情等情绪。有时，诸多媒体会不约而同地对案件当事人一方作大量报道，有意无意地忽视或压制另一方，且不主动对双方的信息和观点进行平衡报道。此行为主要后果是形成一种足以影响法庭独立审判的舆论氛围，从而使审判在不同程度上失去了应有的公正性。"①

媒介审判现象的危害主要有以下几个方面：

（一）不利于贯彻法治原则，损害程序正义；

（二）可能影响司法公正，造成误判、错判；

（三）不利于人民群众树立正确的法律意识和法治观念；

（四）会对新闻媒介造成不良影响甚至不利法律后果；

① 陈绚、张劲林：《公共利益视野下媒体与司法关系研究》，《山西大学学报（哲学社会科学版）》，2017年第2期，第72～77页。

（五）会严重损害国家的法治形象。

三、媒介审判的典型特征

1. 报道具有明显的倾向性

媒介审判中报道最显著的特征就是具有倾向性，表现为媒体报道“一边倒”式地传递不利于当事人的信息或评论。有些报道为迎合受众情绪，在事实选取和报道角度上存在严重的偏离核心事实的现象。

2. 报道方式的煽动性

媒介审判现象中对案件的报道往往采用煽情式的倾向性报道，主要表现在标题、语言、观点等内容上，报道时间一般是在司法审判活动之前，容易给审判造成较大的舆论压力。

3. 报道的规模性

在一定的空间和时间范围内，媒体的报道和次数较多，或者所报道的媒体有相当高的影响力和权威性，媒介审判的报道就会产生相应的规模，从而影响舆论。

4. 对司法审判形成干扰

媒介审判对司法造成干扰，从事后对案件的最终效果来看，有正面也有负面，但不管怎么说，都是对正常司法程序的干扰，伤害了法律的权威性。

【案例与评析】

案例11-1　胡斌肇事案

2009年5月7日，胡斌驾驶一辆三菱EVO轿车，在杭州市文二西路高速行驶，将正在过马路的行人谭卓撞死，事件引发人们对交通安全的诸多关注和讨论。

逝者谭卓（1984年9月26日—2009年5月7日），湖南省长沙市宁乡县人，为家中的独子。2002年，谭卓以优异成绩考取浙江大学通信工程专业。2006年毕业后就职于杭州依赛通信有限公司，担任硬件工程师。

肇事者胡斌，男，杭州师范大学体育学院民族体育专业高职班学生，曾获得

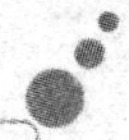

杭州首届卡丁车大赛冠军。胡斌在接受采访时不讳言常和朋友飙车,把闹市街道当作赛车道。2009 年 5 月 7 日晚在杭州市文二西路飙车时撞死正在过斑马线的谭卓,承担全部责任。5 月 20 日,胡斌以涉嫌交通肇事罪被移送杭州市人民检察院审查起诉。受害者家属与肇事方已经达成协议,受害者父母获赔 113 万元,胡斌一审被判有期徒刑三年。在该事件发生后,围绕如何判、车速多少、真假胡斌等问题媒体进行了大量报道,使之成为 2009 年的网络热点。

5 月 17 日,齐鲁电视台《开讲天下》节目就"杭州富家子闹市飙车撞死人该不该严惩"展开激烈辩论,节目直播当晚,观众短信投票支持严惩该富家子的有 16091 人,认为应该宽容不必严惩的只有 1756 票,支持重判的观众占了近九成,而参与辩论的专家则多支持理性看待法律公正。一些媒体担心如果轻判会导致连环悲剧。

评析:

齐鲁电视台的做法将媒体报道、司法公正及相关交通法规的合理性等问题的探讨推向了一个高潮。有媒体认为利用舆论压力不利于司法公正,如南方新闻网的郭光东认为舆论不管如何也应理性看待案件本身。另一些媒体则认为该事件的核心问题是公权力不能受到社会舆论的监督与制约。央视主持人白岩松认为这已不是简单的交通事故,而是行为和法律的碰撞。《燕赵都市报》就杭州飙车案提出了"飙车还是不是交通活动"的质疑,进而希望修改交通法,明确"非交通活动"概念。

中国政法大学传播法研究中心执行主任徐迅认为:媒介审判指的是新闻媒体为影响司法审判的结果而发表的各类文图信息。媒介审判的特征有:第一,主体是新闻媒体而不是个人,也不是在学术性讨论中的媒体审判;第二,目的是影响审判结果,而不是讨论一个法律问题;第三,内容是给案件定性,给嫌疑人定罪;第四,时间是在诉讼程序中间,也就是立案以后、结案以前才可能存在媒体审判;第五,形式上,包括媒体各类文图信息。这个案件中,媒体报道的内容、时机等方面都具有明显的媒介审判的特征。

案例 11-2　雷洋案

2016 年 5 月 7 日晚,雷洋于市郊某处被邢某某等人怀疑有嫖娼行为。邢某某等人示明警察身份后进行盘查。因雷某试图逃跑，遂对其拦截并抱腰摔倒。在制服和控制雷某过程中，警察对雷使用手铐、殴打等手段，最终致其死亡。2016 年 12 月 23 日，北京市丰台区人民检察院对邢某某、孔某、周某、孙某某、张某某等五名涉案警务人员玩忽职守案依法作出不起诉决定。但由北京市公安局、中共昌平区纪委依纪依规，给予昌平分局东小口派出所副所长邢永瑞开除党籍、开除公职处分，其他涉案民警被行政撤职或解除劳动合同。

该事件发生初期，就出现了偏离事实真相的报道和舆情，引发众多关注。因缺乏积极有效的应对措施，使得相关报道逐步偏离事实真相，最终形成结果与公众认知的巨大反差。

评析：

雷洋案反映出当前我国司法领域通过信息公开满足公众知情权的重要性。

报道案件的目的是汲取其中深刻教训，注重保护热点案件的公众知情权，妥善处置为当事人保密和保护公众知情权的关系，实现案件的法律效果与社会效果相统一。该案主要涉及当事人、公众、司法机关三方，他们各自的利益主要是公正审判、信息需求（知情权）以及司法公正的公信力。长期以来，关于媒体与司法的关系，主要是集中在媒体监督司法公正这一核心的问题，有力地推动了媒体和公众的言论自由。但在司法领域，对该原则应更加谨慎。公共利益抗辩事由可能成为影响司法独立的借口，进而可能会危害司法的公正审判。不过，公共利益原则作为司法机关主动司法公开的理论基础，也是实现公共利益的另一条重要途径。这样既可以满足公众的知情权，又能实现司法独立的目标。

案例 11-3　复旦投毒案

“复旦投毒案”其消息最早来自 2013 年 4 月 15 日复旦大学的官方微博，该微博说该校研究生黄洋因中毒生命危在旦夕，并证实“基本认定同寝室某同学存在嫌疑”。这条信息一经发布，各大媒体争相对此事进行报道。报道的平台主要是在新媒体平台。报道的内容集中在死亡原因、下毒嫌疑人、毒品的名称、下毒容器、下毒原因、毒品的特征等方面，甚至有报道直接称“下毒人是林森

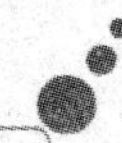

浩”。报道内容多而密，形成了强大的舆论压力。有些媒体为了抢占报道先机，基本事实核实不清便进行报道。更有甚者，有些媒体依据早前林森浩的微博推断其内心想法和作案动机，所以网络上流传黄洋与林森浩的“情杀”“竞争”“误杀”等多个版本的作案动机。媒体的这些报道，引来了公众的围观，有许多网友发微博对林森浩进行辱骂，这给林森浩的名誉带来了损失，给林森浩的亲友造成了心理压力，也造成了舆论压力，影响司法审判。

评析：

复旦投毒案发生后媒体的舆论生态充分反映出新媒体在司法报道中的巨大影响力。新媒体，尤其是其中的自媒体，在报道中极易造成媒介审判。在该案件报道中，犯罪嫌疑人林森浩的微博、姓名、教育经历等个人信息的曝光，侵犯了林森浩的隐私权。对投毒嫌疑人的猜测会对法院审判造成舆论压力，影响公正审判。

从该案例可以看出，新媒体时代下媒介审判的运行模式与传统媒体的媒介审判有些不同，新媒体平台上信息一经传播，就会产生强大的网络舆论，而这些非理性的网络舆论也会影响传统媒体的报道，经传统媒体报道后又反过来进一步推动网络舆论的发展，进而影响司法审判。因此，对融合环境下的司法新闻报道进行规制，需将网络媒体作为重点，多管齐下，才能促进司法报道和司法审判的健康发展。

案例 11-4　汤兰兰案

2018 年 1 月 30 日，澎湃新闻微信公众号头条推出一篇报道《10 年前，14 岁的她以性侵等罪名把全家送进监狱，然后失踪了……》，随后其他媒体跟进，《新京报》迅速发表快评《被全家“性侵”的女孩，不能就这么“失联”着》。这两篇文章被解读为鼓励“人肉”汤兰兰的信息。2018 年 1 月底 2 月初，在微博、各大论坛中此事持续发酵，部分网友认为此举是类似呼格案之类的冤案发声的正义之举。更多的网友则认为这两篇报道严重侵犯了汤兰兰的权利，是新闻记者极度不专业的表现，甚至一度在网上掀起“人肉”报道该新闻的记者王乐的个人信息的风潮。2 月 7 日，司法机构宣布再调查。2 月 28 日，部分媒体宣称汤兰兰案的四位申诉人已经获得立案再审通知，后经查证，发现是对申诉人的申诉是否符合再审法定条件开展立案审查，并不是已经展开再审。

评析：

在新媒体环境下，媒体的司法报道因为即时性和参与性大大提升，普通公众会加入司法报道的行列，但包括公民记者和媒体记者在内的报道主体的法律知识的欠缺，造成了司法报道在很多时候沦为媒体的狂欢，对于案件本身而言却没有起到期盼的效果。

该案中，新闻媒体对司法机构形式舆论监督本具有合理的法理基础，但由于操作程序不当导致结果不遂人愿。就本案而言，媒体的初衷是引起相关部门重视，进而再审，还相关当事人以公道，让受众看到真相。因此，启动再审才能通过合理途径实现以上目的。对于汤兰兰案能否再审，依照我国《刑事诉讼法》相关规定有五种情形，分别为：有新的证据证明原判决裁定认定的事实确有错误，可能影响定罪量刑的；据以定罪量刑的证据不确实、不充分、依法应当予以排除，或者证明案件事实的主要证据之间存在矛盾的；原判决、裁定适用法律确有错误的；违反法律规定的诉讼程序，可能影响公正审判的；审判人员在审理该案件的时候，有贪污受贿、徇私舞弊、枉法裁判行为的。这说明，2 月开始的立案审查，是看有无这五种情形。在案件不明朗的情况下，质疑案件可能存在有立案、侦察、审判上的瑕疵或重大问题是完全可以的，这也正是聂树斌、呼格案中媒体起到的重要司法监督作用。

媒体为了吸引受众、形成热点，往往倾向于报道和揭露司法腐败、司法不公。为了获得流量和点击率，新媒体时代的新闻媒体可能不惜代价追逐热点问题，就如同在汤兰兰案中，不顾案情对汤兰兰现状的追寻，甚至在追逐真相的过程中不断越界，报道者在监督司法的过程中本身即成为法律的违犯者。较之传统纸媒，新媒体有交互性和即时性的特点，能够快速激发民众的参与热情，在司法腐败、不公的案件进程中形成巨大的舆论压力。但“缺少相应的法律知识”，“不实、夸大报道”，“不注重保护被告正当权利”，这些问题也在新媒体时代被

放大。[①]

【思考】

1. 新闻媒体进行司法报道的功能和法律依据是什么？

2. 媒介审判的危害有哪些？

3. 新媒体时代，司法报道违背法律和伦理的现象有哪里？请结合案例分析。

【附录】

一　关于媒体与司法独立关系的马德里准则

导　言

媒体自由是表达自由的一部分，是民主社会实行法治的基础。法官的责任是承认和实现言论自由，适用法律时作有利于言论自由的解释。只能根据《公民权利与政治权利国际公约》明示授权才能对媒体自由予以限制。

媒体有义务尊重国际公约保护的个人权利和司法独立。

规则只是规定了言论自由的最低标准，它并不妨碍更高标准的确立。

基本准则

1. 表达自由(包括媒体自由)是每一个宣称民主的社会必不可少的基础。媒体的权利和责任是收集和调查公共信息，对司法管理加以评论。包括在不妨害无罪推定原则的前提下，对审理前、审理中和审理后的案件加以评论。

2. 规则只有根据1984年对于公民权利与政治权利国际公约限制与抑制的斯拉卡沙公约，才能对公民权利与政治权利国际公约的规定有背离。

3. 评论司法的权利不能受到任何特别的限制。

---

① 张冠男：《行使新闻司法监督权必须重视法律程序》，《东南传播》，2018年第5期，第68～69页。

基本准则的范围

4. 基本准则并不排斥在司法调查程序阶段对法律秘密的保守。这种情况下,秘密保守的目的主要是为了对被怀疑和被控告的个人的无罪推定的实现。不能限制任何人了解官方调查结论和调查情况的信息。

5. 基本规则并不排除对因私人原因而进行的调解与协商过程的录音、录像。

6. 基本规则并不要求有对庭审过程现场直播或者现场录像的权利。

限　　制

7. 任何对基本准则的限制必须由法律事先作出规定。如果有授权自由裁量,这种权力只能授予法官。

8. 只要法官实施对规则规定的权利的限制,媒体就有权利要求听证和进行上诉。

9. 法律有权因为对未成年人或者其他特殊群体进行保护的需要而对基本规则规定的权利加以限制。

10. 法律可以因为民主社会其他利益的需要而对犯罪过程有关的基本规则规定的权利加以限制:

为了防止对被告人的严重偏见;

为了防止形成对证人的压力、对陪审员和被害人造成损害。

11. 如果因为国家安全的理由而对基本规则加以限制,这种限制不能对当事人的权利包括辩护权,形成危险。辩方和媒体有权利在最大程度上进行限制的理由(如果必要,对此理由有保密的义务),并有权对这些限制提出抗辩。

12. 在民事案件中,如果有法律授权,可以为了保护私人合法利益而对规则加以限制。

13. 不能以专断和歧视的方法对规则权利加以限制。

14. 即使对规则规定的权利加以限制,也只能以尽可能最低的程度和最短的时间,可以用较低限度的方法达到目的时,不能使用较高限度的方法。

附　　录

实施的策略

1. 法官应当接受有关处理媒体事务的规定。应当鼓励法官提供牵涉公共

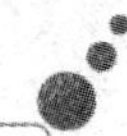

事务的案件的判决书的简写本或者以其他形式向媒体提供信息。

2. 尽管对于法官回答媒体的问题可以通过立法作出合理的规定，但法官不应当被禁止回答公众提出的与司法有关的问题。上述规定可以就法官与媒体交流的方式作出规定。

3. 司法权力与言论自由、特殊人群（特别是未成年人和其他需要提供特殊保护的人）的权利之间的平衡，是非常难以取得的。所以对于与此相关的个人或者群体，必然采用下列的一种或者多种方法加以应对：立法解决、媒体协商、媒体联合会，还可以是媒体行业内部制定的媒体职业道德准则。

（来源：搜狗百科 2020-02-20 https://baike.sogou.com/v69387103.htm?fromTitle=%E9%A9%AC%E5%BE%B7%E9%87%8C%E5%87%86%E5%88%99）

二　新闻司法报道规范

1. 中国《中国新闻工作者职业道德准则》规定：

维护司法尊严，依法做好案件报道，不干预依法进行的司法审判活动，在法庭判决前不做定性、定罪的报道和评论，不渲染凶杀、暴力、色情等。

2. 波斯尼亚和黑塞哥维那《报业规范》规定：

被控刑事犯罪的人：

法院判决之前，新闻工作者不应该把任何一个个体当做罪犯，新闻工作者有责任不去预先判断被指控的人的罪行。

对于先前报道的已被起诉或已进入审判环节的任何当事人，如果后来免除对其控诉或宣判无罪开释，新闻工作者也有责任报道后续发展。

对证人的保护：

新闻工作者在报道战争犯罪的目击情况时，应力求谨慎，遵守报道时保护证人的相关规范，防止证人被认出。新闻工作者在报道战争罪行的庭审情况时，要避免标示证人及其亲戚朋友，除非他们的身份对庭审报道的完整性、公正性和准确性确有必要，同时还需确保这种标示不会导致对事实和庭审过程的误解。

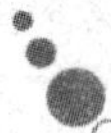

3. 丹麦《媒体行为规范》中对法庭报道的规定：

(1) 以上所提及的新闻工作者的基本工作准则也适用于法庭报道。

(2) 法庭报道也适用于诉讼或审判的准备步骤，包括警察和控方的刑事准备阶段。

(3) 法庭报道应客观。在诉讼和审判准备的任何阶段以及法庭听审的过程中，新闻工作者应以平等的态度关注多方当事人的不同观点的阐述，包括关注在犯罪案件中起诉方律师及被诉方律师的观点。报道刑事案件时需要跟进后续情况，如是否撤销控告、赦免或者定罪。

(4) 除非与案件直接相关，否则不允许报道案件中人们的家族史、职业、种族、国籍、信仰或者组织成员身份。

(5) 只要犯罪案件最终没有判决或控诉没有被撤回，就不允许报道任何可能妨碍该案件审判的信息，也不允许发表使公众认为犯罪嫌疑人或被告是有罪的报道。当涉及刑事案件时，应该在报道中清楚地表明犯罪嫌疑人/被告人是认罪还是不认罪。

(6) 在决定哪个案件以及案件中的涉案人员的名字是否要在报道中被提及时，必须要保持最大程度的客观。如果犯罪嫌疑人或被告的姓名与公共利益无关，则不能报道其名字或者其身份特征。

(7) 在指名道姓地发表"警方收到线报说某人犯了某罪"之类的陈述性内容时，需保持审慎。不能将此作为常规来报道，除非警方已确凿地介入此事，或此事已进入监控环节。当然，如果所涉事件关乎公共利益或在警方获报之前已广为人知，或者该线报根据已有的证据能够得到证实，那么就可以成为例外。

(8) 对于犯罪嫌疑人，被起诉的人或者被判定有罪的人，如果他/她有过前科，而该前科又与当下的嫌疑、质控或定罪没有明显的相关性，那就不应该将其前科置于公众的关注下。同样的，在其他情况下，不将一个人的前科作为报道内容也应成为惯例。

4. 芬兰《新闻工作者指南》规定：

除非这些信息的出现和作用对犯罪嫌疑人是不公平的，否则，可以刊登发表犯罪嫌疑人的名字、照片或其他可以识别身份的信息。新闻工作者必须特别

小心，不要暴露未成年人或没有罪责的人的身份。

新闻工作者在报道嫌疑人或被指控人的身份信息时，务必十分小心。

在高度敏感的犯罪案件中，如果可能泄露受害者的身份，则不能发表有关犯罪、被控或被怀疑人的信息。

在高度敏感的犯罪案件中，除非关乎重要的公共利益，否则一定要保护受害者的身份。

如果已经报道了犯罪调查、起诉或定罪的事件，那么这个事件就应该尽量追踪到底。对于正在进行的审讯，新闻工作者不应作出影响法庭判决的报道，或为尚在讨论阶段的犯罪案件作预设。

5. 德国《新闻工作伦理准则》规定：

罪犯的回忆录相关报道：

如果犯罪行为是事后才被证实的或为对受害者带来了不利的影响，又或是仅仅为了满足轰动的需求而详尽地描述犯罪活动，那么发布所谓的罪犯回忆录就是违背新闻原则的。

无罪推定原则：

对事件调查、法庭的刑事诉讼及其他正规诉讼程序的报道必须不带偏见。无罪推定原则同样适用于媒体的新闻报道。

偏见：

案件调查和法院审理类的报道，要以足够谨慎的方式来告知公众相关罪行和其他违法行为，以及相关检控和审判过程。在这个过程中，媒体报道时不得预先作出判定。如果一个人已经招供，并且也有证据指证他/她已在公共场合认罪，那么媒体可以称其为罪犯。在选择报道用语时，媒体没有必要使用与读者无关的法律术语。

在一个法治国家，法制报道的目的不应该是以嘲弄罪犯的方式来对其施加社会化的惩罚。报道应该在“有犯罪嫌疑”和“已被证实有罪”之间做出明确的区分。

后续报道：

假如媒体已经报道了一个人未经证实的罪名，那么他也应该报道随后的无罪释放结果或明显减轻的指控结果，以确保受影响的当事人的合法权益。这一建议也适用于调查撤销的情况。

青少年犯罪：

在报道针对青少年露面出庭的司法调查和刑事诉讼案件时，媒体必须特别克制，以防对青少年未来生活带来不利影响。

6. 爱尔兰《报纸期刊实践准则》规定：

印刷媒体和在线媒体应努力确保法院的报道（包括图像的使用）是公平和准确的，不损害公平审判的权利，无罪推定应得到尊重。

7. 意大利《全国新闻联合会及新闻记者委员会准则》规定：

记者应尊重（公众的）无罪推定原则。

8. 马耳他《新闻工作者伦理准则》规定：

在报道事故及犯罪时，应该表现出对犯罪者及其亲属的关心，尤其是在拍摄某些扰乱、伤害、不必要呈现的细节时，应该避免公布与事故相关的某些名字，如果这些名字会对受害者及其亲属造成伤害。

禁止在任何出版物中报道未成年人的姓名。

所有的犯罪和法庭程序的报道都应该时刻尊重事实，且解释事实和观点表达。

一旦决定报道与司法程序相关的事情时，报道应该是完整的，即程序的开头和结论应给予同样的突出处理。

9. 摩尔多瓦《记者职业道德准则》规定：

记者应当遵守无罪推定原则，在法院终审判定某人有罪之前，应一直视其为无罪。

在报道诉讼程序的过程中，记者应遵守隐私权规则以及对所有涉案人员的公正审判规则。

10. 波兰《新闻工作者协会伦理规范》规定：

在相关法庭做出决定之前就推定被告有罪的行为是不被接受的。

11. 葡萄牙《新闻工作者伦理准则》规定：

在审判结束之前，新闻工作者都必须尊重无罪推定原则。新闻工作者决不

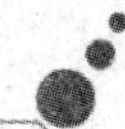

能直接或间接报道性犯罪案中的受害者或青少年罪犯的身份，也不能侮辱他人，或侵入他人悲伤。

12. 斯洛文尼亚《记者准则》规定：

在报道司法领域的问题时，记者必须遵循一条原则：除非一个人被依法判定有罪，否则不得在报道中称其有罪。

13. 瑞典《舆论家联谊会出版规范》规定：

报纸不应偏袒任何一方，以致影响法院判决。对于双方在法庭上的供述，应做等量报道。如提及另一案，它的最终裁决也应一并说明。

14. 英国《编辑业务准则》规定：

犯罪报道：

未经罪犯或犯罪嫌疑人亲戚、朋友的同意，不能透露这些亲戚、朋友的身份，除非他们真的与案件有关。

对于潜在的处于弱势的孩子们应特别关照，他们可能是目击者或受害人。但这并不限制新闻工作者按照法律诉讼程序报道的权利。

向刑事案件中的目击者支付酬金：

依据1981年藐视法院法，在任何案件审理过程中，不能够向证人或者可能会成为证人的人支付酬金；直至犯罪嫌疑人被无条件释放或保释，或者诉讼中止，或者已经向法庭进行有罪答辩，或者在不认罪的情况下，法院宣布判决结果时，这一项禁令才失效。

当法院诉讼程序还没有启动但将来很可能会启动时，编辑不能支付报酬给任何可能成为证人的人，除非这一相关信息是基于公共利益需要被公开、支付报酬有高于一切的理由，而且有有效的步骤保证从证人那里所得到的信息是没有受经济利益影响的。在任何情况下，这种支付报酬的行为都需要视法庭的审理结果而定。

向人支付报酬这一行为在后来的法律诉讼过程中会向起诉方和被告公开。这一点必须告诉证人。

向犯罪者付款：

不能为获得犯罪的故事、图片或信息而直接或通过代理人的方式向犯罪嫌

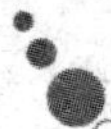

疑人或他们的联系人（包括家人、朋友和同事）支付报酬，不能赞美某一犯罪行为。

编辑使用公共利益来证明支付酬金的合理性时，需要呈现有说服力的理由，解释这样做是为了公共利益。如果不是为了公共利益，即使已经支付酬金，这些报道也不能发布。

15. 南苏丹《印刷媒体的道德规范》规定：

在法院裁决之前，印刷媒体不得将任何人视为罪犯。

16. 加拿大《亚伯达省媒体委员会业务守则》规定：

对于被宣判有罪或者被指控有罪的人的亲戚，如果他们与所报道的内容并无直接的关系，报纸对于是否曝光他们应持谨慎的态度。

17. 中国《台湾报业道德规范》规定：

采访犯罪案件，不得妨碍刑事侦讯工作。

犯罪案件在法院判决前，须假定嫌犯无罪，采访报道时，应尊重其人格。

18. 印度《新闻评议会伦理准则》规定：

(1) 除了法庭不公开审讯或直接禁止旁听的案例之外，报纸均能以公正准确、合理的方式报道未决诉讼。但报纸不得报道任何具有下列属性的内容：

可能对正当司法程序造成即刻而现实的阻碍、延迟和损害的内容；

具有当场连续述评或辩论性的内容，或者对处于审判期的问题进行猜测、思考和评论从而可能损害庭审效果的内容；

对被指控刑事犯罪中受指控的被告进行个人性格分析的内容。

(2) 在被指控人已经被逮捕且被起诉后，案件就已由法庭接管，此时报纸应非常谨慎，不得对调查性报道所搜集的材料进行发表或评论。报纸也不得披露被指控人的供词或对之进行评判。

(3) 报纸可以出于公共利益的需要而对司法行为或法院判决进行合理的评价，但不得因不良的动机或出于个人偏见而对法官进行恶意诽谤，不得对法院或司法部门进行总体性诽谤，也不得以欠缺专业能力或廉政诚信为由对法官进行人身攻击。

(4) 报纸应特别注意避免对于法官司法行为毫无干系的事物进行毫无根

据、含沙射影的批评——即便这样的批评并不能严格地视为藐视法庭。

在发表有关法院诉讼的新闻条目之前，记者和编辑应查阅相关记录以核实其真实性、准确性和可靠性。对于法院诉讼进程提供错误事实或信息的相关人员需对其自身行为负责并可能获罪。

媒介审判相关规定：

引　言

媒体和司法是民主体制的两个主要支柱和天然盟友，它们相互扶持并共同迈向民主体制的成功这一目标。正当的法律程序所必要的相关措施应优先于言论自由。当公正审判和言论自由之间发生冲突时，应优先考虑公正审判，因为妨碍被告接受公平审判的任何妥协性行为都会造成巨大的伤害并损害到司法系统。因此，媒体人应当接受必要的培训，知晓法院运作和诉讼程序相关的基本知识。

(1) 在法院判定被告者有罪之前，被告人拥有被推定为无罪的基本权利。

(2) 媒体的报道不得引导公众相信某个被报道的对象具有共犯关系，因为这种行为会给警方的公正调查过程带来压力。

(3) 基于小道消息而对官方机构针对犯罪行为展开的调查进行报道将可能使真凶逍遥法外。

(4) 日常性的大力报道犯罪事件或对未查明的犯罪证据进行评论并非明智之举。

(5) 虽然媒体对处于调查阶段的刑事案件进行报道可能有助于调查的快速和公正，但如果披露了相关保密信息，则可能妨碍或损害调查。因此，不能对调查过程中的所有细节进行不受限制的披露。

(6) 不应对受害者、目击证人、犯罪嫌疑人和被告人进行过度报道，因为此举会导致对其隐私权的侵犯。

(7) 报纸和其他媒体不应暴露目击证人的身份，因为这样的暴露会将目击证人置于被告人及其同伙以及调查机构的压力之下，并可能导致他们因屈从于压力而做出不公正的证词。

(8) 犯罪嫌疑人的照片不应被公开。因为此举可能会在依据刑事犯罪条例

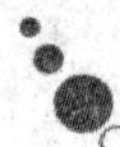

而进行的“列队认人”环节造成问题。

(9) 媒体不得自行审判或预言判决结果，因为此举会给法官、陪审团或目击证人施加不当的压力，也可能给诉讼的一方造成损害。

(10) 对审判后或听证后的活动进行报道往往会包含审判决定等内容。但当诉讼结论和审判决定之间存在时间差的时候，必须避免意在影响即将公布的判决结果的评论行为。包括对诉讼结论的评论以及对相关证据或争辩意见的讨论。

(11) 媒体如果已对初审进行了报道，那么最好应在可能的情况下进行跟踪报道，直到公布法院的最终判决结果。

19. 澳大利亚《新闻隐私信条的声明》规定：

除非法律或法院命令另有限制，法庭公开听证会的内容属于公共记录，媒体可以对其进行报道。此类报道必须公平和平衡。不能随便指名道姓地提到被告或罪犯的亲朋好友，除非提到这些人是为了保证后续法律诉讼程序报道的完整、公正、准确。

(来源：牛静《全球媒体伦理规范译评》，社会科学文献出版社，2018 年版)

专题十二　融合新闻的著作权

新闻作品的著作权与新闻报道活动密切相关。近年来，随着互联网技术的发展，大数据和人工智能技术在新闻领域的广泛应用，新闻作品的创作和传播方式发生了重大改变。新闻作品的著作权纠纷呈爆发式增长。与此相伴随，媒介融合从物理叠加变成你中有我、我中有你，融合越来越深入。在新语境下，著作权的主客体发生变化，著作权纠纷呈现出新的特点。

【理论概述】

第一节　著作权

一、什么是著作权

著作权即版权，指的是著作权人创作的文学、艺术和科学领域内具有独创性并能以某种形式复制的智力成果，按照法律规定所享有的人身权和财产权。

二、著作权的主体

按照《中华人民共和国著作权法修正案（草案）》（2020 年 4 月 26 日）的规定，著作权的主体，也就是著作权人包括两类。一类是作者，另一类是其他依照本法享有著作权的自然人、法人或者非法人组织。在本法第十一条中对于这两类主体作了进一步说明：创作作品的自然人是作者；由法人或者非法人组织主持，代表法人或者非法人组织意志创作，并由法人或者非法人组织承担责任的作品，法人或者非法人组织视为作者；如无相反证明，在作品上署名的自然人、法人或者非法人组织为作者。

除了自然人和法人或组织这两类主体外，国家也有可能成为著作权的主体。在本法第十九条中规定，著作权属于自然人的，自然人死亡后，其权利在保

护期内，依照继承法的规定转移，没有承受其权利义务的法人或者非法人组织的，由国家享有。

著作权归属自然人的情况除了首次创作无可争议的属于作者本身外，关于其他情况在本法第十二、十三、十四、十五、十七条中也作了规定。

（一）改编、翻译、注释、整理已有作品而产生的作品，其著作权由改编、翻译、注释、整理人所有，但行使著作权时不得侵犯原作品的著作权。使用改编、翻译、注释、整理已有作品而产生的作品，应当取得该作品的著作权人和原作品的著作权人许可。

（二）两人以上合作创作的作品，著作权由合作作者共同享有，通过协商一致行使；不能协商一致，又无正当理由的，任何一方不得组织他方行使除转让、许可他人专有使用、出质以外的其他权利，但是所得收益应当合理分配给所有合作作者。没有参加创作的人，不能成为合作作者。

合作作品可以分割使用的，作者对各自创作的部分可以单独享有著作权，但行使著作权时不得侵犯合作作品整体的著作权。

（三）汇编作品由汇编人享有著作权，但行使著作权时不得侵犯原作品的著作权。

（四）视听作品的著作权由组织制作并承担责任的视听作品制作者享有，其他参与人员享有署名权。其中剧本、音乐等作品的作者有权单独行使其著作权。

（五）受委托创作的作品，著作权按双方合同约定确定，没有约定的著作权属于受托人。关于著作权归属法人和非法人组织的，在第十六条中作了规定。自然人为完成法人或者非法人组织工作任务所创作的作品是职务作品，著作权由作者享有，但法人或者非法人组织有权在其业务范围内优先使用。作品完成两年内，未经单位同意，作者不得许可第三人以与单位使用的相同方式使用该作品。

三、著作权的客体

著作权保护的客体，也就是本法中所称的作品，包括文学、艺术和科学领域内具有独创性并能以某种有形形式复制的智力成果。这些作品形式包括：（一）

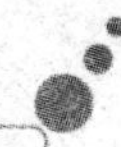

文字作品;(二)口述作品;(三)音乐、戏剧、曲艺、舞蹈、杂技艺术作品;(四)美术、建筑作品;(五)摄影作品;(六)视听作品;(七)工程设计图、产品设计图、地图、示意图等图形作品和模型作品;(八)计算机软件;(九)法律、行政法规规定的其他作品。

这些作品具备两个特点:一是作品为思想的表述,而不是思想,没有具体的物理形态承载的思想不属于著作权保护的客体;二是作品需具有原创性或初创性的特点,也就是说作品在创作中投入了作者的精神和智力的劳动,能够跟其他作品区分开来。

《著作权法》第五条对不适用本法的特殊情况作了规定。

(一)法律、法规,国家机关的决议、命令和其他具有立法、行政、司法性质的文件,及其官方正式译文;

(二)单纯事实消息;

(三)历法、通用数表、通用表格和公式。

依据本法第四条规定:著作权人和与著作权相关的权利人行使著作权或者与著作权相关的权利,不得违反宪法和法律,不得损害公共利益,不得滥用权利影响作品的正常传播。国家对作品的出版、传播依法进行监督管理。

四、著作权的内容

著作权包括人身权和财产权。

人身权是指跟作者人身权益密切相关,体现作者人格和精神所享有的权利,包括发表权、署名权、修改权、保护作品完整权。

财产权是指著作权人自己使用著作或允许他人使用著作获得经济利益的权利,包括复制权、发行权、出租权、展览权、表演权、放映权、广播权、信息网络传播权、摄制权、改编权、翻译权、汇编权以及应当由著作权人享有的其他权利。

五、著作权的保护期限

作者的署名权、修改权、保护作品完整权这几项人身权利的保护期为永久,不受时间限制。

自然人的作品的发表权以及财产权(复制权、发行权、出租权、展览权、表演权、放映权、广播权、信息网络传播权、摄制权、改编权、翻译权、汇编权以及应当

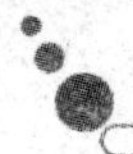

由著作权人享有的其他权利）的保护期为作者终生及其死后五十年，截止于作者死后第五十年的12月31日；合作作品以最后死亡的作者作为依据，保护期截止于最后死亡的作者死亡后第五十年的12月31日。

法人或非法人组织的作品，署名权归作者，发表权及复制权、发行权、出租权、展览权、表演权、放映权、广播权、信息网络传播权、摄制权、改编权、翻译权、汇编权以及应当由著作权人享有的其他权利的保护期为作品首次发表后第五十年的12月31日，但作品自创作完成后五十年内未发表的，本法不再保护。

视听作品，其发表权及复制权、发行权、出租权、展览权、表演权、放映权、广播权、信息网络传播权、摄制权、改编权、翻译权、汇编权以及应当由著作权人享有的其他权利的保护期为五十年，截止于作品首次发表后第五十年的12月31日，但作品自创作完成后五十年内未发表的，本法不再保护。

对于著作权期限的规定一方面是对于创作者的劳动的肯定，对于其精神产品的经济收益的保护，但同时，期限的设定也使作者不能长久占有人类文化成果，有利于促进人类文明的继承和传播。

六、合理使用和法定许可

《著作权法》第二十二条对新闻传播媒体作为合理使用的主体和客体均有规定。

新闻媒体作为合理使用的主体的相关规定。第二十二条第一款第三项："为报道新闻，在报纸、期刊、广播电台、电视台等媒体中不可避免地再现或者引用已经发表的作品"；第四项："报纸、期刊、广播电台、电视台等媒体刊登或者播放其他报纸、期刊、广播电台、电视台等媒体已经发表的关于政治、经济、宗教问题的时事性文章，但作者声明不许刊登、播放的除外"；第五项："报纸、期刊、广播电台、电视台等媒体刊登或者播放在公众集会上发表的讲话，但作者声明不许刊登、播放的除外"。

新闻媒体报道内容作为客体的规定。第六项："为学校课堂教学或者科学研究，翻译、播放或者少量复制已经发表的作品，供教学或者科研人员使用，但不得出版发行"；第七项："国家机关为执行公务在合理范围内使用已经发表的作品"；第八项："图书馆、档案馆、纪念馆、博物馆、美术馆等为陈列或者保存版

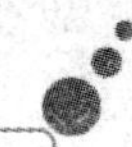

本需要，复制本馆收藏的作品”；第九款：“免费表演已经发表的作品，该表演未向公众收取费用，也未向表演者支付报酬”；第十一项：“将中国自然人、法人或非法人组织已经发表的以汉语言文字创作的作品翻译成少数民族语言文字作品在国内出版发行”；第十二项：“以阅读障碍者能够感知的独特方式向其提供已经发表的作品”；第二十三条：“为实施义务教育和国家教育规划而编写出版教科书，可以不经著作权人许可，在教科书中汇编已经发表的作品片段或者短小的文字作品、音乐作品或者单幅的美术作品、摄影作品、图形作品，但应当按照规定支付报酬，指明作者姓名、作品名称，并且不得侵犯著作权人依照本法享有的其他权利。”

2020年《著作权法修正案（草案）》增加了对于著作权保护的技术措施的规定。第四十七条规定为保护著作权和与著作权有关的权利，权利人可以采取技术措施。但对于一些特殊情况的合理使用则可以避开技术措施。第四十八条规定这些情况包括：（一）为学校课堂教学或者科学研究，向少数教学、科研人员提供已经发表的作品、版式设计、表演、录音录像制品或者广播电台、电视台播放的载有节目的信号，而该作品、版式设计、表演、录音录像制品或者广播电台、电视台播放的载有节目的信号无法通过正常途径获取；（二）不以营利为目的，以阅读障碍者能够感知的独特方式向其提供已经发表的作品，而该作品无法通过正常途径获取；（三）国家机关依照行政、司法程序执行公务；（四）对计算机及其系统或者网络的安全性能进行测试；（五）进行加密研究或者计算机软件反向工程研究。

七、著作权侵权

1. 直接侵权

直接侵权是指行为人的行为受到专有权利的控制且不存在特定的免责事由。

2. 间接侵权

间接侵权是指行为人并未实施受专有权控制的行为，即构成“间接侵权”的各种行为都不在著作权专有权利的控制范围内，将其界定为对著作权的侵权是出于适当扩大著作权保护范围的政策考量以及这些行为的可责备性，因此必须

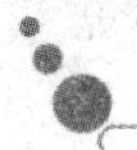

以行为人具有主观过错行为为构成要件。

(1)教唆、引诱他人侵权及故意帮助他人侵权

明知、应知他人的行为构成侵权，但仍然给予实质性帮助的，应当对侵权的后果承担责任。过错是间接侵权的构成要件。

(2)“直接侵权”的预备行为和扩大侵权的后果

在网络环境下，由于侵权者匿名、侵权行为成本低、侵权材料传播迅速而广泛，给著作权的保护带来了挑战，目前已经澄清的规则包括：网络服务提供商没有监控网络活动的义务；网络服务提供商不知道或没有合理的理由知道侵权行为，或者知道后采取措施制止侵权行为的，没有主观过错。

网络服务提供商并未直接侵犯著作权人的专有权利，也不属于教唆、引诱或故意帮助他人侵权，但却极有可能导致“直接侵权”或扩大侵权行为的损害后果。出于防止“直接侵权”和避免其损害后果扩大的政策考虑，将这类行为规定为“间接侵权”。

3. 避免侵权的义务

(1)避风港原则

避风港原则是指在发生著作权侵权案件时，当 ISP(网络服务提供商)只提供空间服务，并不制作网页内容，如果 ISP 被告知侵权，则有删除的义务，否则就被视为侵权。如果侵权内容既不在 ISP 的服务器上存储，又没有被告知哪些内容应该删除，则 ISP 不承担侵权责任。后来避风港原则也被应用在搜索引擎、网络存储、在线图书馆等方面。

避风港原则包括两部分，即“通知＋移除”(notice-and-take-down procedure)，指的是尽管网络服务提供者没有能力进行事先的内容审查，事先对侵权信息的存在并不知情，但是当相关人提出异议时，应给予足够的重视并采取相应的措施，即采取“通知＋移除”规则。

(2)“红旗”标准

此标准来源于美国《千禧年数字版权法案》，是认定网络服务提供者主观过错的标准。“红旗”标准是指权利人虽没有发出其存储或链接材料被侵权的通知，但侵权事实已经非常明显，犹如一面红旗那样在网络服务提供者眼前飘动，

即网络服务提供者“意识到了或从明显的迹象中推断出侵权行为的事实或情况”，但没有“迅速移除材料或屏蔽对它的访问”，其行为构成了“帮助侵权”。

第二节 新闻作品著作权

一、新闻作品的著作权的主客体

1. 主体

按照《著作权法》的规定，新闻作品著作权的主体一般为作者和新闻媒体。

2. 客体

除“单纯事实消息”以外的其他具有独创性且能够复制的文字、视音频、图片等新闻作品的具体形态。

二、新闻作品是否属于职务作品

《著作权法》第十六条规定：“自然人为完成法人或者非法人组织工作任务所创作的作品是职务作品，除本条第二款的规定以外，著作权由作者享有，但法人或者非法人组织有权在其业务范围内优先使用。作品完成两年内，未经单位同意，作者不得许可第三人以与单位使用的相同方式使用该作品。”

在2020年《著作权法修正案(草案)》中，第十六条第二款从两项变为了三项，增加了第二项。其内容如下：

有下列情形之一的职务作品，作者享有署名权，著作权的其他权利由法人或者非法人组织享有，法人或者非法人组织可以给予作者奖励：

1. 主要是利用法人或者非法人组织的物质技术条件创作，并由法人或者非法人组织承担责任的工程设计图、产品设计图、地图、计算机软件等职务作品；

2. 报社、期刊社、通讯社、广播电台、电视台及所属媒体的工作人员创作的职务作品；

3. 法律、行政法规规定或者合同约定著作权由法人或者非法人组织享有的职务作品。

依据本条的规定，除“单纯事实消息”以外的其他新闻报道均属职务作品，应依据本条规定享有著作权。

第三节　智能新闻著作权问题

智能新闻是指通过算法对海量数据进行排序、分类、关联和过滤，并将整理过的数据进行适配和组合，再放进相应的文章模板之中而形成的新闻作品。智能新闻最早出现在美国。2015 年 9 月，腾讯的 Dreamwriter 在国内发布首篇机器人撰写的新闻《8 月 CPI 涨 2%创 12 个新高》。自此，以人工智能(AI)技术为支撑的智能新闻开始在我国的新闻行业中不断更新换代，为新闻产业赋能。与此同时，与智能新闻相关的版权纠纷也越来越多，版权问题成为当前智能新闻研究的焦点。2019 年 8 月 26 日，新华智云发布了自主研发的 25 款媒体机器人，人工智能在新闻生产领域的应用逐渐朝着纵深方向发展，呈现出分工精细化的趋势，人工与 AI 技术开始融合，“人机协同”成为智能新闻生产过程中人与物的关系模式。从人与物的关系角度入手规制智能新闻引发的版权纠纷，有利于规范智能新闻生产秩序，推动智能新闻健康发展。

一、智能新闻在我国的发展及版权问题的凸显

智能新闻之所以“智能”，取决于两个方面：一是算法，对数据进行适配和组合的计算机程序——技术模型；二是大数据，它为算法提供原始素材。依据智能新闻生产过程中人对算法和大数据的介入情况以及相对应的人和技术的关系模式，智能新闻在我国的发展经历了以下几个阶段，版权问题日益凸显。

第一个阶段是第一代写作机器人阶段。以新华社的快笔小新、腾讯的 Dreamwriter 和第一财经的 DT 稿王为代表。这个阶段的生产方式大致为经过数据采集，并将其录入数据库，通过技术手段短时间内选出新闻点并抓取相关资料，在设定的新闻模板上生成新闻。这个阶段不论大数据方面还是算法方面，新闻从业者都较难参与其中，属于机器主宰期，被称为“狼来了”的时期。这一时期的版权纠纷主要是机器人新闻对传统新闻的版权侵权。

第二个阶段从第二代写作机器人开始至分工机器人出现。随着大数据技术的发展以及其在新闻领域应用的深入，人工对 AI 技术的可控性加强，人机关系变为“合作模式”。一方面是人工对智能新闻原材料——“媒资”的收集和控制能力加强，如今日头条的写作机器人——张小明在里约奥运会上对接的数据

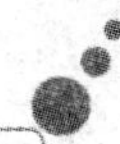

库是奥组委的数据库。确定的数据输入，可在一定程度上控制数据输出。另一方面是智能新闻作品样态呈多样化发展。智能新闻作品从文字稿件逐渐扩展到图片、视频、语音、数据可视化等方面。此阶段智能新闻的数量急剧增多，侵权案件频出。

第三个阶段是传统中央主流新闻媒体开始参与到算法的开发阵营，对算法模型进行干预。人工智能技术与行业需要更加贴合，算法模型朝着分工细化方向发展，人机开始互动、融合、优势互补，形成协同关系。这一阶段的到来以2019年8月26日新华社和阿里巴巴共同成立的新华智云发布自主研发的25款媒体机器人为标志。媒体机器人在智能新闻生产过程中的主要作用是替代人工的重复性劳动、提高精准度和提升生产效率。人工在智能新闻的生产过程中处于主导地位，不仅可以对输入数据进行把控，也可以按照行业标准对算法的逻辑和应用范围进行干预。这种人与物的关系模式，不仅解决了媒体人在新闻“采集”和“处理”中的痛点，也为之前大量出现的智能新闻的版权纠纷提供了规制的新路径。

二、智能新闻版权规制的症结

就智能新闻的版权纠纷而言，原材料数据——“媒资”侵权、“算法”模型的侵权和被侵权是引发版权纠纷的主要症结。

1. 作为智能新闻原材料的数据——“媒资”侵权

“算法”进行新闻写作和编排的第一步就是从数据库中抓取新闻素材。因此，对于“媒资”版权的识别是此环节是否会引发侵权的关键。“媒资”侵权主要表现在两个方面：一是对已发表的新闻作品的侵权。新闻作品的公开性的特点使得抓取方便快捷，再加上不拥有著作权的单纯事实信息与拥有著作权的其他新闻作品的界限模糊，侵权纠纷出现较多。二是因我国著作权集体管理“信任机制”不完善造成版权登记不完全，这些未登记版权的新闻作品成为算法进行版权识别的盲区。目前，在我国由于著作权人对著作权集体管理和集体管理组织的不信任，导致版权登记率较低。拥有版权的新闻作品因没有进行版权登记无法被算法识别，这是版权登记方面存在的问题在智能新闻侵权问题上的直接反映。

2. 智能新闻的“算法”模型侵权

在新闻制作环节，新闻从业人员对采访获取的素材进行选择、编排、搭配、组合等都是按照新闻规律进行。这种编排作为新闻内容的重要组成部分，直接影响新闻的真实性、时效性，是新闻价值得以体现的重要方面，这被称为新闻作品的编排逻辑。编排逻辑作为新闻工作者思想的具体表达形式是新闻作品版权客体的真正内核。智能新闻的编排逻辑由“算法”模型决定，其形成主要依靠深度学习传统新闻作品的编排逻辑。在智能新闻发展的前两个阶段，“算法”的开发主体主要是计算机科技公司。一方面，这些主体因其自身在新闻专业方面的局限性，很难保障算法编排逻辑的合法性和合规性，甚至有些超级算法，通过自身的算法模型处理数据，其过程完全不受人工控制。另一方面，因算法逻辑的复杂性和计算机技术的专业门槛，算法内在的逻辑具有不透明性的特点，使用“算法”模型的新闻机构也难以干预。因此，基于算法逻辑生产出来的智能新闻侵权发生后，判定难，确责更难，这是智能新闻版权规制的另一症结。

3. “算法”被侵权

“算法”作为智能新闻作品的主要生产要素，如被侵权会引发智能新闻作品被侵权。2017 年 5 月，微软开发的人工智能机器人小冰独立创作了诗集《阳光失了玻璃窗》。不久，掌阅科技就盗用了该诗集的版权，在 App 上进行自主发布。2019 年 4 月 25 日，我国首个涉及智能生成内容著作权的案件宣布判决结果。智能新闻作为智能生成内容的一种具体形态，其引发的版权纠纷正由单向的侵权变为双向的侵权和被侵权。如何保护“算法”的知识产权是规制智能新闻版权的又一症结，也是智能新闻能否健康发展的关键。

三、智能新闻的版权主客体认定需与《著作权法》规定一致

厘清版权纠纷的前提是明确权利主体的性质。2020 年的《著作权法修正案(草案)》第二条规定著作权的享有主体为“中国自然人、法人或者非法人组织”。明确法定主体的性质是智能新闻版权规制的逻辑起点。将智能新闻与传统新闻相对照可以看出，智能新闻在版权规制方面的焦点是署名权、财产权以及财产相关的邻接权由谁享有，侵权后的责任由谁承担等问题。之前的研究把主体落脚到“算法”上的提法与基本的法律规定冲突，是行不通的。而落脚到计算机

科技公司，因其难以用新闻专业的职业规范进行约束，在侵权责任的承担方面出现了许多现实的困难。“人机协同”关系模式下，新闻从业者的主导性加强、权重加大的同时，也为义务承担提供了合理的主体。

《著作权法》中规定了版权的客体“是指文学、艺术和科学领域内具有独创性并能以某种有形形式复制的智力成果”。按照世界贸易组织《与贸易相关的知识产权协定》和《世界知识产权组织版权公约》坚持的“思想表达两分法”原则，版权保护延及表达，而不延及思想。在智能新闻的版权纠纷中，不论是对传统新闻作品的侵权，还是作为自身版权客体的实际内核，“媒资”和“算法”都是决定因素。因此从“媒资”和“算法”两方面加强人的主导性，是智能新闻版权规制的必由之路。

四、相关法律的完善与市场的调适

1. 与时俱进，完善既有法律是智能新闻版权规制的法律依据

作为成文法法系的国家，在智能新闻的版权纠纷中，法律作为基本的强制手段，具有不可替代的规范作用。一是“时事新闻”的版权需本土化、具体化、体现时代性。2020 年《著作权法修正案(草案)》中将“时事新闻”修改为“单纯事实消息”，有利于将纯事实性新闻与其他新闻报道相区分，从法律上明确智能新闻“媒资”中相关内容的版权情况。版权登记方面，版权管理体制的逐步优化和区块链技术的发展，也使版权登记率逐步提升，在版权识别方面为智能新闻提供了便利。“人机协同”背景下，智能新闻从业者可以法律和版权登记记录为依据对“媒资”数据进行干预，最大程度防止侵权。二是与智能新闻相关的权利问题需要法律条款明确界定。《著作权法》对智能新闻的署名权、财产权以及相关的邻接权等的明确，《知识产权法》对“算法”的知识产权的保护，以及相关行业法规对新闻聚合平台的性质的界定和准入标准的制定等都是指引各方主体规范行为、厘清纠纷的依据。2019 年 3 月 26 日，欧盟《数字版权指令》在经过多方的博弈后最终通过，其中关于“链接税”条款(acts of hypelinking)和“过滤器”条款的相关内容对我国版权立法具有借鉴意义。

2. 运用市场规律或可成为版权规制的新思路

与传统媒体作为党和国家的新闻事业的性质不同，AI 技术作为工具既可

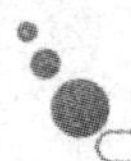

以为传统新闻媒体所使用,也可以为商业属性的新媒体公司甚至自媒体所使用。商业性质的市场主体,趋利性是其本质属性。利用市场杠杆进行调控作为法律的有效补充方式,是在市场经济环境下必须遵守的基本规律。一方面调整智能新闻中AI技术开发者的准入门槛。利用市场杠杆,将智能新闻AI技术开发者的身份特征与新闻内容的信度和效度建立关联,通过新闻受众的自主选择提升AI技术的专业门槛。另一方面调整新闻聚合平台与传统媒体的利益。版权纠纷的背后,其焦点是利益的平衡。运用《反不正当竞争法》从利益平衡的角度进行调控,可以避开难以明确规定的新媒体公司的合法、合规性问题,直接运用市场规律进行调节,这样既能对传统新闻的利益进行补偿,也不会损害新技术带来的提升表达自由方面的积极作用。

【案例与评析】

案例12-1　快播公司著作权行政处罚案

本案是深圳市快播科技有限公司与深圳市市场监督管理局、深圳市腾讯计算机系统有限公司著作权行政处罚纠纷案。案情经过为:腾讯公司从权利人处获得涉案24部作品信息网络传播权的独家许可之后,又将其中13部作品的信息网络传播权以直接分销或版权等值置换等方式非独家许可第三方使用。根据腾讯公司提交的合同显示,该13部作品的分销或者置换价格总计为人民币8671.6万元。2014年3月18日,腾讯公司向深圳市市场监督管理局(简称市场监管局)投诉称,快播公司侵害了其享有的涉案作品信息网络传播权,请求予以查处。市场监管局向深圳市盐田公证处申请证据保全公证。公证书显示,在手机上登录快播客户端搜索涉案24部影视作品,每一部影视作品首选链接均为“腾讯视频”,点击“腾讯视频”旁的下拉选项,均有其他链接(多数伪造成乐视网、优酷、电影网等知名视频网站);点击其他链接播放具体集数,视频显示的播放地址均是一些不知名的、未依法办理备案登记的网站。2014年6月26日,市场监管局作出深市监稽罚字〔2014〕123号《行政处罚决定书》,决定:一、责令立即停止侵权行为;二、处以非法经营额3倍的罚款26014.8万元人民币。快播

公司申请行政复议，广东省版权局于 2014 年 9 月 11 日作出《行政复议决定书》，维持市场监管局的行政处罚决定。快播公司起诉至深圳市中级人民法院，请求判令撤销《行政处罚决定书》。深圳市中级人民法院驳回快播公司的诉讼请求，广东省高级人民法院维持一审判决。

（来源：中国法院网 2020-01-10 https://www.chinacourt.org/article/detail/2019/04/id/3848716.shtml）

评析：

本案社会关注度高。腾讯公司、快播公司均为互联网领域受众较多的企业，案件涉及的处罚金额亦高达 2.60148 亿元，受到社会各界的高度关注。案件的法律适用不仅涉及知识产权民事、行政以及破产等多部门法的交织，程序及实体问题繁杂，还涉及著作权民事侵权行为是否同时损害公共利益、如何认定互联网企业存在非法获利以及非法经营额的计算等法律问题的适用。该案的判决起到了惩处侵权、净化版权市场的良好社会效果，对于促进依法行政与加强知识产权保护、规范互联网市场的竞争秩序均有积极的导向作用。

案例 12-2 “伙拍小视频”侵害作品信息网络传播权纠纷案

该案是北京微播视界科技有限公司与百度在线网络技术（北京）有限公司、百度网讯科技有限公司侵害作品信息网络传播权纠纷案〔北京互联网法院(2018)京 0491 民初 1 号民事判决书〕。案情的基本情况为：北京微播视界科技有限公司（简称微播视界公司）是抖音平台的运营者。百度在线网络技术（北京）有限公司、百度网讯科技有限公司（合称百度公司）是伙拍平台的运营者。汶川特大地震十周年之际，2018 年 5 月 12 日，抖音平台的加 V 用户“黑脸 V”响应全国党媒信息公共平台（简称党媒平台）和人民网的倡议，使用给定素材，制作并在抖音平台上发布了“5·12，我想对你说”短视频（简称“我想对你说”短视频）。经“黑脸 V”授权，微播视界公司对“我想对你说”短视频在全球范围内享有独家排他的信息网络传播权及独家维权的权利。伙拍小视频手机软件上传播了“我想对你说”短视频，该短视频播放页面上未显示有抖音和用户 ID 号水印。微播视界公司以“我想对你说”短视频构成以类似摄制电影的方法创作的作品（简称类电作品），百度公司上述传播和消除水印的行为侵犯了微播视界公司的信息网络传播权为由，提起诉讼。北京互联网法院一审认为，“我想对你说”短视频构成类电作品，百度公司作为提供信息存储空间的网络服务提供者，对于伙拍小视频手机软件用户的被控侵权短视频的行为，不具有主观过错，在履行了“通知-删除”义务后，不构成侵权行为，不应承担相关责任，判决驳回微播视界公司的全部诉讼请求。

（来源：中国法院网 2020-01-10 https://www.chinacourt.org/article/detail/2019/04/id/3848709.shtml）

评析：

本案为2018年度“中国十大传媒法事例”之一，引发了各界的广泛关注。本案涉及短视频节目能否得到著作权法保护、给予何种程度保护等一系列新类型法律问题的解决，对人民法院如何在著作权司法实践中平衡好创作与传播、权利人与网络服务提供者以及社会公众的利益关系，提出了新的挑战。与传统类型的电影作品相比，短视频时间较短，是否具备著作权法对保护客体提出的“独创性”要求，是本案双方当事人争议的焦点。人民法院在本案中充分贯彻合理确定不同领域知识产权的保护范围和保护强度的司法政策，根据著作权关于文学艺术类作品在作品特性、创作空间等方面的特点，充分考虑“互联网＋”背景下创新的需求和特点，合理确定了本案短视频节目独创性的尺度，正确划分了著作权范围与公共领域的界限，充分实现了保护知识产权与促进创新、推动产业发展的和谐统一。

案例12-3 “甘柴劣火”洗稿了吗？

2019年1月11日，前媒体人黄志杰在公众号“呦呦鹿鸣”中发表了一篇通过官员落马事件展现媒体与甘肃武威地方官场的角力的新闻综述稿件《甘柴劣火》。这篇获得3.9万点赞的文章遭到了财新媒体记者王和岩的投诉，进而引发了大量的争论，演变成新闻传播领域的一大社会事件。原来《甘柴劣火》中组织文章的事实材料，大量取自公开报道，其中便有王和岩采写的报道。虽然《甘柴劣火》在文章中都注明了出处，但这在王和岩看来并不能为其免责。1月12

日，黄志杰对王和岩的质疑做出回应。在《社会在崩塌——关于财新网记者攻击呦呦鹿鸣一事的说明》之中，黄志杰认为财新网提供了一部分新闻事实，但是没有权利垄断新闻事实的传播，且文章的组织梳理是黄志杰本人的"独家叙述"。

评析：

本案例的典型意义在于，新媒体环境下出现的一些新的新闻平台的新闻编辑行为对传统新闻单位的权利造成的侵害，这样的争端和冲突将会随着媒介融合的深入越来越多。在这个案例中出现了一些新的术语，如"聚合新闻（整合新闻）""洗稿"。这些新的现象也引发了业界对于相关问题的探讨：新媒体平台上的聚合新闻是"洗稿"吗？"洗稿"是新闻伦理问题还是新闻法规问题？如果是新闻法规问题，从著作权法的角度看，如何界定它的侵权行为？用传统的侵权要件能否对这一新的现象进行严谨的界定？如何认定这些新媒体平台的编辑行为并引导规范操作不仅是新闻行业急需解决的问题，也是法律界急需解决的问题。

案例 12-4　《阳光失了玻璃窗》版权被盗用

2017 年 5 月，微软开发的人工智能机器人小冰独立创作了诗集《阳光失了玻璃窗》。不久，掌阅科技就盗用了该诗集的版权，在 App 上进行自主发布。

2019 年 4 月 25 日，我国首个涉及智能生成内容著作权的案件宣布判决结果。

评析：

算法生成内容被侵权成为最新出现的侵权纠纷现象，智能新闻的算法模型被侵权将会引发智能新闻著作权方面的纠纷数量剧增。从法律、市场和行业规范多个角度明确此类新闻作品的著作权主客体迫在眉睫。

【思考】

1. 著作权的客体是什么？未形成有形形式的思想受著作权保护吗？

2. 新闻作品中，哪些享有著作权？新闻作品的著作权主体是谁？结合实践举例说明。

3. 智能新闻享有著作权吗？其主体是谁？请收集相关案例及研究成果，写成1000字以内的小论文。

【附录】

一　中华人民共和国著作权法修正案（草案）

（2020年第三次修订）

（1990年9月7日第七届全国人民代表大会常务委员会第十五次会议通过　根据2001年10月27日第九届全国人民代表大会常务委员会第二十四次会议《关于修改〈中华人民共和国著作权法〉的决定》第一次修正　根据2010年2月26日第十一届全国人民代表大会常务委员会第十三次会议《关于修改〈中华人民共和国著作权法〉的决定》第二次修正。）2020年4月26日第十三届全国人大常委会第十七次会议对《中华人民共和国著作权法修正案（草案）》（第三次修订稿）进行了审议。

第一章　总则

第一条　为保护文学、艺术和科学作品作者的著作权，以及与著作权有关的权益，鼓励有益于社会主义精神文明、物质文明建设的作品的创作和传播，促进社会主义文化和科学事业的发展与繁荣，根据宪法制定本法。

第二条　中国自然人、法人或者非法人组织的作品，不论是否发表，依照本法享有著作权。

外国人、无国籍人的作品根据其作者所属国或者经常居住地国同中国签订的协议或者共同参加的国际条约享有的著作权，受本法保护。

外国人、无国籍人的作品首先在中国境内出版的，依照本法享有著作权。

未与中国签订协议或者共同参加国际条约的国家的作者以及无国籍人的作品首次在中国参加的国际条约的成员国出版的，或者在成员国和非成员国同

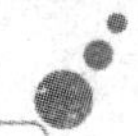

时出版的，受本法保护。

第三条　本法所称的作品，是指文学、艺术和科学领域内具有独创性并能以某种有形形式复制的智力成果，包括：

（一）文字作品；

（二）口述作品；

（三）音乐、戏剧、曲艺、舞蹈、杂技艺术作品；

（四）美术、建筑作品；

（五）摄影作品；

（六）视听作品；

（七）工程设计图、产品设计图、地图、示意图等图形作品和模型作品；

（八）计算机软件；

（九）法律、行政法规规定的其他作品。

前款规定的作品可以向国家著作权主管部门认定的登记机构办理登记。

第四条　著作权人和与著作权有关的权利人行使著作权或者与著作权有关的权利，不得违反宪法和法律，不得损害公共利益，不得滥用权利影响作品的正常传播。国家对作品的出版、传播依法进行监督管理。

第五条　本法不适用于：

（一）法律、法规，国家机关的决议、决定、命令和其他具有立法、行政、司法性质的文件，及其官方正式译文；

（二）单纯事实消息；

（三）历法、通用数表、通用表格和公式。

第六条　民间文学艺术作品的著作权保护办法由国务院另行规定。

第七条　国家著作权主管部门负责全国的著作权管理工作；县级以上地方主管著作权的部门负责本行政区域的著作权管理工作。

第八条　著作权人和与著作权有关的权利人可以授权著作权集体管理组织行使著作权或者与著作权有关的权利。著作权集体管理组织是非营利法人，被授权后可以以自己的名义为著作权人和与著作权有关的权利人主张权利，并可以作为当事人进行涉及著作权或者与著作权有关的权利的诉讼、仲裁活动。

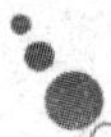

著作权集体管理组织根据授权向使用者收取使用费。使用费收取标准由著作权集体管理组织和使用者代表协商确定，协商不成的，可以向国家著作权主管部门申请裁决或者向人民法院提起诉讼。

著作权集体管理组织应当将许可费收取和转付、管理费提取和使用、使用费未分配部分等总体情况向社会公布，并应当建立权利信息查询系统，供权利人和使用者查询。国家著作权主管部门应当加强对著作权集体管理组织的监督、管理。

著作权集体管理组织的设立方式、权利义务、著作权许可使用费的收取和分配，以及对其监督和管理等由国务院另行规定。

第二章　著作权

第一节　著作权人及其权利

第九条　著作权人包括：

（一）作者；

（二）其他依照本法享有著作权的自然人、法人或者非法人组织。

第十条　著作权包括下列人身权和财产权：

（一）发表权，即决定作品是否公之于众的权利；

（二）署名权，即表明作者身份，在作品上署名的权利；

（三）修改权，即修改或者授权他人修改作品的权利；

（四）保护作品完整权，即保护作品不受歪曲、篡改的权利；

（五）复制权，即以印刷、复印、拓印、录音、录像、翻录、翻拍等方式将作品制作一份或者多份的权利；

（六）发行权，即以出售或者赠与方式向公众提供作品的原件或者复制件的权利；

（七）出租权，即有偿许可他人临时使用视听作品、计算机软件的原件或者复制件的权利，计算机软件不是出租的主要标的的除外；

（八）展览权，即公开陈列美术作品、摄影作品的原件或者复制件的权利；

（九）表演权，即公开表演作品，以及用各种手段公开播送作品的表演的

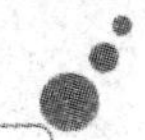

权利；

（十）放映权，即通过放映机、幻灯机等技术设备公开再现美术、摄影、视听作品等的权利；

（十一）广播权，即以有线或者无线方式公开播放或者传播作品，以及通过扩音器或者其他传送符号、声音、图像的类似工具向公众传播广播的作品的权利；

（十二）信息网络传播权，即以有线或者无线方式向公众提供，使公众可以在选定的时间和地点获得作品的权利；

（十三）摄制权，即以摄制视听作品的方法将作品固定在载体上的权利；

（十四）改编权，即改变作品，创作出具有独创性的新作品的权利；

（十五）翻译权，即将作品从一种语言文字转换成另一种语言文字的权利；

（十六）汇编权，即将作品或者作品的片段通过选择或者编排，汇集成新作品的权利；

（十七）应当由著作权人享有的其他权利。

著作权人可以许可他人行使前款第（五）项至第（十七）项规定的权利，并依照约定或者本法有关规定获得报酬。

著作权人可以全部或者部分转让本条第一款第（五）项至第（十七）项规定的权利，并依照约定或者本法有关规定获得报酬。

第二节　著作权归属

第十一条　著作权属于作者，本法另有规定的除外。

创作作品的自然人是作者。

由法人或者非法人组织主持，代表法人或者非法人组织意志创作，并由法人或者非法人组织承担责任的作品，法人或者非法人组织视为作者。

如无相反证明，在作品上署名的自然人、法人或者非法人组织为作者。

第十二条　改编、翻译、注释、整理已有作品而产生的作品，其著作权由改编、翻译、注释、整理人享有，但行使著作权时不得侵犯原作品的著作权。

使用改编、翻译、注释、整理已有作品而产生的作品，应当取得该作品的著作权人和原作品的著作权人许可。

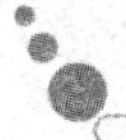

第十三条 两人以上合作创作的作品，著作权由合作作者共同享有，通过协商一致行使；不能协商一致，又无正当理由的，任何一方不得阻止他方行使除转让、许可他人专有使用、出质以外的其他权利，但是所得收益应当合理分配给所有合作作者。没有参加创作的人，不能成为合作作者。

合作作品可以分割使用的，作者对各自创作的部分可以单独享有著作权，但行使著作权时不得侵犯合作作品整体的著作权。

第十四条 汇编若干作品、作品的片段或者不构成作品的数据或者其他材料，对其内容的选择或者编排体现独创性的作品，为汇编作品，其著作权由汇编人享有，但行使著作权时，不得侵犯原作品的著作权。

第十五条 视听作品的著作权由组织制作并承担责任的视听作品制作者享有，但编剧、导演、摄影、作词、作曲等作者享有署名权，并有权按照与视听作品制作者签订的合同获得报酬。

视听作品中的剧本、音乐等可以单独使用的作品的作者有权单独行使其著作权。

第十六条 自然人为完成法人或者非法人组织工作任务所创作的作品是职务作品，除本条第二款的规定以外，著作权由作者享有，但法人或者非法人组织有权在其业务范围内优先使用。作品完成两年内，未经单位同意，作者不得许可第三人以与单位使用的相同方式使用该作品。

有下列情形之一的职务作品，作者享有署名权，著作权的其他权利由法人或者非法人组织享有，法人或者非法人组织可以给予作者奖励：

（一）主要是利用法人或者非法人组织的物质技术条件创作，并由法人或者非法人组织承担责任的工程设计图、产品设计图、地图、计算机软件等职务作品；

（二）报社、期刊社、通讯社、广播电台、电视台及所属媒体的工作人员创作的职务作品；

（三）法律、行政法规规定或者合同约定著作权由法人或者非法人组织享有的职务作品。

第十七条 受委托创作的作品，著作权的归属由委托人和受托人通过合同

约定。合同未作明确约定或者没有订立合同的，著作权属于受托人。

第十八条　作品原件所有权的转让，不改变作品著作权的归属，但美术、摄影作品原件的展览权由原件所有人享有。

作者将未发表的美术、摄影作品的原件所有权转让给他人，受让人展览该原件不构成对作者发表权的侵犯。

第十九条　著作权属于自然人的，自然人死亡后，其本法第十条第一款第(五)项至第(十七)项规定的权利在本法规定的保护期内，依照继承法的规定转移。

著作权属于法人或者非法人组织的，法人或者非法人组织变更、终止后，其本法第十条第一款第(五)项至第(十七)项规定的权利在本法规定的保护期内，由承受其权利义务的法人或者非法人组织享有；没有承受其权利义务的法人或者非法人组织的，由国家享有。

第三节　权利的保护期

第二十条　作者的署名权、修改权、保护作品完整权的保护期不受限制。

第二十一条　自然人的作品，其发表权、本法第十条第一款第(五)项至第(十七)项规定的权利的保护期为作者终生及其死亡后五十年，截止于作者死亡后第五十年的12月31日；如果是合作作品，截止于最后死亡的作者死亡后第五十年的12月31日。

法人或者非法人组织的作品、著作权(署名权除外)由法人或者非法人组织享有的职务作品，其发表权、本法第十条第一款第(五)项至第(十七)项规定的权利的保护期为五十年，截止于作品首次发表后第五十年的12月31日，但作品自创作完成后五十年内未发表的，本法不再保护。

视听作品，其发表权、本法第十条第一款第(五)项至第(十七)项规定的权利的保护期为五十年，截止于作品首次发表后第五十年的12月31日，但作品自创作完成后五十年内未发表的，本法不再保护。

第四节　权利的限制

第二十二条　在下列情况下使用作品，可以不经著作权人许可，不向其支付报酬，但应当指明作者姓名、作品名称，并且不得影响该作品的正常使用，也

不得不合理地损害著作权人的合法权益：

（一）为个人学习、研究或者欣赏，使用他人已经发表的作品；

（二）为介绍、评论某一作品或者说明某一问题，在作品中适当引用他人已经发表的作品；

（三）为报道新闻，在报纸、期刊、广播电台、电视台等媒体中不可避免地再现或者引用已经发表的作品；

（四）报纸、期刊、广播电台、电视台等媒体刊登或者播放其他报纸、期刊、广播电台、电视台等媒体已经发表的关于政治、经济、宗教问题的时事性文章，但作者声明不许刊登、播放的除外；

（五）报纸、期刊、广播电台、电视台等媒体刊登或者播放在公众集会上发表的讲话，但作者声明不许刊登、播放的除外；

（六）为学校课堂教学或者科学研究，翻译、播放或者少量复制已经发表的作品，供教学或者科研人员使用，但不得出版发行；

（七）国家机关为执行公务在合理范围内使用已经发表的作品；

（八）图书馆、档案馆、纪念馆、博物馆、美术馆等为陈列或者保存版本的需要，复制本馆收藏的作品；

（九）免费表演已经发表的作品，该表演未向公众收取费用，也未向表演者支付报酬；

（十）对设置或者陈列在室外公共场所的艺术作品进行临摹、绘画、摄影、录像；

（十一）将中国自然人、法人或者非法人组织已经发表的以汉语言文字创作的作品翻译成少数民族语言文字作品在国内出版发行；

（十二）以阅读障碍者能够感知的独特方式向其提供已经发表的作品。

前款规定适用于对出版者、表演者、录音录像制作者、广播电台、电视台的权利的限制。

第二十三条 为实施义务教育和国家教育规划而编写出版教科书，可以不经著作权人许可，在教科书中汇编已经发表的作品片段或者短小的文字作品、音乐作品或者单幅的美术作品、摄影作品、图形作品，但应当按照规定支付报

酬，指明作者姓名、作品名称，并且不得侵犯著作权人依照本法享有的其他权利。

前款规定适用于对出版者、表演者、录音录像制作者、广播电台、电视台的权利的限制。

第三章　著作权许可使用和转让合同

第二十四条　使用他人作品应当同著作权人订立许可使用合同，本法规定可以不经许可的除外。

许可使用合同包括下列主要内容：

（一）许可使用的权利种类；

（二）许可使用的权利是专有使用权或者非专有使用权；

（三）许可使用的地域范围、期间；

（四）付酬标准和办法；

（五）违约责任；

（六）双方认为需要约定的其他内容。

第二十五条　转让本法第十条第一款第（五）项至第（十七）项规定的权利，应当订立书面合同。

权利转让合同包括下列主要内容：

（一）作品的名称；

（二）转让的权利种类、地域范围；

（三）转让价金；

（四）交付转让价金的日期和方式；

（五）违约责任；

（六）双方认为需要约定的其他内容。

第二十六条　以著作权出质的，由出质人和质权人向国家著作权主管部门办理出质登记。

第二十七条　许可使用合同和转让合同中著作权人未明确许可、转让的权利，未经著作权人同意，另一方当事人不得行使。

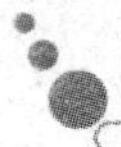

第二十八条 使用作品的付酬标准可以由当事人约定，也可以按照国家著作权主管部门会同有关部门制定的付酬标准支付报酬。当事人约定不明确的，按照国家著作权主管部门会同有关部门制定的付酬标准支付报酬。

第二十九条 出版者、表演者、录音录像制作者、广播电台、电视台等依照本法有关规定使用他人作品的，不得侵犯作者的署名权、修改权、保护作品完整权和获得报酬的权利。

第四章 出版、表演、录音录像、播放

第一节 图书、报刊的出版

第三十条 图书出版者出版图书应当和著作权人订立出版合同，并支付报酬。

第三十一条 图书出版者对著作权人交付出版的作品，按照合同约定享有的专有出版权受法律保护，他人不得出版该作品。

第三十二条 著作权人应当按照合同约定期限交付作品。图书出版者应当按照合同约定的出版质量、期限出版图书。

图书出版者不按照合同约定期限出版，应当依照本法第五十四条的规定承担民事责任。

图书出版者重印、再版作品的，应当通知著作权人，并支付报酬。图书脱销后，图书出版者拒绝重印、再版的，著作权人有权终止合同。

第三十三条 著作权人向报社、期刊社投稿的，自稿件发出之日起十五日内未收到报社通知决定刊登的，或者自稿件发出之日起三十日内未收到期刊社通知决定刊登的，可以将同一作品向其他报社、期刊社投稿。双方另有约定的除外。

作品刊登后，除著作权人声明不得转载、摘编的外，其他报刊可以转载或者作为文摘、资料刊登，但应当按照规定向著作权人支付报酬。

第三十四条 图书出版者经作者许可，可以对作品修改、删节。

报社、期刊社可以对作品作文字性修改、删节。对内容的修改，应当经作者许可。

第三十五条 出版者有权许可或者禁止他人使用其出版的图书、期刊的版

式设计。

前款规定的权利的保护期为十年，截止于使用该版式设计的图书、期刊首次出版后第十年的12月31日。

第二节　表演

第三十六条　使用他人作品演出，表演者（演员、演出单位）应当取得著作权人许可，并支付报酬。演出组织者组织演出，由该组织者取得著作权人许可，并支付报酬。

第三十七条　表演者对其表演享有下列权利：

（一）表明表演者身份；

（二）保护表演形象不受歪曲；

（三）许可他人从现场直播和公开传送其现场表演，并获得报酬；

（四）许可他人录音录像，并获得报酬；

（五）许可他人复制、发行、出租录有其表演的录音录像制品，并获得报酬；

（六）许可他人通过信息网络向公众传播其表演，并获得报酬。

被许可人以前款第（三）项至第（六）项规定的方式使用作品，还应当取得著作权人许可，并支付报酬。

第三十八条　演员为完成本演出单位的演出任务进行的表演为职务表演，演员享有表明身份的权利，其他权利归属由当事人约定。当事人没有约定或者约定不明的，职务表演的权利由演出单位享有。

职务表演的权利由演员享有的，演出单位可以在其业务范围内免费使用该表演。

第三十九条　本法第三十七条第一款第（一）项、第（二）项规定的权利的保护期不受限制。

本法第三十七条第一款第（三）项至第（六）项规定的权利的保护期为五十年，截止于该表演发生后第五十年的12月31日。

第三节　录音录像

第四十条　录音录像制作者使用他人作品制作录音录像制品，应当取得著作权人许可，并支付报酬。

录音制作者使用他人已经合法录制为录音制品的音乐作品制作录音制品，可以不经著作权人许可，但应当按照规定支付报酬；著作权人声明不许使用的不得使用。

第四十一条 录音录像制作者制作录音录像制品，应当同表演者订立合同，并支付报酬。

第四十二条 录音录像制作者对其制作的录音录像制品，享有许可他人复制、发行、出租、通过信息网络向公众传播并获得报酬的权利；权利的保护期为五十年，截止于该制品首次制作完成后第五十年的12月31日。

被许可人复制、发行、通过信息网络向公众传播录音录像制品，还应当取得著作权人、表演者许可，并支付报酬。

第四十三条 将录音制品用于无线或者有线播放，或者通过传送声音的技术设备向公众传播的，应当向录音制作者支付报酬。

第四节　广播电台、电视台播放

第四十四条 广播电台、电视台播放他人未发表的作品，应当取得著作权人许可，并支付报酬。

广播电台、电视台播放他人已发表的作品，可以不经著作权人许可，但应当支付报酬。

第四十五条 广播电台、电视台对其播放的载有节目的信号享有下列权利：

（一）许可他人转播；

（二）许可他人录制以及复制；

（三）许可他人通过信息网络向公众传播。

前款规定的权利的保护期为五十年，截止于该信号首次播放后第五十年的12月31日。

第四十六条 电视台播放他人的视听作品、录像制品，应当取得视听作品制片者或者录像制作者许可，并支付报酬；播放他人的录像制品，还应当取得著作权人许可，并支付报酬。

第五章　法律责任和执法措施

第四十七条　为保护著作权和与著作权有关的权利，权利人可以采取技术措施。

未经许可，任何组织或者个人不得故意避开或者破坏技术措施，不得以避开或者破坏技术措施为目的制造、进口或者向公众提供有关装置或者部件，不得故意为他人避开或者破坏技术措施提供技术服务。但是，法律、行政法规规定可以避开的情形除外。

第四十八条　下列情形可以避开技术措施，但不得向他人提供避开技术措施的技术、装置或者部件，不得侵犯权利人依法享有的其他权利。

（一）为学校课堂教学或者科学研究，向少数教学、科研人员提供已经发表的作品、版式设计、表演、录音录像制品或者广播电台、电视台播放的载有节目的信号，而该作品、版式设计、表演、录音录像制品或者广播电台、电视台播放的载有节目的信号无法通过正常途径获取；

（二）不以营利为目的，以阅读障碍者能够感知的独特方式向其提供已经发表的作品，而该作品无法通过正常途径获取；

（三）国家机关依照行政、司法程序执行公务；

（四）对计算机及其系统或者网络的安全性能进行测试；

（五）进行加密研究或者计算机软件反向工程研究。

第四十九条　未经权利人许可，不得进行下列行为：

（一）故意删除或者改变作品、版式设计、表演、录音录像制品或者广播电台、电视台播放的载有节目的信号上的权利管理信息，但由于技术上的原因无法避开的除外；

（二）知道或者应当知道作品、版式设计、表演、录音录像制品或者广播电台、电视台播放的载有节目的信号上的权利管理信息未经许可被删除或者改变，仍然向公众提供。

第五十条　滥用著作权或者与著作权有关的权利，扰乱传播秩序的，由著作权主管部门责令改正，予以警告，没收违法所得，非法经营额五万元以上的，可以并处非法经营额一倍以上五倍以下的罚款；没有非法经营额、非法经营额

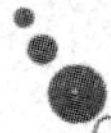

难以计算或者不足五万元的，可以并处二十五万元以下的罚款。

第五十一条 有下列侵权行为的，应当根据情况，承担停止侵害、消除影响、赔礼道歉、赔偿损失等民事责任：

（一）未经著作权人许可，发表其作品的；

（二）未经合作作者许可，将与他人合作创作的作品当作自己单独创作的作品发表的；

（三）没有参加创作，为谋取个人名利，在他人作品上署名的；

（四）歪曲、篡改他人作品的；

（五）剽窃他人作品的；

（六）未经著作权人许可，以展览、摄制视听作品的方法使用作品，或者以改编、翻译、注释等方式使用作品的，本法另有规定的除外；

（七）使用他人作品，应当支付报酬而未支付的；

（八）未经视听作品、计算机软件、录音录像制品的著作权人或者与著作权有关的权利人许可，出租其作品或者录音录像制品的原件或者复制件的，本法另有规定的除外；

（九）未经出版者许可，使用其出版的图书、期刊的版式设计的；

（十）未经表演者许可，从现场直播或者公开传送其现场表演，或者录制其表演的；

（十一）其他侵犯著作权以及与著作权有关的权益的行为。

第五十二条 有下列侵权行为，损害公共利益的，除承担本法第五十一条规定的民事责任外，由著作权主管部门责令停止侵权行为，予以警告，没收违法所得，没收、销毁侵权复制品，没收主要用于制作侵权复制品的材料、工具、设备等；非法经营额五万元以上的，可以并处非法经营额一倍以上五倍以下的罚款；没有非法经营额、非法经营额难以计算或者不足五万元的，可以并处二十五万元以下的罚款；构成犯罪的，依法追究刑事责任：

（一）未经著作权人许可，复制、发行、表演、放映、广播、汇编、通过信息网络向公众传播其作品的，本法另有规定的除外；

（二）出版他人享有专有出版权的图书的；

（三）未经表演者许可，复制、发行、出租录有其表演的录音录像制品，或者通过信息网络向公众传播其表演的，本法另有规定的除外；

（四）未经录音录像制作者许可，复制、发行、通过信息网络向公众传播其制作的录音录像制品的，本法另有规定的除外；

（五）未经许可，播放或者复制或者通过信息网络向公众传播广播电台、电视台播放的载有节目的信号的，本法另有规定的除外；

（六）未经著作权人或者与著作权有关的权利人许可，故意避开或者破坏技术措施的，故意制造、进口或者向他人提供主要用于避开、破坏技术措施的装置或者部件的，或者故意为他人避开或者破坏技术措施提供技术服务的，法律、行政法规另有规定的除外；

（七）未经著作权人或者与著作权有关的权利人许可，故意删除或者改变作品、版式设计、表演、录音录像制品或者广播电台、电视台播放的载有节目的信号上的权利管理信息的，知道或者应当知道作品、版式设计、表演、录音录像制品或者广播电台、电视台播放的载有节目的信号上的权利管理信息未经许可被删除或者改变，仍然向公众提供的，法律、行政法规另有规定的除外；

（八）制作、出售假冒他人署名的作品的。

第五十三条　侵犯著作权或者与著作权有关的权利的，侵权人应当按照权利人的实际损失给予赔偿；实际损失难以计算的，可以按照侵权人的违法所得给予赔偿。权利人的实际损失或者侵权人的违法所得难以计算的，可以参照该权利许可使用费的倍数给予赔偿。对故意侵犯著作权或者与著作权有关的权利，情节严重的，可以在按照上述方法确定数额的一倍以上五倍以下给予赔偿。

权利人的实际损失或者侵权人的违法所得，权利许可使用费难以计算的，由人民法院根据侵权行为的情节，判决给予五百万元以下的赔偿。

赔偿数额还应当包括权利人为制止侵权行为所支付的合理开支。

人民法院为确定赔偿数额，在权利人已经尽力举证，而与侵权行为相关的账簿、资料主要由侵权人提供的情况下，可以责令侵权人提供与侵权行为相关的账簿、资料；侵权人不提供或者提供虚假的账簿、资料的，人民法院可以参考权利人的主张和提供的证据确定赔偿数额。

第五十四条 著作权主管部门对涉嫌侵犯著作权和与著作权有关的权利的行为进行查处时，可以询问有关当事人，调查与涉嫌违法行为有关的情况；对当事人涉嫌违法行为的场所和物品实施现场检查；查阅、复制与涉嫌违法行为有关的合同、发票、账簿以及其他有关资料；对于涉嫌违法行为的场所和物品，可以查封或者扣押。

著作权主管部门依法行使前款规定的职权时，当事人应当予以协助、配合，不得拒绝、阻挠。

第五十五条 人民法院审理案件，对于侵犯著作权或者与著作权有关的权利的，可以没收违法所得、侵权复制品以及进行违法活动的财物。

第五十六条 复制品的出版者、制作者不能证明其出版、制作有合法授权的，复制品的发行者或者视听作品、计算机软件、录音录像制品的复制品的出租者不能证明其发行、出租的复制品有合法来源的，应当承担法律责任。

第五十七条 著作权纠纷可以调解，也可以根据当事人达成的书面仲裁协议或者著作权合同中的仲裁条款，向仲裁机构申请仲裁。

当事人没有书面仲裁协议，也没有在著作权合同中订立仲裁条款的，可以直接向人民法院起诉。

第五十八条 当事人因不履行合同义务或者履行合同义务不符合约定而承担民事责任，以及当事人行使诉讼权利、申请保全等，适用有关法律的规定。

第六章　附则

第五十九条 本法所称的著作权即版权。

第六十条 本法第二条所称的出版，指作品的复制、发行。

第六十一条 计算机软件、信息网络传播权的保护办法由国务院另行规定。

第六十二条 摄影作品，其发表权、本法第十条第一款第（五）项至第（十七）项规定的权利的保护期在 年 月 日前已届满、但依据本法第二十一条第一款的规定仍在保护期内的，不再保护。

第六十三条 本法规定的著作权人和出版者、表演者、录音录像制作者、广

播电台、电视台的权利，在本法施行之日尚未超过本法规定的保护期的，依照本法予以保护。

本法施行前发生的侵权或者违约行为，依照侵权或者违约行为发生时的有关规定和政策处理。

第六十四条　本法自1991年6月1日起施行。

（来源：中国人大网 2020-05-08 http://www.npc.gov.cn/flcaw/userIndex.html? lid=ff80808171ba0ccc0171be96df3a02b0）

二　中华人民共和国著作权法实施条例

第一条　根据《中华人民共和国著作权法》（以下简称著作权法），制定本条例。

第二条　著作权法所称作品，是指文学、艺术和科学领域内具有独创性并能以某种有形形式复制的智力成果。

第三条　著作权法所称创作，是指直接产生文学、艺术和科学作品的智力活动。

为他人创作进行组织工作，提供咨询意见、物质条件，或者进行其他辅助工作，均不视为创作。

第四条　著作权法和本条例中下列作品的含义：

（一）文字作品，是指小说、诗词、散文、论文等以文字形式表现的作品；

（二）口述作品，是指即兴的演说、授课、法庭辩论等以口头语言形式表现的作品；

（三）音乐作品，是指歌曲、交响乐等能够演唱或者演奏的带词或者不带词的作品；

（四）戏剧作品，是指话剧、歌剧、地方戏等供舞台演出的作品；

（五）曲艺作品，是指相声、快书、大鼓、评书等以说唱为主要形式表演的作品；

（六）舞蹈作品，是指通过连续的动作、姿势、表情等表现思想情感的作品；

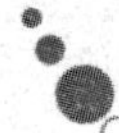

（七）杂技艺术作品，是指杂技、魔术、马戏等通过形体动作和技巧表现的作品；

（八）美术作品，是指绘画、书法、雕塑等以线条、色彩或者其他方式构成的有审美意义的平面或者立体的造型艺术作品；

（九）建筑作品，是指以建筑物或者构筑物形式表现的有审美意义的作品；

（十）摄影作品，是指借助器械在感光材料或者其他介质上记录客观物体形象的艺术作品；

（十一）电影作品和以类似摄制电影的方法创作的作品，是指摄制在一定介质上，由一系列有伴音或者无伴音的画面组成，并且借助适当装置放映或者以其他方式传播的作品；

（十二）图形作品，是指为施工、生产绘制的工程设计图、产品设计图，以及反映地理现象、说明事物原理或者结构的地图、示意图等作品；

（十三）模型作品，是指为展示、试验或者观测等用途，根据物体的形状和结构，按照一定比例制成的立体作品。

第五条 著作权法和本条例中下列用语的含义：

（一）时事新闻，是指通过报纸、期刊、广播电台、电视台等媒体报道的单纯事实消息；

（二）录音制品，是指任何对表演的声音和其他声音的录制品；

（三）录像制品，是指电影作品和以类似摄制电影的方法创作的作品以外的任何有伴音或者无伴音的连续相关形象、图像的录制品；

（四）录音制作者，是指录音制品的首次制作人；

（五）录像制作者，是指录像制品的首次制作人；

（六）表演者，是指演员、演出单位或者其他表演文学、艺术作品的人。

第六条 著作权自作品创作完成之日起产生。

第七条 著作权法第二条第三款规定的首先在中国境内出版的外国人、无国籍人的作品，其著作权自首次出版之日起受保护。

第八条 外国人、无国籍人的作品在中国境外首先出版后，30 日内在中国境内出版的，视为该作品同时在中国境内出版。

第九条　合作作品不可以分割使用的，其著作权由各合作作者共同享有，通过协商一致行使；不能协商一致，又无正当理由的，任何一方不得阻止他方行使除转让以外的其他权利，但是所得收益应当合理分配给所有合作作者。

第十条　著作权人许可他人将其作品摄制成电影作品和以类似摄制电影的方法创作的作品的，视为已同意对其作品进行必要的改动，但是这种改动不得歪曲篡改原作品。

第十一条　著作权法第十六条第一款关于职务作品的规定中的"工作任务"，是指公民在该法人或者该组织中应当履行的职责。

著作权法第十六条第二款关于职务作品的规定中的"物质技术条件"，是指该法人或者该组织为公民完成创作专门提供的资金、设备或者资料。

第十二条　职务作品完成两年内，经单位同意，作者许可第三人以与单位使用的相同方式使用作品所获报酬，由作者与单位按约定的比例分配。

作品完成两年的期限，自作者向单位交付作品之日起计算。

第十三条　作者身份不明的作品，由作品原件的所有人行使除署名权以外的著作权。作者身份确定后，由作者或者其继承人行使著作权。

第十四条　合作作者之一死亡后，其对合作作品享有的著作权法第十条第一款第（五）项至第（十七）项规定的权利无人继承又无人受遗赠的，由其他合作作者享有。

第十五条　作者死亡后，其著作权中的署名权、修改权和保护作品完整权由作者的继承人或者受遗赠人保护。

著作权无人继承又无人受遗赠的，其署名权、修改权和保护作品完整权由著作权行政管理部门保护。

第十六条　国家享有著作权的作品的使用，由国务院著作权行政管理部门管理。

第十七条　作者生前未发表的作品，如果作者未明确表示不发表，作者死亡后50年内，其发表权可由继承人或者受遗赠人行使；没有继承人又无人受遗赠的，由作品原件的所有人行使。

第十八条　作者身份不明的作品，其著作权法第十条第一款第（五）项至第

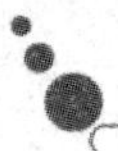

（十七）项规定的权利的保护期截止于作品首次发表后第 50 年的 12 月 31 日。作者身份确定后，适用著作权法第二十一条的规定。

第十九条 使用他人作品的，应当指明作者姓名、作品名称；但是，当事人另有约定或者由于作品使用方式的特性无法指明的除外。

第二十条 著作权法所称已经发表的作品，是指著作权人自行或者许可他人公之于众的作品。

第二十一条 依照著作权法有关规定，使用可以不经著作权人许可的已经发表的作品的，不得影响该作品的正常使用，也不得不合理地损害著作权人的合法利益。

第二十二条 依照著作权法第二十三条、第三十二条第二款、第三十九条第三款的规定使用作品的付酬标准，由国务院著作权行政管理部门会同国务院价格主管部门制定、公布。

第二十三条 使用他人作品应当同著作权人订立许可使用合同，许可使用的权利是专有使用权的，应当采取书面形式，但是报社、期刊社刊登作品除外。

第二十四条 著作权法第二十四条规定的专有使用权的内容由合同约定，合同没有约定或者约定不明的，视为被许可人有权排除包括著作权人在内的任何人以同样的方式使用作品；除合同另有约定外，被许可人许可第三人行使同一权利，必须取得著作权人的许可。

第二十五条 与著作权人订立专有许可使用合同、转让合同的，可以向著作权行政管理部门备案。

第二十六条 著作权法和本条例所称与著作权有关的权益，是指出版者对其出版的图书和期刊的版式设计享有的权利，表演者对其表演享有的权利，录音录像制作者对其制作的录音录像制品享有的权利，广播电台、电视台对其播放的广播、电视节目享有的权利。

第二十七条 出版者、表演者、录音录像制作者、广播电台、电视台行使权利，不得损害被使用作品和原作品著作权人的权利。

第二十八条 图书出版合同中约定图书出版者享有专有出版权但没有明确其具体内容的，视为图书出版者享有在合同有效期限内和在合同约定的地域

范围内以同种文字的原版、修订版出版图书的专有权利。

第二十九条　著作权人寄给图书出版者的两份订单在6个月内未能得到履行,视为著作权法第三十一条所称图书脱销。

第三十条　著作权人依照著作权法第三十二条第二款声明不得转载、摘编其作品的,应当在报纸、期刊刊登该作品时附带声明。

第三十一条　著作权人依照著作权法第三十九条第三款声明不得对其作品制作录音制品的,应当在该作品合法录制为录音制品时声明。

第三十二条　依照著作权法第二十三条、第三十二条第二款、第三十九条第三款的规定,使用他人作品的,应当自使用该作品之日起2个月内向著作权人支付报酬。

第三十三条　外国人、无国籍人在中国境内的表演,受著作权法保护。

外国人、无国籍人根据中国参加的国际条约对其表演享有的权利,受著作权法保护。

第三十四条　外国人、无国籍人在中国境内制作、发行的录音制品,受著作权法保护。

外国人、无国籍人根据中国参加的国际条约对其制作、发行的录音制品享有的权利,受著作权法保护。

第三十五条　外国的广播电台、电视台根据中国参加的国际条约对其播放的广播、电视节目享有的权利,受著作权法保护。

第三十六条　有著作权法第四十七条所列侵权行为,同时损害社会公共利益的,著作权行政管理部门可以处非法经营额3倍以下的罚款;非法经营额难以计算的,可以处10万元以下的罚款。

第三十七条　有著作权法第四十七条所列侵权行为,同时损害社会公共利益的,由地方人民政府著作权行政管理部门负责查处。

国务院著作权行政管理部门可以查处在全国有重大影响的侵权行为。

第三十八条　本条例自2002年9月15日起施行。1991年5月24日国务院批准、1991年5月30日国家版权局发布的《中华人民共和国著作权法实施条例》同时废止。

(来源:中华人民共和国国家版权局 2020-02-22 http://www.ncac.gov.cn/chinacopyright/contents/479/17538.html)

三 互联网著作权行政保护办法

第一条 为了加强互联网信息服务活动中信息网络传播权的行政保护,规范行政执法行为,根据《中华人民共和国著作权法》及有关法律、行政法规,制定本办法。

第二条 本办法适用于互联网信息服务活动中根据互联网内容提供者的指令,通过互联网自动提供作品、录音录像制品等内容的上载、存储、链接或搜索等功能,且对存储或传输的内容不进行任何编辑、修改或选择的行为。

互联网信息服务活动中直接提供互联网内容的行为,适用著作权法。

本办法所称"互联网内容提供者"是指在互联网上发布相关内容的上网用户。

第三条 各级著作权行政管理部门依照法律、行政法规和本办法对互联网信息服务活动中的信息网络传播权实施行政保护。国务院信息产业主管部门和各省、自治区、直辖市电信管理机构依法配合相关工作。

第四条 著作权行政管理部门对侵犯互联网信息服务活动中的信息网络传播权的行为实施行政处罚,适用《著作权行政处罚实施办法》。

侵犯互联网信息服务活动中的信息网络传播权的行为由侵权行为实施地的著作权行政管理部门管辖。侵权行为实施地包括提供本办法第二条所列的互联网信息服务活动的服务器等设备所在地。

第五条 著作权人发现互联网传播的内容侵犯其著作权,向互联网信息服务提供者或者其委托的其他机构(以下统称"互联网信息服务提供者")发出通知后,互联网信息服务提供者应当立即采取措施移除相关内容,并保留著作权人的通知6个月。

第六条 互联网信息服务提供者收到著作权人的通知后,应当记录提供的信息内容及其发布的时间、互联网地址或者域名。互联网接入服务提供者应当

记录互联网内容提供者的接入时间、用户帐号、互联网地址或者域名、主叫电话号码等信息。

前款所称记录应当保存60日，并在著作权行政管理部门查询时予以提供。

第七条　互联网信息服务提供者根据著作权人的通知移除相关内容的，互联网内容提供者可以向互联网信息服务提供者和著作权人一并发出说明被移除内容不侵犯著作权的反通知。反通知发出后，互联网信息服务提供者即可恢复被移除的内容，且对该恢复行为不承担行政法律责任。

第八条　著作权人的通知应当包含以下内容：

（一）涉嫌侵权内容所侵犯的著作权权属证明；

（二）明确的身份证明、住址、联系方式；

（三）涉嫌侵权内容在信息网络上的位置；

（四）侵犯著作权的相关证据；

（五）通知内容的真实性声明。

第九条　互联网内容提供者的反通知应当包含以下内容：

（一）明确的身份证明、住址、联系方式；

（二）被移除内容的合法性证明；

（三）被移除内容在互联网上的位置；

（四）反通知内容的真实性声明。

第十条　著作权人的通知和互联网内容提供者的反通知应当采取书面形式。

著作权人的通知和互联网内容提供者的反通知不具备本办法第八条、第九条所规定内容的，视为未发出。

第十一条　互联网信息服务提供者明知互联网内容提供者通过互联网实施侵犯他人著作权的行为，或者虽不明知，但接到著作权人通知后未采取措施移除相关内容，同时损害社会公共利益的，著作权行政管理部门可以根据《中华人民共和国著作权法》第四十七条的规定责令停止侵权行为，并给予下列行政处罚：

（一）没收违法所得；

（二）处以非法经营额3倍以下的罚款；非法经营额难以计算的，可以处10万元以下的罚款。

第十二条 没有证据表明互联网信息服务提供者明知侵权事实存在的，或者互联网信息服务提供者接到著作权人通知后，采取措施移除相关内容的，不承担行政法律责任。

第十三条 著作权行政管理部门在查处侵犯互联网信息服务活动中的信息网络传播权案件时，可以按照《著作权行政处罚实施办法》第十二条规定要求著作权人提交必备材料，以及向互联网信息服务提供者发出的通知和该互联网信息服务提供者未采取措施移除相关内容的证明。

第十四条 互联网信息服务提供者有本办法第十一条规定的情形，且经著作权行政管理部门依法认定专门从事盗版活动，或有其他严重情节的，国务院信息产业主管部门或者省、自治区、直辖市电信管理机构依据相关法律、行政法规的规定处理；互联网接入服务提供者应当依据国务院信息产业主管部门或者省、自治区、直辖市电信管理机构的通知，配合实施相应的处理措施。

第十五条 互联网信息服务提供者未履行本办法第六条规定的义务，由国务院信息产业主管部门或者省、自治区、直辖市电信管理机构予以警告，可以并处三万元以下罚款。

第十六条 著作权行政管理部门在查处侵犯互联网信息服务活动中的信息网络传播权案件过程中，发现互联网信息服务提供者的行为涉嫌构成犯罪的，应当依照国务院《行政执法机关移送涉嫌犯罪案件的规定》将案件移送司法部门，依法追究刑事责任。

第十七条 表演者、录音录像制作者等与著作权有关的权利人通过互联网向公众传播其表演或者录音录像制品的权利的行政保护适用本办法。

第十八条 本办法由国家版权局和信息产业部负责解释。

第十九条 本办法自2005年5月30日起施行。

（来源：中华人民共和国国家版权局 2020-02-22 http://www.ncac.gov.cn/chinacopyright/contents/481/17572.html）

四　最高人民法院关于审理涉及计算机网络著作权纠纷案件适用法律若干问题的解释

（2000年11月22日最高人民法院审判委员会第1144次会议通过，根据2003年12月23日最高人民法院审判委员会第1302次会议《关于修改〈最高人民法院关于审理涉及计算机网络著作权纠纷案件适用法律若干问题的解释〉的决定》第一次修正，根据2006年11月20日最高人民法院审判委员会第1406次会议《关于修改〈最高人民法院关于审理涉及计算机网络著作权纠纷案件适用法律若干问题的解释〉的决定（二）》第二次修正）

为了正确审理涉及计算机网络著作权纠纷案件，根据民法通则、著作权法和民事诉讼法等法律的规定，对这类案件适用法律的若干问题解释如下：

第一条　网络著作权侵权纠纷案件由侵权行为地或者被告住所地人民法院管辖。侵权行为地包括实施被诉侵权行为的网络服务器、计算机终端等设备所在地。对难以确定侵权行为地和被告住所地的，原告发现侵权内容的计算机终端等设备所在地可以视为侵权行为地。

第二条　受著作权法保护的作品，包括著作权法第三条规定的各类作品的数字化形式。在网络环境下无法归于著作权法第三条列举的作品范围，但在文学、艺术和科学领域内具有独创性并能以某种有形形式复制的其他智力创作成果，人民法院应当予以保护。

第三条　网络服务提供者通过网络参与他人侵犯著作权行为，或者通过网络教唆、帮助他人实施侵犯著作权行为的，人民法院应当根据民法通则第一百三十条的规定，追究其与其他行为人或者直接实施侵权行为人的共同侵权责任。

第四条　提供内容服务的网络服务提供者，明知网络用户通过网络实施侵犯他人著作权的行为，或者经著作权人提出确有证据的警告，但仍不采取移除侵权内容等措施以消除侵权后果的，人民法院应当根据民法通则第一百三十条的规定，追究其与该网络用户的共同侵权责任。

第五条 提供内容服务的网络服务提供者，对著作权人要求其提供侵权行为人在其网络的注册资料以追究行为人的侵权责任，无正当理由拒绝提供的，人民法院应当根据民法通则第一百零六条的规定，追究其相应的侵权责任。

第六条 网络服务提供者明知专门用于故意避开或者破坏他人著作权技术保护措施的方法、设备或者材料，而上载、传播、提供的，人民法院应当根据当事人的诉讼请求和具体案情，依照著作权法第四十七条第（六）项的规定，追究网络服务提供者的民事侵权责任。

第七条 著作权人发现侵权信息向网络服务提供者提出警告或者索要侵权行为人网络注册资料时，不能出示身份证明、著作权权属证明及侵权情况证明的，视为未提出警告或者未提出索要请求。

著作权人出示上述证明后网络服务提供者仍不采取措施的，著作权人可以依照著作权法第四十九条、第五十条的规定在诉前申请人民法院作出停止有关行为和财产保全、证据保全的裁定，也可以在提起诉讼时申请人民法院先行裁定停止侵害、排除妨碍、消除影响，人民法院应予准许。

第八条 网络服务提供者经著作权人提出确有证据的警告而采取移除被控侵权内容等措施，被控侵权人要求网络服务提供者承担违约责任的，人民法院不予支持。

著作权人指控侵权不实，被控侵权人因网络服务提供者采取措施遭受损失而请求赔偿的，人民法院应当判令由提出警告的人承担赔偿责任。

（来源：中华人民共和国最高人民法院网 2020-02-22 http://www.court.gov.cn/fabu-xiangqing-1057.html）